创业企业薪酬、
信用与创业绩效研究

陈松林　著

合肥工业大学出版社

图书在版编目(CIP)数据

创业企业薪酬、信用与创业绩效研究/陈松林著. —合肥:合肥工业大学
出版社,2017.10

ISBN 978－7－5650－3565－4

Ⅰ.①创…　Ⅱ.①陈…　Ⅲ.①企业信用—研究　Ⅳ.①F830.56

中国版本图书馆 CIP 数据核字(2017)第 233258 号

创业企业薪酬、信用与创业绩效研究

陈松林　著　　　　　　　责任编辑　张惠萍

出　版	合肥工业大学出版社	版　次　2017 年 10 月第 1 版
地　址	合肥市屯溪路 193 号	印　次　2017 年 10 月第 1 次印刷
邮　编	230009	开　本　710 毫米×1010 毫米　1/16
电　话	总　编　室: 0551－62903038	印　张　14.25
	市场营销部: 0551－62903198	字　数　225 千字
网　址	www.hfutpress.com.cn	印　刷　合肥现代印务有限公司
E-mail	hfutpress@163.com	发　行　全国新华书店

ISBN 978－7－5650－3565－4　　　　　　　　　　定价: 32.00 元

如果有影响阅读的印装质量问题,请与出版社市场营销部联系调换。

前　言

　　进入新世纪以来，中国的创业活动日益活跃，尤其在服务业领域，发生了大量的创业活动。由于服务的无形性、不可分离性、异质性和易消逝性特点，服务业具有人员密集和员工行为不确定性问题多的特征，员工个人的信用状况成为企业信用的重要影响因素，并进一步影响创业绩效。在中国市场经济面临"信用危机"的社会背景下，许多服务业创业公司都在通过影响员工态度和行为的关键人力资源策略，如薪酬策略，激励员工和企业建立良好的信用关系，巩固企业信用，以取得工作候选人、顾客等利益相关者的信任、支持和帮助，促进企业健康成长。

　　有关企业信用的研究大多集中在伦理学和经济学学科范围内，本书从研究者较少涉及的组织行为学角度出发，在结合社会认同理论、信用理论、薪酬策略理论和创业绩效理论等领域以往研究成果的基础之上，以服务业创业公司为研究对象，就企业信用的概念构思、企业信用的评价机制、薪酬策略对企业信用的影响、企业信用对创业绩效的影响等理论和实际管理问题展开了一系列的相关实证研究。

　　研究一旨在开发中国文化背景下组织情景中员工信用和企业信用的概念构思。首先对27家不同地区、行业的企业中52名不同性别、年龄、职务、学历和工作年限的工作人员进行半结构化访谈；其次对访谈记录进行了内容分析；最后在文献研究和访谈研究的基础上设计了企业信用研究问卷，对53家不同性质、发展阶段和企业类型的服务业创业公司进行了问卷调研，对获取的305份有效问卷进行了统计分析。研究发现，员工信用是工作交往对象知觉到的员工诚信、能力和责任意识特征，其包括诚实守信、承诺能力和责任意识三个维度；企业信用是利益相关者知觉到的企业诚信、能力和责任意识特征，包括企业诚信、企业胜任和企业责任三个维度；服务业创业公司的信用特征表现在与领先行动、承担风险、创新的创业特征联系的进取性和更新性，与人员密集、员工行为不确定性问题突出的服务业特征联系的人际信用依赖性和由此产生的脆弱性和风险性。

研究二对服务业创业公司的信用评价机制进行了探索研究。采用案例研究方法，选择了4家处于不同创业阶段的服务业创业公司，运用社会认同理论框架，对案例企业发生的关键事件进行了深入分析。研究发现，企业信用评价机制是各利益相关者对企业在企业诚信、企业胜任和企业责任三方面表现进行社会分类、社会比较和社会认同的心理活动过程；在不同的企业发展阶段，企业信用评价的社会认同基础是不同的，初创期企业信用评价受基于企业自我的社会分类主导，成长期和扩张期的企业信用评价受基于企业声誉的社会分类主导，成熟期和转型期的企业信用评价受基于企业定型的社会分类主导。

研究三探索作为关键人力资源开发和管理措施的薪酬策略对员工信用和企业信用有哪些影响，为企业通过人力资源策略提高员工信用和企业信用提供实证依据。采用案例研究和问卷研究相结合的方法，对1家服务业创业公司的3个关键事件进行了分析，对28家不同性质、创业阶段和企业类型的服务业创业公司的157份有效问卷进行了统计分析。研究结果发现，员工信用的三个维度对企业诚信都有显著的影响作用，诚实守信和承诺能力两个维度对企业胜任和企业责任都有显著的影响作用；薪酬策略中的薪酬水平策略、基于岗位的薪酬策略和基于绩效的薪酬策略三个维度对企业胜任都有显著的影响作用，薪酬水平和基于岗位的薪酬设计两个维度对企业诚信有显著的影响作用，薪酬水平对企业责任有显著的影响作用；员工信用在薪酬水平策略对企业信用的影响过程中起部分中介作用，在基于岗位的薪酬策略和基于绩效的薪酬策略对企业信用的影响过程中起完全中介作用；企业信用在薪酬策略三个维度对员工信用的影响过程中都起部分中介作用。

研究四提出并检验了员工信用、企业信用对创业绩效的影响作用。本研究利用研究一验证过的员工信用和企业信用量表，以及以往有关创业绩效的成熟量表，对28家不同性质、创业阶段和企业类型的服务业创业公司157份有效问卷进行了统计分析。研究结果发现，员工信用的三个维度和创业绩效的两个维度显著正相关，诚实守信维度对周边绩效有显著的影响作用，承诺能力维度对任务绩效有显著的影响作用，责任意识维度对创业绩效没有显著的影响作用；企业信用的三个维度和创业绩效的两个维度显著正相关，企业诚信维度对周边绩效有显著的影响作用，企业胜任维度对任务绩效有显著的影响作用，企业责任维度对创业绩效没有显著的影响作用；企业信用在员工信用的三个维度在创业绩效的影响过程中都起到完全中介作用；行业信用环境在企业信用影响创业绩效的过程中起正向缓冲作用。

最后，本书总结了主要的研究结论和取得的理论进展，指出这些研究结论对企业管理实践的应用价值，在指出研究存在的局限性的同时，对未来研究进行了展望。

目　录

1 引 言

我们将如何赢得信任和忠诚，以及理解员工理性与感性认知的重要性，摆在了蓝海战略（如何创造需求，突破竞争，拓展新的非竞争性的市场空间）的核心位置。

——W. 钱·金，勒尼·莫博涅

1.1 问题的提出

进入新世纪以来，信用问题备受社会各界关注，个人信用、企业信用、政府信用和社会信用成为媒体、会议甚至闲谈的焦点。这股"信用问题热"的出现有着深刻的时代背景。

改革开放 30 多年来，中国在建设中国特色社会主义市场经济上取得了令世人瞩目的辉煌成就，但是在从计划经济向市场经济的转型过程中产生了"信用危机"问题。2001 年，中国企业家调查系统就企业信用进行的专题调查结果显示：拖欠、违约和制假是企业信用存在的主要问题。在被调查的 4695 位企业经营者中，62% 的经营者认为在商务活动中跟人打交道"需要提防"[①]。2005 年 10 月 1 日，郎咸平教授在澳大利亚昆仑国际 2005 中国经济论坛上指出，中国人缺信托责任，我们担忧的是，我们如何防止被骗，我的总经理怎么坑我，我要用什么激励机制保证他不会坑我，保证

---

① 中国企业家调查系统. 企业信用：现状、问题及对策——2002 年中国企业经营者成长与发展专题调查报告. 管理世界，2002，5：95-103.

他好好工作，我们担的是这种心，低水平的事情。"信用危机"问题严重阻碍着中国经济健康发展和走向全球化的步伐，世贸组织总干事穆尔尖锐地指出，中国加入世贸组织后，从长远看，最缺乏的不是资金、技术和人才，而是信用，以及建立和完善信用体系的机制。西方国家所有商业贸易的90%采用信用方式，只有不到10%的贸易采用现金结算，而中国的信用交易方式仅占所有交易的20%左右，现金交易达到80%（张亦春等，2003）。我国的"信用危机"呈现出普遍化和本能化的特征，遍及于各类生活领域的不自觉的疑惑，反映了社会中彼此不信任、不讲信用、缺乏信用的情形已经非常严重（欧阳润平，1998）。2003年10月14日，中国共产党第十六届中央委员会第三次全体会议通过的《中共中央关于完善社会主义市场经济体制若干问题的决定》明确指出，形成以道德为支撑、以产权为基础、以法律为保障的社会信用制度，是建设现代市场体系的必要条件，也是规范市场经济秩序的治本之策。

企业信用是社会信用体系的重要组成部分。企业对投资者、消费者、劳动者、原材料供应者、银行、社区、政府等各利益相关者的信用如何，不仅会对自身的生存和发展产生影响，而且也会对社会构成不同程度的影响。例如，上市公司的虚报业绩造成投资者的判断失误和经济损失，厂家的虚假广告和质次价高的产品给消费者带来的经济损失和心理伤害，企业无视劳动卫生安全造成员工的身体伤害，企业之间的相互拖欠构成的三角债，企业的换牌造成银行贷款收息的落空，企业不重视环保引起居民的生存环境恶化，企业财务的两本账造成国家税收收入的流失等。从正面讲，注重信用的企业虽然短期内可能会吃亏，但从长远看会获得各利益相关者的支持，无论是曾经辉煌数百年的徽商、晋商，还是横跨数个国家的跨国公司，都离不开信用。

当前，学术界从经济学、法学、伦理学、社会学、心理学、哲学等多学科角度纷纷探讨和研究信用。从横向领域看，信用涉及产权制度、企业制度、企业文化、金融体系、法律体系、市场秩序和与市场经济相联系的道德规范等；从纵向结构看，由浅入深，信用可划分为技术层面、制度层面和心理层面。技术层面的信用是指以借贷关系表现的价值运动形式，如各种信用工具；制度层面的信用是指交易过程中反映信用关系的规则和约定，包括法律规范、合约条款和道德准则等；价值心理层面的信用是指社会交往过程中的信任心理和由此形成的人际关系（张亦春等，2003）。比较而言，心理层面的信用问题是更深层次的，虽然其研究难度大却很重要。

本书提出的问题是理论认识和实践体会相结合的产物，来源于我们对信用问题研究的长期关注以及对服务业创业公司信用建设实践的观察和思考。我们选择社会认同理论作为研究企业信用问题的突破口，既关注了企业信用问题的现实价值，又注重从全新的视角解析企业信用的深层次问题。面对中国现实社会的"信用危机"，我们对信用文献进行了研究，发现国内学者对心理信用的研究较少，而心理信用又是信用研究中最深层次的问题，是解决现实信用问题的重要理论基础。我们想探索西方已有的心理信用研究成果在中国文化背景下的解释力，更想在企业背景中信用的确切涵义、影响因素和结果变量的研究方面做一些开拓性的工作。

1.2　选题的思路

本书遵循下列两条准则展开选题思路和评价确定选题：

（1）根据实际问题的价值准则，我们结合行业和企业性质，对研究对象和研究问题进一步聚焦，确定服务业创业公司信用的评价机制、影响因素（选取薪酬策略）和效能（对创业绩效的影响）选题。

1）服务业创业公司是值得关注和研究的对象，其原因有三：①服务业在国民经济中的地位越来越重要。中国社会科学院财贸所发表的《财经蓝皮书：中国服务业发展报告 No.3》指出，"十一五"期间，我国的服务业有可能增长加速，增长速度要高于国民经济的整体增长速度，服务业要成为提供就业机会的主要行业，成为产业结构优化的主导行业，成为经济增长的重要支柱行业。一项战略研究结果显示，中国服务业占 GDP 比重 2010 年将达到 39.3%，就业比重达到 40%，2020 年能分别达到 48.2% 和 51%[②]。②服务业创业活动十分活跃。根据全球创业观察（Global Entrepreneurship Monitor，GEM）2003 年中国报告，从 2002—2003 年全球创业活动

---

② 中新网 2005 年 12 月 12 日新闻报道。

指数的平均水平看，去掉 2003 年新参与的国家和创业活动异常活跃的美国和澳大利亚，中国的创业活动活跃程度排名是第 9 位，保持稳定。大量的创业活动发生在服务业领域，2006 年 2 月 18 日，中央电视台《致富经》栏目、国家发展和改革委员会中小企业对外合作协调中心、清华大学中国创业研究中心、中国农业大学 MBA 中心联合推出的《中国百姓创业调查报告》显示，创业者所从事的行业中，批发零售业所占比例最大，工业加工业、信息服务业及农业加工业依次排列。③现代服务业的兴起。《中共中央关于制定国民经济与社会发展第十一个五年规划的建议》提出，要"大力发展金融、保险、物流、信息和法律服务等现代服务业"，这是落实科学发展观、转变经济增长方式的重要举措。与传统服务业相比，现代服务业是信息和知识相对密集的服务业，具有科技含量高和知识密集的特点。目前，我国在这方面发展滞后，新一轮的创业热潮将在现代服务业领域掀起，值得学术界紧密关注。

2）服务业创业公司的信用建设是非常值得研究的问题。企业信用建设对服务业创业公司尤其重要，因为服务业特别是现代服务业的主导产品是无形的，和制造业的有形产品相比，更需要企业信用作为品牌支撑。尽管大量的创业活动发生在服务业，但是许多企业在取得创业资源、获得首笔业务和稳定业务方面常常遇到困难，能够逐步发展壮大，从优秀公司成长为卓越公司的并不多。其中重要的原因就是企业信用不足，难以获得利益相关者的长期信任和支持，因此解决企业信用的构思、影响因素和作用等方面的理论问题，是切实帮助服务业创业公司提高信用、健康成长的一项有意义的工作。这里的创业企业不仅包括初创业的企业，也包括二次创业的企业。创业企业的领先行动、创新和冒险特征决定了它的未来充满了不确定性，需要利益相关者在资金、人力、创业环境、支持政策、新产品推广等方面给予理解和支持。Hattori 和 Lapidus（2004）进行了两个组织在追求创新中的信任与合作问题的案例研究，认为不断创新需要技术胜任力、培育创新的氛围、管理者的承诺和参与者之间彼此信任的合作关系。但是，创业企业无法与成熟企业的信用相比，常常难以得到信任和支持。根据 GEM2003 年中国报告，在创业融资方面，中国少于 20 人的小企业只有 2.3% 的运营资本来自银行。企业规模越小，来自正式融资渠道的融资越少。如果企业信用陷入危机，其危害就会形成瀑布式放大效应（如图 1

-1 所示），如不及时进行有效监控，后果十分严重（韩国丽，2005）。可见，服务业创业公司如何在企业内部和外部建立良好的信用形象，避免信用危机，以获得各利益相关者的支持，从而获取竞争优势，加快成长速度是服务业创业公司寻求发展所面临的现实问题。

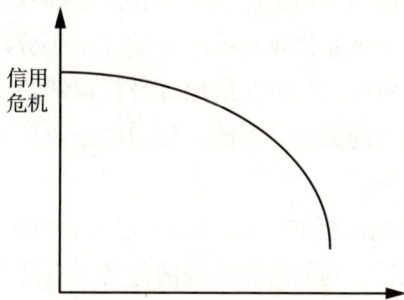

图 1-1　信用危机的瀑布效应

资料来源：韩国丽. 企业信用危机的预警及管理. 武汉大学学报（人文科学版），2005，58（1）：113-118.

3）在确定研究问题时，我们把员工信用、薪酬策略和创业绩效纳入企业信用的研究中。①服务业创业公司信用建设的主体是员工，抓员工信用建设是关键。企业信用是利益相关者对企业活动过程和结果的评价，尤其是关键利益相关者的评价，企业信用建设必须建立在识别和管理利益相关者的基础上。对于服务业企业而言，人力资源密集、员工提供服务的过程和顾客消费过程同时进行的特点决定了企业信用主要通过员工行为来实现。顾客知觉和评价企业信用的信息来源于企业员工的态度和行为表现，员工在工作过程中的一言一行、工作态度和工作能力都反映了企业的信用水准，因此，服务业企业的关键利益相关者之一是员工，员工行为的不确定性是服务业企业面临的最大难题，员工个人的信用表现和企业的信用形象密切相关。世界零售业巨头沃尔玛总裁萨姆·沃尔顿 20 世纪 80 年代中期通过卫星电视对 10 万多名员工说："我希望你们举起右手——并且记住我们在沃尔玛所发的誓言，记住'君子一言，驷马难追'。"②服务业创业公司信用的建设首先需要关注员工和企业之间的信用关系，从人力资源管理的角度寻找有效策略。员工信用建设和企业人力资源策略是密切联系的，运用人力资源策略影响和塑造员工的态度和行为是服务业企业信用建设的重要路径。在众多的人力资源策略中，薪酬策略是关键策略，因为员工和企业的关系首先是利益共同体，对前途未卜的创业企业更是如此，和其他人力资源策略相比，薪酬策略直接影响员工的切身利益，对员工和企业的信用关系影响更大。③从服务业创业公司进行信用建设的动力看，他们更关注信用投资的收益问题，即需要评估企业信用建设所产生的价值或效果。虽然人们对于信用影响企业的生存和发展都有一些体会和感受，但是具体到企业信用对于企业绩效有哪些影响并不十分清楚，从而影响了企业进行信用投资的积极性。对企业信用进行价值评估的探索和分析是解决企业信用建设动力问题的关键，因此，我们把企业信用对创业绩效的影响作用作为研究问题之一。

（2）根据评价选题的标准，对选题质量进行评价。

从理论研究领域看，判断研究选题的优劣，有几条标准：①所研究的问题应该涉及两个或两个以上变量之间的关系；②所研究的问题应该尽可能明确具体；③具有通过实际研究解决问题的可能性（王重鸣，2001）。我们依据这三条标准，对服务业创业公司的信用研究选题进行评价。从涉及变量关系的标准看，本书将探索和验证员工信用和企业信用的因素结构、薪酬策略和企业信用关系、员工信用与企业信用的关系、企业信用与创业绩效的关系；从明确问题的标准看，本书要解决的问题是企业信用的概念构思、评价机制、薪酬策略对企业信用的影响、企业信用与创业绩效的关系；从解决实际问题的标准看，实证研究可以从具体管理实践（如人力资源管理策略）的角度为服务业创业公司提高信用水平设计解决方案。

1.3 选题的意义

本书具有较大的理论意义，主要体现在四个方面：

（1）在中国文化背景下的组织情景中，运用社会认同理论的崭新视角，对员工信用和企业信用概念构思进行实证研究，与西方文化背景下的概念构思进行比较分析，进一步明确上述概念的内涵。

（2）解剖企业信用的评价机制，运用社会认同理论的过程思路，对企业信用评价的心理活动过程进行验证，揭示企业信用评价的心理特征，为企业信用评价理论开拓一块新的领地。

（3）以薪酬策略为支撑条件，探索薪酬策略与员工信用、企业信用的关系，从人力资源管理的角度，研究薪酬策略对企业信用的影响作用，为企业信用建设理论增添新的内容。

（4）探索企业信用与创业绩效的关系，使企业信用是企业的无形资产、宝贵财富、生命线等定性论断更加具体化，清晰地了解企业信用各因素对创业绩效具体方面的影响，对企业信用的价值进行组织行为学的理论解释。

与理论意义相对应，本书具有强烈的现实意义，也体现在四个方面：

（1）理解中、西企业信用概念的差异，不盲目照搬国外的企业信用建设办法，在充分理解中国国情和文化的基础上，采取因地制宜、因时制宜的信用建设措施。

（2）在透彻了解企业信用评价的心理过程基础上，在企业信用评价的各环节上，企业可以采用相应的策略，对评价者施加影响，以构成对企业信用的积极评价。

（3）高度重视人力资源策略对员工信用和企业信用的影响作用，选择有针对性的人力资源策略，促进企业良好信用形象的形成。

（4）更直观地了解企业信用的价值，明确企业信用建设的努力方向，在关注企业信用的所有因素基础上，根据利益相关者的主导需要，抓住重点因素，快速有效地提高企业信用。

2 文献研究

2.1 个人信用理论的研究

关于信用的研究主要有经济学、伦理学、社会学、心理学等学科视角。Rousseau（1998）指出，经济学家倾向于把信任看作要么是计算（Williamson，1993），要么是制度的（North，1990）；心理学家普遍根据信任者和被信任者的特征确定信任评估框架，聚焦一组个人特征产生的内部认知（Rotter，1967；Tyler，1990）；社会学家常常在人们之间关系的社会基础特征（Granovetter，1985）和制度（Zucker，1986）中研究信任。这里虽然谈的是信任问题，但是和信用问题研究是紧密联系的。单玉华（2002）认为"信用"的含义有四种：第一种是字面含义，指信任使用；第二种是"伦理信用"，指诚实守信、实践成约；第三种是"心理信用"，指建立在伦理信用基础上的信任心理和由此形成的人际关系；第四种是"经济信用"，指建立在伦理信用基础上的、以借贷关系表现的价值运动形式。张其仔等（2002）指出，狭义的信用是指贷款人把钱借给借款人，并约期归还；广义的信用是指交易双方履行合约的可能性，这里的合约既包括隐形的默契合约，也包括明确签订的契约。刘光明（2003）认为信用有三层含义：一是作为一种基本道德规则，指人们在日常交往中应当诚实无欺、遵守诺言的行为准则；二是作为经济活动的基本要求，指一种建立在授信人对受信人偿付承诺的信任基础上，使后者无须支付现金即可获取商品、服务或货币的能力；三是作为一种法律制度，指依法可以实现的利益期待，当事人违反诚信义务的，应当承担相应的法律责任。在上述对信用含义的多重理解中，王淑芹（2004）指出，目前有关信用研究的一些理论著述和相关论文中，出现了用经济信用直接指代一般信用、忽视其他信用形式建设的倾向。

本书着重从组织行为学角度研究信用问题，即心理信用。这里的信用和文献中提到的"感知可信度""可信知觉""可信任度""信任"是一个含义，例如张钢和张东芳（2004）总结国外信任源模型时，提到感知可信度模型；Dyer 和 Chu（2003）认为，信任是一方对另一方可觉察信任度的信心，是对另一方的诚信、能力以及善意的可觉察程度的把握；可信任度是指一方值得给予信任的程度（Barney，Hansen，1994）。

自 20 世纪 50 年代以来，为了评价新闻媒体、广告以及产品和服务供应商对公众和消费者的影响，在演说、沟通和公共关系领域，信用问题得到大量的研究，研究者提出了信息来源的信用理论（Source Credibility Theory）。这个理论最初主要以新闻媒体、公司代言人、名人、广告等信息来源为研究对象，后来逐步扩展到法律诉讼中的证人、市场营销中的销售人员、品牌管理中的公司品牌、人力资源管理中的公司招聘信息、高管人员、上市公司的财务报告等信息来源。根据研究的着眼点不同，以往的心理信用研究主要分为三条路径，如图 2-1 所示。

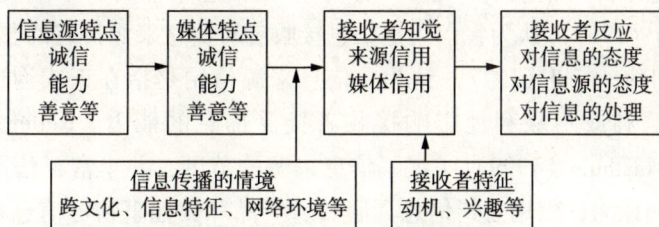

图 2-1　信用研究的三条路径

（1）信用的结构研究。依据信息来源的不同特点导致信息接收者产生不同的信用知觉的观点，探索产生不同信息来源信用的因素结构。

（2）信用的效能研究。以信息接收者为中心，说明信息来源满足信息接收者特定需要的程度，从而对信息接收者（广告受众、消费者、员工等）的态度和行为产生影响。

（3）信用的情境研究。关注不同的情境（文化背景、信息组织形式、网络沟通环境等）下，人们对信用概念如何理解，如何评价同样信息来源的信用等问题。根据信息来源的不同，信用研究分为个体和组织层面，我们首先从个人层面对这三个路径的研究成果进行总结和评述。

2.1.1　个人信用的知觉论和特质论

2.1.1.1　个人信用的定义

陈松林和王重鸣（2006）认为，对于信用含义的理解主要有两种观点：一种是知觉论，认为信用是信息接收者（信任者）对信息来源的可信度知觉（credibility perception），而不是信息来源的一个不变特征（Hovland, Janis & Kelley, 1953；Bettinghaus, 1969；Mayer, 1995；Keller & Aaker, 1998；Maathuis, 1999；Maathuis et al, 2004）；另一种是特质论，认为信用是导致信息接收者信任信息来源（信息发送者、被信任者）的特质（Dholakia & Sternthal, 1977；McCall & Lombard, 1983；Sashkin, 1990；Kouzes & Posner, 1993）。如果把信用的产生看作信息加工过程，那么特质论是信息输入思路，从信用产生的前提条件理解信用；知觉论是信息输出思路，从信用产生的结果理解信用。大多数研究者持知觉论。

Hovland, Janis 和 Kelley（1953）第一次从心理学视角给信用下了定义，成为后来的研究者一直引用的概念。他们认为，信用是信息接收者或听者对信息来源可信度的一套知觉，而不是信息来源的一个不变的特征。Bettinghaus（1969）认为，信用是信息接收者对信息来源持有的整套知觉。Dholakia 和 Sternthal（1977）认为，信息来源信用是指在正式沟通中，一个发言人顺利或不顺利地影响接收者接受信息的能力。Keller 和 Aaker（1998），Maathuis（1999）扩展了信息来源的范围，并丰富了信用知觉的内涵，他们认为，信用是指信息、服务、产品和其他事物等信息来源被认为可靠的程度。冯仕政（2004）认为，信用就是"可信度"，是一种由立信和授信两个方面契合而成的社会心理状态。立信就是试图建立信用的人向外界展示自己的某种素质，以获取信任；授信就是外界肯定此人的某种素质，并给予某种程度的信任。

综合以往个人信用的心理学研究定义，其主要的理论基础是社会认知观点，从信息接收者的认知角度，理解信息来源的可信程度。Lewis 和 Weigert（1985）提出，人们存在一种信念证实的认知机制，与自己信念相反的证据将容易被忽略。信用是人际互动中对他人和群体的认知评价。这种评价建立在能力、诚信和善意的信念基础上。

2.1.1.2　中西方文化背景下的信用比较

欧阳润平（1998）指出，中国的伦理信用强调发自内心的诚和实，没有功利色彩，是一种实质理性；西方的伦理信用是一种工具理性，富兰克林及追随者马克斯·韦伯就认为"信用就是金钱"，与职业责任、诚实、节俭、忍耐和仁爱构成了资本主义精神，不讲伦理信用不仅会失去财富，而且会因为违背上帝的旨意受到惩罚。陈丽君（2002）在诠释中西诚信概念的差异时，指出西方文化对"诚信"概念更强调"诚"，要求个体对事件、信息的完全披露，中国文化更强调"信"，不仅信于约，而且信于义。孙智英（2002）认为，中西信用存在两点差异：①理解的侧重点不同。西方对信用的理解多从经济角度出发，中国更多侧重于从治家、治国、人格修养的角度进行阐述。②监督保障机制和惩罚机制不同。西方通过完整的国家信用管理体系，保证对经济行为的信用约束性与事前性，采用道德自律、法律监督和宗教自律三种监督方式，对违背信用的行为，多从经济、法律角度进行惩罚。中国没有建立国家信用管理体系，通过道德规范和交往信条保证信用，主要采用道德自律以及有限的社会舆论进行监督，对违背信用的行为，从经济上惩罚力度不大，更多是从人格、伦理上进行谴责，承担一些意识形态方面的后果。单玉华（2002）指出，中西信用的差异表现在三方面：①作用基础。中国是儒家伦理，西方是新教伦理和宗教规范。宗教在劝善的同时，对于悖逆行为，伴随着精神强制（如通过地狱的预示，进行精神上的恐吓），因此西方信用的外在约束力更强。②作用范围。信用在中国的作用范围小于西方，原因是儒家伦理重义轻利的价值观阻滞了信用伦理在商业领域中的作用，无商不奸成为一种思维定式。儒商的出现不过是他们自觉"移植"儒家伦理到商业行为中而已，但是并没有从根本上改变商人的形象。③发展途径。西方的信用发展沿着"伦理信用+宗教信用—经济伦理信用—信用的法律化和制度化"的途径发展，中国的信用发展沿着"伦理信用—有待发展的法律化和制度化"的途径发展。涂永珍（2004）认为，中西方信用文化的差异表现在：①中国信用的有限性与西方信用的开放性；②中国信用的等级性与西方信用的平等性；③中国信用的精神性与西方信用的利益性；④中国信用的自律性与西方信用的强制性。张山新（2004）认为，中西信用观念的差异主要有信用的理论来源、价值追求、适用领域、作用对象和保障机制不同。彭鹏（2005）认为，儒家的"诚信"与西方契约信用的区别在于：一是信用思想产生的社会基础和适用范围不同；二是信用追求的目标不一样；三是维护信用的手段不一样。

我们把文献中中西文化背景下的信用差异方面汇总，得到表2-1。

表2-1　中西文化背景下的信用比较

比较方面	中国文化背景下的信用	西方文化背景下的信用
人性假设	善	恶
社会基础	宗法等级社会	商业社会
思想基础	儒家伦理——和谐	新教伦理和宗教规范——竞争
作用领域	人际信用——做好人	契约信用——做好事
价值追求	实质理性——理性人格；精神性	工具理性——取得功利；功利性
作用范围	小（私人信任）；有限性	大（社会信任）；开放性
保障机制	软约束：道德自律，有限的社会舆论	软约束+硬约束：道德自律，法律制约，宗教自律，专业机构监督，广泛的社会舆论
发展道路	伦理信用—有待发展的法律化和制度化	伦理信用+宗教信用—经济伦理信用—信用的法律化和制度化

资料来源：根据1998年至今的中西信用比较研究文献整理。

2.1.2　个人信用的结构

持知觉论的信用研究者根据信息接收者产生信用知觉的主要构成要素来探索信用的因素结构。Hovland，Janis和Kelley（1953）认为，信用知觉具体包括信息接收者对信息来源的可信赖知觉和专长知觉。后来的研究者采用因素分析方法，提出了许多因素结构观点，例如McCroskey（1966）提出的权威知觉和性格知觉；Applbaum和Anatol（1972）提出的可信赖知觉、客观知觉、活力知觉和专长知觉；McCroskey和Teven（1992）提出的胜任力知觉、可信赖知觉、活力知觉和善意知觉等。在这些观点中，有三点值得注意：第一，从个体信用产生的心理基础分析信用结构。Maathuis等（2004）认为，信用包括基于认知的信用和基于情感的信用，前者是信息接收者对信息来源进行理性分析的结果，后者是信息接收者对信息来源是否喜欢的情感结果。第二，特定情境中信息来源的信用结构分析，如组织背景中的管理者和领导者信用结构。Falcione（1974）是第一个在管理背景中研究信用的研究者，他开发了在跨组织中通用的直接上司信用结构，包括安全、外向性、胜任、情绪稳定性知觉四个因素。2003 年，他进一步将直接上司信用确定为安全、胜任和活力知觉三维结构。安全因素包括"可信赖"基本方面的意图，还有信息来源和接收者之间归属关系的知觉评估；胜任因素包括对信息传递情景是唯一的意义知觉评估；活力因素是一般隐含意义的力量和活动因素的结合，例如信息来源增强或强调其信息的力量。Newell 和 Goldsmith（1998）认为，公司信用是消费者感受公司具有知识或能力去完成其宣称事项以及公司是否能被信任说真话的程度，包括可信赖知觉和专长知觉两个维度。Mayer 等（1995）把信用作为信任的前因变量，认为信用包括信任者对被信任者的能力、诚信和善意的知觉，这三个要素基本上能够解释信用的绝大部分内容，这是被研究者较多接受的信任结构观点。其中，能力是使某些人或团体在特定领域具有影响力的一组技能、胜任力和特征，包括专业技术能力、人际交往和合作能力、情绪控制能力等。诚信涉及信任者对被信任者遵守一组信任者可以接受的原则的知觉。善意是被信任者被相信在利己动机外想对信任者表示友好的程度，就是被信任者对信任者的一些特别关心。

持特质论的研究者总结归纳产生可信度知觉的信息发送者（被信任者）的一般特征作为信用结构。Sternthal（1977）认为，信用的核心特质是影响力，是信息发送者影响接收者接受信息的能力。McCall 和 Lombard（1983）认为，领导者信用的核心特质是言行一致，可信的领导者会说："当我说我要做什么时，我会准确地按说的做。如果我改变主意，我将会提前告诉你，从而你不会因为我的行动受伤害。"Sashkin（1990）认为，信用的主要特质是言行一致，是指自己说了要做的事情一定会去做，类似有效性，用来评估个人声明或行动提议与随后发生的实际行动之间的符合情况。Kouzes 和 Posner（1993）认为，信用是领导的最重要品质，这种品质包括诚实、胜任、远见卓识和鼓舞人心。

（1）诚实。McCall 和 Lombard（1983）认为，一个可信的领导者会说："当我说我要做什么时，我会准确地按我说的去做。如果我改变主意，我将会提前告诉你，从而你不会因为我的行动受伤害。"我们想确定的是领导是否说实话、讲道德和有原则，领导的行为是最好的证据，当领导者说到做到，他们被认为是诚实的。另一方面，假如领导者以和自己表述的价值和信仰一致的方式行事，我们相信能够将自己的职业、安全甚至生命托付给他。

（2）胜任。我们必须相信领导者是有能力的和有效的，不仅仅指技术能力，而且还指能够将经营单位的事情做好的全面期望。成功的经历被认为是胜任的最有力证明；领导的技能特长是胜任的另一方面；职能胜任是必需的，但是还不够，领导者还必须给职位带来一些增值。

（3）远见卓识。人们希望领导有方向感并关心公司的未来。一项关于284个高级主管的研究发现"开发战略规划和预测能力"是最重要的事情。他们把"诚实和诚信的领导风格"作为第一个最重要的领导特征，紧接着就是"长期愿景和公司方向指引"。

（4）鼓舞人心。我们希望领导者热情奔放、充满活力并对未来持积极态度。领导者激励我们对目标的有效性充满信心是最基本的。

Costigan 等人（2004）在三个国家员工对 CEO 信任的预测因素研究中，进一步验证 Kouzes 和 Posner（1993）关于领导必须是可信的、胜任的和热情的结论。Whitener（1998）等人提出了"管理者可信行为"的概念，包括行为一贯性、正直、权力的分散、开放性交流、对员工表示关怀五个维度。如果领导者能从这五个方面调整自己的行为，就可以更多地赢得员工的信任。Maathuis 等（2004）在对荷兰的一个代表性样本案例中询问参与者对信用的理解，得到的特质描述主要包括满足承诺、遵守诺言、证明说的话、诚实的、说真话、可靠和值得信任。

表 2-2 总结了以往研究中的个人信用构思。

表 2-2　以往研究中的个人信用构思

研究者	个人信用结构维度
Hovland，Janis & Kelly（1953）	可信赖；专长
McCroskey（1966）	权威；性格
Bowers & Philips（1967）	可信赖；胜任力
Whitehead（1968）	可信赖；胜任力；活力；客观
Berlo，Lemert & Mertz（1969；1970）	安全；活力；称职
Applbaum & Anatol（1972）	可信赖；客观；活力；内行
Falcione（1974）	安全；外向性；胜任；情绪稳定性
Leathers（1992）	胜任力；可信赖；活力
McCroskey & Teven（1992）	胜任力；可信赖；活力；善意

（续表）

研究者	个人信用结构维度
Meyer，Davinson & Schoorman（1995）	能力、善意和诚信
Keller & Aaker（1992；1997）；Maathuis（1999）	可靠性/可信赖；专长；吸引力
Falcione（2003）	安全；胜任；活力
Onno Maathuis et al.（2004）	基于认知的信用；基于情感的信用

资料来源：根据信用结构的研究文献整理。

2.1.3 个人信用的测量

有关测量个人信用的以往研究总结见表2-3，特质论和知觉论的测量方法有所区别。

持特质论的研究者对信用的测量采用了行为的自我报告方法，使用李克特量表，测量实际行为和描述行为的符合程度。Sashkins（1996）开发的管理行为气氛评价（MBCA）中对中高级管理者信用从四个方面的行为描述进行测量，包括言语和过去的行动、未来的行动、承诺的行动、未来的结果的一致性程度。

表2-3 以往研究中的个人信用测量

研究者	研究主题	研究结论
McCroskey（1966）	道义量表	分离的李克特和语义区分量表，二维12个项目 1. 权威（可靠？见识？称职？聪明？有价值？内行？） 2. 性格（诚实？友好？令人愉快？自私？亲和？善良？）
McCroskey& Young（1981）	个人信用测量	三维14个项目 1. 专长（经验？训练？智慧？专长？胜任？） 2. 可信赖（诚实？可信？道德？真实？） 3. 善意（自我中心？担心人？关心人？敏感？理解人？）
Ohanian's（1990）	广告名人代言人	语义区分量表，三维15个项目 1. 专长（专家？经验？见识？称职？熟练？） 2. 可信赖（可靠？诚实？可依赖？正直？可信？） 3. 吸引（吸引？漂亮？美丽？文雅？性感？）

（续表）

研究者	研究主题	研究结论
Herbig & Milewicz (1995)	竞争的信用模型	信用交易的四种状态，是信用的定性评价方法。 真正积极：声明做 X 真正做 X；真正消极：声明不做 Y 真正不做 Y 虚假积极：声明做 X 实际不做 X；虚假消极：声明不做 Y，实际做 Y
Sashkin (1996)	组织信任	从四个方面测量信用：言语和过去的行动是否一致？言语和未来的行动是否一致？言语和承诺的行动是否一致？言语和未来的结果是否一致
Falcione (2003)	对上司信用知觉对下属参与的影响	语义区分量表，三维 15 个项目 1. 安全：公平—不公平；客观—主观；自私—无私；公平—不公平；道德—不道德 2. 称职：经验丰富—缺少经验；熟练—不熟练；见识多—缺少见识；聪明—愚笨；称职—不称职。 3. 活力：勇敢—怯懦；主动—被动；进取—温顺；果断—犹豫；有力—无力

　　持知觉论的信用研究者对信用的测量采用了态度的自我报告方法，使用语义区分量表或李克特量表，测量信息接收者对信息来源的态度情况。研究者按照因素分析的思路开发了许多量表，一个共同的特征就是对个人信用进行多维构思的测量。McCroskey（1966）在对数百个学生进行多年的大量实验基础上，开发了被研究者广泛采用的个人信用量表，这个量表是基于形成信用构思的权威（authoritativeness）和性格（character）假设开发的。他开发了分离的李克特量表和语义区分量表去测量每一个因素，用后者对前者的效度进行检验。McCroskey 等（1974）修改 1966 年的量表，包括亲和力（sociability）、性格（character）、胜任（competence）、镇静（composure）和外向性（extroversion）五个维度，每个维度 3 个项目。这个量表经过折半信度和内部一致性信度检验证明有较好的信度，并经过表面效度和效标关联效度检验，但是发现构思效度存在问题，15 个项目不总是能归到五个维度。McCroskey 和 Young（1981）又开发了包括专长知觉、可信赖知觉和善意知觉三个维度 14 个项目的李克特 7 点个人信用量

表。Mortensen（1972）认为，信用概念实际上是相当松散的因素分类聚合在一起而产生的对信息来源的一个总体印象，测量影响信用的因素的最有效方法是因素分析，即开发具有共同意义规定的项目清单。Ohanian's（1990）就广告主如何评价和选择名人代言人问题，开发了名人代言人信用的语义区分量表，包括15个项目，其中专长知觉、可信赖知觉和吸引力知觉三个维度各有5个项目，该量表经过表面效度、内容效度、效标关联效度和构思效度检验后，可用到许多情景中。Falcione（2003）开发了下属对上司信用的知觉量表，这是一个包含15个项目的语义区分量表，其中安全知觉、称职知觉和活力知觉各包含3个项目。

2.2　企业信用理论的研究

2.2.1　企业信用的结构

和个体信用的研究相比，组织信用的研究较少，早期研究是和广告联系在一起的，被称为"对待广告主的态度"（Lutz，1985）、"广告主信用"（MacKenzie & Lutz，1989）等，后来称为"公司信用"，主要是市场研究者运用的术语。Newell 和 Goldsmith（1998）在研究公司信用的测量问题时，把公司信用概念化操作为信息来源信用的一种，集中于特定的公司作为产品的制造者和广告及其他市场营销沟通的来源，指出公司信用是消费者感受公司具有知识或能力去完成其宣称的事项以及公司是否能被信任说真话的程度。Keller（2000）认为，当信息来源信用与公司有关时，被称为公司信用（corporate credibility）。Mahon 和 Wartick（2001）认为，公司信用是指公司过去的历史和其怎样长时间开发声誉期望。Maathuis 等（2004）认为，公司信用是指公司作为产品和服务信息的来源的可信赖和专长程度。Herbig 和 Milewicz（1996）认为，公司信用是公司在特定时间的意图的可信性，是一个公司是否被信赖履行承诺。只有当人们有信心运用过去的行动预测公司将来的行为时，公司信用才存在。Christian 和 Bausom（2002）认为，组织信用在于回答两个问题："你对你提供的说些什么？""你实际提供了什么？"企业信用以其传递产品和服务给顾客的方式体现，以员工的信仰和期望出现，如果企业诚信经营，它将创造内部和外部的忠诚。席酉民、杜永怡和刘晖（2004）认为，已有的基于团队层次和组织层次的信任研究对组织可信任度的描述，基本上沿袭了人际信任研究中的维度，可以归结为能力、正直、关心三个维度。能力是能使被信任方在特定领域内产生影响的技能、特征的集合，对于组织而言，能力更多是指其竞争能力。正直有两方面的含义：第一，要求组织形成一套价值观和实践准则，从而确认员工、合伙人和股东的权力，这是正直的外在核心；第二，要求组织和领导者对商业目标保持连贯的前进步伐。关心的要素包括在多大程度上人们相信组织会支持他们的福利乃至全体人的福利。储昭斌和臧武芳（2005）从企业自身视角理解企业信用，认为企业信用是心理上的信任与承诺的兑现，是社会中的利益相关者对企业"价值偿付"能力的信任与企业对利益相关者承诺的兑现，由此产生了社会对企业保证产品质量、提供优质服务以及履行社会责任的认同，从而形成了企业一种优质的、无形的经济资源。

2.2.2 企业信用的评价

企业信用的评价涉及谁来评价、评价什么和怎么评价三个问题，分别涉及信用的评价主体、评价内容、评价过程和程序问题。

（1）评价主体：利益相关者

利益相关者（stakeholder）是从股东（shareholder）一词套用而来的，是在一家企业中拥有一种或多种权益的个人或群体。权益（stake）指的是在一项活动或一个组织中拥有某一利益或一定的股份。利益相关者理论是理解企业和社会关系的最重要思想，该理论认为任何一个企业的生存和发展与投资者、劳动者、债权人、消费者、供应商、政府和社区等各类利益相关者息息相关，没有他们的理解、支持和参与，企业就寸步难行。因此，企业要想谋求可持续发展，就必须了解并设法满足利益相关者合理合法的需要和期望，企业讲信用就是满足利益相关者取得约定条件的权益的需要。许多研究者从利益相关者理论的角度定义信用，认为信用是企业与社会发生关系过程中，社会对企业的一种评价，其中利益相关者的评价是最主要的部分。朱方明和邢振东（2005）指出，信用不仅仅是发生于货币信贷和商品交易的赊销或预付行为之中的一种以偿还为条件的特殊的价值运动形式，还是企业利益相关各方的相互信任和彼此授信机制。储昭斌和臧武芳（2005）认为，从市场视角看，企业信用不仅体现企业之间在商品赊销预付和货币资金借贷等价值特殊运动过程中要按期偿付债务，还体现在社会以道德和法律规定的形式要求企业履行各种承诺。企业信用能力是在企业内、外部关系网络中，企业以获得利益相关者信任为核心进行合作、协调而形成的整合企业内、外部相关资源或能力的一种能量。姚海静（2005）认为，企业信用是利益相关者基于企业参与市场经济活动的历史对企业在信守承诺的能力和意愿方面做出的一个综合评价。

在众多的利益相关者作为企业信用的评价主体时，需要对其重要性进行评估。20世纪90年代以来，利益相关者理论研究主要关注利益相关者的识别及其特征分析，1994年，在多伦多利益相关者理论专题研讨会上，与会专家提出了利益相关者三分法：①核心利益相关者（core stakeholder）是对企业生存具有决定意义的利益相关者；②战略利益相关者（strategic stakeholder）是对组织继续生存下去以及对组织在某一特定时期如何有效应对一系列特殊的威胁和机会至关重要的那些群体；③环境利益相关者（environmental stakeholder）是指组织环境中核心、战略利益相关者以外的其他所有利益相关者。这种分类法揭示了利益相关者的一些特征：①合理性（legitimacy），是指企业认为某一利益相关者的某种权益要求的正当性，如所有者的分红权；②影响力（power），是指产生某种结果的才干或能力，例如媒体对公众舆论导向的影响；③紧急性（urgency），是指利益相关者需要企业对他们的要求给予急切关注或回应的程度。随着利益相关者特征的变化，其所属类别也会发生变化，因此，利益相关者是动态变化的。1997年，美国学者Mitchell根据上述三个特征，对可能的利益相关者进行评分，根据分值的高低确定某一个人或者群体是不是企业的利益相关者，是哪一类型的利益相关者。Mitchell把企业的利益相关者分为三类：

1）确定型利益相关者（Definitive Stakeholders），也称为决定性的利益相关者，同时拥有对企业问题的合理性、影响力和紧急性，如股东、员工和顾客，企业必须高度关注他们的要求和期望，并设法加以满足。

2）预期型利益相关者（Expectant Stakeholders），拥有上述三个特征中的两个，根据拥有的特征差异，又分为三个子类：一是主要的利益相关者，同时拥有合理性和影响力，例如政府、行业主管部门，他们希望受到管理层的关注，也往往能够达到目的，在有些情况下还会正式地参与企业决策过程；二是依靠的利益相关者，对企业拥有合理性和紧急性，但却没有相应的权力来实施他们的要求，这种群体要想达到目的，需要赢得另外的更强有力的利益相关者的拥护，或者寄希望于管理层的善行，他们通常采取的办法是结盟、参与政治活动、唤醒管理层的良知等；三是引起危险的利益相关者，对企业拥有紧急性和影响力，但没有合理性的群体，例如环保团体。

3）潜在的利益相关者（Latent Stakeholders），只拥有合理性、影响力、紧急性三个特征中的一个。根据拥有的特征差异，也分为三个子类：一是可以自由对待的利益相关者，只拥有合理性，随企业的运作情况而决定是否发挥其利益相关者的作用；二是潜在的利益相关者，只有影响力，当他们实际使用影响力，或者是威胁将要使用这种影响力时被激活成一个值得关注的利益相关者；三是苛刻的利益相关者，只拥有紧急性，就像是"在管理者耳边嗡嗡作响的蚊子，令人烦躁但不危险，麻烦不断但无须太多关注"。

利益相关者与企业构成各种内容不同的社会关系，在这种社会关系的建立、维系和发展过程中，企业信用除了企业自身因素外，还受到来自利益相关者的因素影响。肖艳玲和徐福缘（2003）研究了利益相关者的声誉风险对企业信用的影响。他们分析了员工的不良行为、顾客的误解、投资者的削减投资、合作者的背叛、政府执法部门的强行管制、地方社区不合惯例的威胁、社会活动团体的联合抵制、媒体曝光等各类利益相关者对企业信用构成的威胁。为了化解这些威胁，企业就有必要关注利益相关者的要求，进行包括信用在内的伦理管理。陈宏辉（2003）提出利益相关者的伦理管理工作包括：①将企业的合法收入及时在股东、债权人、供应商之间合理分配，不拖不欠，形成良好的企业声誉；②尊重员工，创造人道化的工作环境；③真正将消费者满意视作企业销售产品的最高目标，决不欺瞒消费者；④依法经营、照章纳税，并尊重生产地、销售地社区居民的生活习惯和生活规律；⑤保持与相关媒体的良好合作关系，对公众坦诚相待；⑥在力所能及的情况下积极从事慈善事业，回报社会，树立健康的公众形象；⑦维护生态环境，注重可持续发展。

（2）评价内容：测量指标

在企业信用的测量方面，Newell 和 Goldsmith（2001）做了总结性的工作，他们认为对公司信用知觉的前提、相关性和结果的实证研究因为缺少可信和有效的量表而受阻，以往的信用研究缺少标准化、可靠的和有效的量表，见表2-4所列。分析公司信用或声誉的研究者运用各种不同名称和项目的测量，所有这些信用量表的一个共同特点是缺少确定的效度。此外，其他非学术研究尝试测量公司声誉、形象和信用，然而，在这些研究中运用的量表经常是只有一个项目的问题或未经效度检验的多项目测量（Schumann et al.，1991）。

Newell 和 Goldsmith 运用来自864个对象的5个研究，详细描述了8个项目的公司信用李克特量表的开发和效度验证。制作这个量表的目的是对市场沟通的整体顾客反应进行测量，使研究者准确测量消费者如何感知公司信用。这个量表依据可信赖知觉和专长知觉两个信用维度，分别设计了四个项目。

1）专长知觉：XYZ公司有大量经验；XYZ公司对他们做的事情非常熟练；XYZ公司具有很强的专长；XYZ公司没有多少经验。

2）可信赖知觉：我相信XYZ公司；XYZ公司做出诚实的主张；XYZ公司是诚实的；我不相信XYZ公司告诉我的。

表2-4 过去研究中的公司信用相关量表

研究	测量名称	项目	信度系数	效度验证	量表类型
Settle & Golden（1974）					
Labarbera（1982）					
Muehling（1987）	广告主信用	5	无	没有	李克特量表
Lichtenstein,	公司信用	10	0.92	没有	语义区分量表
Bearden（1989）	对主持人的态度	3	0.96	没有	语义区分量表
MacKenzie &	商人信用	5	0.78	没有	李克特量表
Lutz（1989）	对广告主的态度	3	0.90	没有	语义区分量表
MacKenzie &	广告主信用	3	0.82	没有	语义区分量表
Lutz（1989）	公司声誉	4	0.71	没有	语义区分量表
Goldberg &	公司信用	8	0.84~0.92	有	李克特量表
Hartwick（1990）					
Newell（2001）					

资料来源：Stephen J. Newell, Ronald E. Goldsmith. The development of a scale to measure perceived corporate credibility. Journal of business research, 2001, 52: 235-247.

Delgado-Ballester（2003）把品牌信任概念化为在顾客需要冒险的情景中的品牌可靠性和品牌意图，并开发了品牌信任量表，包括四个品牌可靠性描述项目（品牌符合期望；对品牌有信心；品牌从不令人失望；品牌保证令人满意）以及四个品牌意图描述项目（品牌的诚实和真诚；依赖品牌解决问题；品牌努力令顾客满意；对产品缺陷补偿顾客）。

（3）评价方法：心理机制

在信用的评价过程方面，金玉芳和董大海（2004）归纳营销管理领域内的信任产生机制（信用评价机制）为四个方面，分别是施信方自身的心理过程机制、施信方对受信方的判断过程机制、交往过程机制和其他外部机制。其中施信方自身的心理过程包括：施信方的计算过程，指施信方计算其信任对方的得失情况，从而决定是否信任受信方；预测过程，指施信方对受信方未来行为的预测，如果施信方有信心能够准确预测对方的行为，就能够产生信任感。施信方对受信方的判断过程包括：对施信方能力的判断，主要考察受信方是否具备履行其承诺的能力、技能和资源；对施信方善意的判断，主要考察受信方是否愿意履行其承诺，是否能够从施信方的角度考虑问题，即移情性；对受信方动机的判断，主要考察受信方与其建立信任关系的动机是什么。谢小云和杨正宇（2004）总结认知加工领域的学者观点认为，虚拟团队中的快捷信任（信用评价）的特点来源于社会分类过程。一般来说，社会分类加工过程大致有三种：圈内圈外（in-group and out-group）、基于企业声誉（reputation-based）和基于企业定型（stereotype-based）。Hattori 和 Lapidus（2004）进行了两个组织在追求创新中的信任与合作问题的案例研究，提出了企业世界中的四种关系：合作、联合、竞争和敌对，每个关系都显示出不同的信任状态，通过信任的四个特征——真实性、履行承诺的历史、履行承诺的能力和对关系的承诺（Solomon & Flores，2001）的判断确定企业信用状况。

2.2.3 影响企业信用的内外部因素

总结以往研究企业信用的影响因素文献，主要包括企业内部的个体、组织层面因素和企业外部环境因素。

首先，作为企业形象代表的企业家或领导者的个人信用是影响企业信用的关键因素。除了领导人个人信用外，员工，尤其是一线员工的信用对企业信用的影响很大。Liu 和 Leath（2001）提出了顾客对销售员的专长知觉和信任模型，他们认为，在 B2B 的商务环境中，顾客关于销售员的专长和信任知觉影响顾客对企业的满意度和忠诚度。Lee 和 Dawes（2005）对128 家香港采购组织的研究认为，采购公司对供应公司的信任以及对供应者的长期导向是对销售员信任即销售员信用的结果。Jessica（2002）指出，在每天都碰到组织伦理问题时，HR 专家需要意识到员工是怎样看待组织信用和声誉的，并采取积极步骤，通过公开诚实的沟通保持组织伦理和职业信用。

　　其次，企业组织层面的许多因素也对企业信用产生影响，并最终影响利益相关者对企业的信任水平。席酉民等（2004）指出，领导者、组织结构和组织文化是影响组织信用的最重要因素，领导层作为个人的行为对组织获取能力、行为正直以及表现关心有着重要的影响作用，是支撑组织可信任度的主体要素。

　　最后，企业所处的社会文化、制度环境对企业信用也有很大的影响。中国企业家调查系统 2002 年的专题调查报告显示，企业家品格对企业信用的影响最大，影响较大的因素有现行体制环境、企业管理制度、法律环境、传统文化，见表 2 - 5 所列。

表 2 - 5　有关因素对企业信用的影响程度

影响程度 影响因素	影响很大 （%）	影响较大 （%）	一般 （%）	影响较小 （%）	没有影响 （%）
企业家品格	64.2	32.5	2.5	0.5	0.3
现行体制环境	29.2	48.2	17.1	4.2	1.3
法律环境	31.4	40.5	21.7	5.3	1.1
企业管理制度	30.2	43.0	18.5	6.4	1.9
传统文化	7.1	32.9	43.0	13.7	3.3

　　资料来源：中国企业家调查系统．企业信用：现状、问题及对策——2002 年中国企业经营者成长与发展专题调查报告．管理世界，2002，5：95-103.

　　中共浙江省委统战部课题调研组 2002 年 5 月对杭州、宁波、温州、台州、金华五市 150 家工商联会员企业的调查结果显示，影响民营企业信用

的因素依次是企业家个人思想道德（75.8%）、社会信用环境（67.4%）、
企业的自身发展水平（62.1%）、政府信用（38.6%）。

根据国务院发展研究中心2005年我国民营企业信用调研报告，在对部
分省、直辖市3313家民营企业信用状况进行调研后发现，政府尤其是一些
基层政府信用状况不佳、法律法规不完善、民营企业自身存在的问题等原
因导致民营企业信用较差，形成了民营企业可持续发展的瓶颈。民营企业
自身存在的问题主要表现在：①创业者和负责人自身素质差，法律意识和
信用意识淡薄；②人才机制不灵活，面临着较严重的人才危机和信任危
机；③可利用资源相对缺乏，发展空间受到局限，短期行为明显。

2.2.4　企业信用与绩效的关系

2.2.4.1　知觉论者的观点

持知觉论的信用研究者根据信息接收者的信用知觉对其态度和行为的
影响，具体探索不同信息来源信用的效能。大多数研究集中在市场营销领
域，研究品牌、销售人员、公司、广告和代言人等信息来源信用对消费者
态度和行为的影响。

（1）公司信用对塑造公司品牌的作用

首先，公司信用被认为是品牌的最主要特征（Aaker & Davis, 2000;
Keller, 2000）。信用知觉是消费者知觉公司整体品牌形象的一部分
（Gregory, 1991）。

其次，公司信用影响人们对品牌形象的知觉。公司信用直接影响企业
的品牌形象。信用描述了一个品牌被认为可靠、胜任和吸引的方式，高信
用增加了利益相关者的接受性。高信用公司可以与它们的目标群体建立更
好的关系，这是达到他们目标的基本要求（van Riel, 1995）。Shimp 和
Delozier（1986）认为公司信用对公司实施促销和有关消费者的营销策略时
是重要的，因为它可能影响消费者对广告和品牌的反应。MacKenzie 和
Lutz（1989）的研究认为，广告主信用显著影响了顾客对待品牌的态度。

最后，公司信用有助于建立产品（无形的服务和有形的产品）的品牌
资产（Aaker, 1991），有利于新产品品牌的成功（Cooper, 1994）。Herbig
和 Milewicz（1993）分析了信用和声誉的建立对品牌成功的作用，认为良
好的声誉提供了一种市场信号，提高了消费者对品牌的信用知觉，即消费

者认为品牌是可靠的，具有胜任力和吸引力，有利于培养忠诚顾客。如果缺少公司信用，公司对公众提供的任何促销信息都会引起不利的反应。叶陈毅（2004）在对 625 份我国企业信用状况的问卷调查分析后，指出52.47% 的被调查者认为企业最重要的资产或财富是企业信用、声誉与品牌。

（2）公司信用对消费者态度和行为的影响

Lutz 等（1983）认为，信息来源信用是消费者对待广告的态度，最终是广告效能的前因变量。Goldberg 和 Hartwick（1990）指出公司声誉或信用的重要性："如同发言人信用一样，有积极声誉的公司在取得顾客对广告的相信上占据有利位置。"Lafferty 和 Goldsmith（1999）认为，公司和代言人两种信用都影响消费者的广告态度和品牌态度，其中，代言人信用对消费者的广告态度有更大的影响，公司信用对消费者的品牌态度和购买意向有更大的影响。Lafferty，Newell 和 Goldsmith（2002）提出了公司信用和代言人信用相结合的双信用模型。通过实证研究参与者评估公司信用和代言人信用、对待广告和品牌的态度以及他们购买广告产品的意图，双信用模型部分预测和解释了因为这些双来源信用带来的广告效能。Lafferty 和 Goldsmith（2004）的一项有关新的高科技产品引入的研究中，认为公司信用对领先用户（指率先使用新产品的顾客）和非领先用户是同等重要的，代言人的吸引力对评估一个新的高科技产品来说并不重要，而公司信用对领先用户评价高科技产品是相当重要的。

（3）公司信用对人力资源管理效能的影响

Fisher，Ilgen 和 Hoyer（1979）研究了工作信息的有利性和信息来源对申请者的信用知觉和招聘职位接受性的影响。结果表明面试者的信用度不高，提供负面工作信息可以提高信息来源的信用，但是降低了招聘职位接受性。Kouzes 和 Posner（1990）指出，信用是领导的最重要品质，我们对领导者信用的信心是最终决定我们是否接受领导的关键。Tom（1996）认为，在快速变化和激烈竞争的市场环境中，终生雇佣的时代已经过去，员工对职业的忠诚超越了对组织的忠诚，组织需要勤奋、承诺和有活力的员工。这就需要高管加强与员工之间的联系，关心员工的真正需求，在员工的心目中建立信用形象，增强员工对组织的归属感，帮助组织取得成功。

2.2.4.2 **特质论者的观点**

持特质论的研究者根据信息发送者的特质对信息接收者的影响，一般性地分析信用的效能，涉及信用和信任、声誉的关系研究。

（1）信用与信任

根据 Zucker（1986）的分类，信任来源于三个方面，即基于过程、基于特征和基于制度。也就是说，信任既可能来源于当事人交往的过程，也可能来源于信任者的个性特征，还可能来源于调节双方交往关系的制度，当然也可能来源于三者的不同组合。由此便形成了三种典型的信任建立机制模型，即基于被信任方的感知可信度模型、基于信任方的信任倾向模型、基于制度规范的新制度模型，这里的感知可信度就是信用，说明信用是信任的来源之一。Sashkin（1990）提出情感与认知相结合的组织信任定义，把信用作为组织信任的一个情感维度，是情感信任的基础。Mayer 等（1995）提出的信任模型，如图 2-2 所示，清晰地表明信用是信任的前因变量。

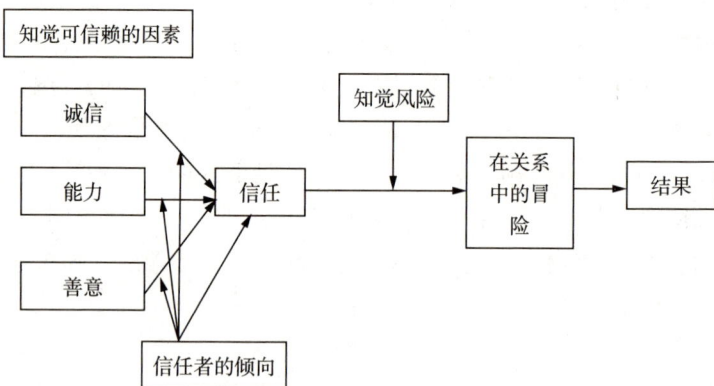

图 2-2 信任模型

资料来源：Mayer Roger C，Davis James H，Schoorman F David. An integration model of organizational trust. The Academy of Management Review，1995，20（3）：709-734.

金玉芳和董大海（2004）把信任的前因归纳为三个方面：一方面是受信方的特征，包括其能力、善意与诚实以及具体的行为等属性；一方面是施信方的特征，包括其态度、对他人的一般性信任程度等；第三方面是双方互动的特征，包括沟通、交往的频次和共同的价值观等。范晓屏和吴中伦（2005）认为，信任与信用之间互为前提和基础，一方面，个人或组织彼此之间的相互信任是信用的前提；另一方面，良好的信用是企业与利害关系人之间相互信任、协同合作的重要基础，同时企业也更容易得到社会公众和合作伙伴的信任、理解和支持（董玲，2004）。

（2）信用与声誉

Herbig和Milewicz（1996）研究了信用和声誉的长期相互作用，提出建立声誉的竞争信用模型，如图2-3所示，分析了信用交易（CT）的四种状态，见表2-6所列，说明了信用和声誉之间的对应关系。从竞争的观点看，信用交易是公司比较竞争对手的声明或意图与其真正行动或最后行动之间的一致性，假如行为与声明一致，则竞争对手的信用增加，反之，则信用降低。声誉是和结果的长期一致性相联系的，它的一个主要成分是公司在与其认为重要的利益相关者的相互作用过程中建立的信用。

表2-6 信用交易、信用与声誉的对应关系

CT	说/做	声誉	信用
1	说了要做，实际做到	提高声誉	增加信用
2	说了要做，实际不做	降低声誉	减少信用
3	说了不做，实际做了	降低声誉	减少信用
4	说了不做，实际不做	提高声誉	增加信用

（3）公司信用是公司宝贵的无形资产

Gregory（1991）、Sobel等（1992）和Keller（1998）认为，公司信用是构成积极的公司形象和声誉的一部分。Fombrun（1996）认为，公司信用，或顾客、投资者和其他团体相信公司可信赖和具备专长的程度，是公司形象和声誉的重要组成部分。公司被怀疑制造危险或低劣的产品时，或对顾客或其他人撒谎时，或被指控违反法律或伦理规范时，公司信用将受到伤害。Stuart和Kerr（1999）认为，公

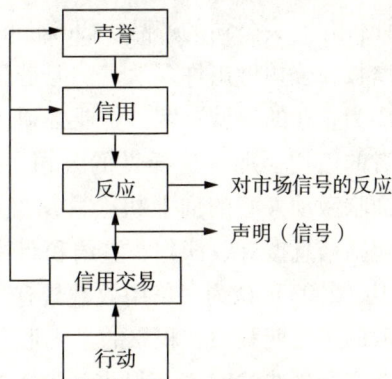

图2-3 竞争的信用模型

资料来源：Paul Herbig, John Milewicz. To be or not to be...credible that is: A model of reputation and credibility among competing firms. Corporate Communication, 1996, 1（2）：19-29.

司信用在塑造公司特性时扮演重要角色。战略学者从资源观点出发，把信用（包含在声誉内）看作一种无形资产（Barney，1991，2001；Barney，Wright & Ketchen，2001；Hall，1992，1993；Prabhu & Stewart，2001；Weigelt & Camerer，1988）。它具有两方面的作用：一是进攻性作用，与竞争对手和相邻市场相比，帮助组织提高竞争地位（Weigelt & Camerer，1988）；二是防御性作用，在遭受攻击时，保持市场地位和与顾客的关系。在一些文献中，这被称为"善意假设的水库"，这种假设表明公司有好的声誉，当面临突然的经济和政治打击时，将接受一些来自社团的好处（Jones，Jones & Ittle，2000；Bostdor & Vibbert，1994）。信用是企业必须长期开发的，而不是在一时一地讲信用，企业可能因为错误决策在相当快的时间里丢失信用，一个显著的例子就是安达信咨询公司的造假致使公司破产。

（4）公司信用为公司创造商业价值

马克斯·韦伯认为，信用是能够给人带来实际好处的一种美德。Gregory（1991）和Haley（1996）认为，公司信用在公司获取贷款、创造伙伴关系和营销产品的能力方面扮演重要角色。Creyer和Ross（1997）认为，当公司行动超越伦理知觉时，公司会受到更积极的态度和行为意图的报偿。Keller（1998）认为，知觉公司可信的顾客更可能给公司的广告一个好评价并购买公司的产品。Christian和Bausom（2002）认为，为了产生利润增长，公司做出许多承诺，但是只有当顾客发现这些承诺被履行，他们才成为企业的忠诚顾客，企业必须比以往更加注重建立对顾客、雇员和投资者的信用。那些这样做的公司，在产品和服务上不断创新和增加价值，面临激动人心的商业机会。从经济学的角度看，信用能减少交易费用，包括信息搜寻、谈判、签约和履约等所有环节的交易费用。夏网生和崔苏卫（2003）认为，信用效益具有长期性、增值性和无形性的特点，企业获取的是长期利益，积累的是无形资产，而无形资产所创造的财富要比有形资产所创造的财富多得多，因为有形资产创造财富可能只是一时的，而无形资产创造的财富将是永久的。

2.3　信用评价：社会认同理论（SIT）的观点

信用的知觉论和特质论观点都没有解决信用信息加工的过程问题，我们不知道信任方是如何知觉被信任方的特征，并对其信用做出判断和评价的。在社会认同理论的应用研究中，我们发现信任双方对彼此信用的评价和信任关系的构建都有一个社会认同的心理过程。

2.3.1　SIT 主要观点和最新进展

McShane 和 Von Glinow（2003）指出，社会认同理论（social identity theory）是基于我们怎样定义自己在不同社会群体中的成员身份来知觉世界的思想框架，它用来解释自我知觉和知觉他人的联系。社会认同是指我们在对自己和他人进行社会分类的基础上，认定自己或他人归属于某些社会类别的过程与结果。社会类别是根据社会特征划分形成的类别，例如职业经理人、浙江大学校友等。社会认同理论提供了一种群体关系、群体过程和社会自我的社会心理观点，主要由 Tajfel（1978，1981，1985）、Turner（1975，1982，1984，1985）、Hogg 和 Abrams（1988）提出。社会认同理论不仅仅解释我们怎样形成自我知觉，还解释社会知觉的动态过程——我们怎样知觉他人，特别是它描述了我们怎样和为什么把其他人划分为同类和常常令人不喜欢的群体。Hogg，Terry 和 White（1995）认为，社会认同理论不仅是描述和预测的，而且是评估的，通过与其他的相关社会分类相比较，对一个社会分类和其成员进行评估，群体及其成员有强烈的动机去和外群体比较，并采纳有利于内群体及其成员的行为策略。

2.3.1.1　社会认同理论的主要观点

（1）社会认同的过程：社会分类—社会比较—社会认同

社会认同理论提出个体的社会分类通过社会类别特征定义个体，这与个体的自我概念结合在一起。人们倾向于把他们自己和其他人分成不同的社会类别，例如组织成员、宗教归属、性别和年龄群，最基本的社会类别是对自我（self）与他人（other）、我们（we）与他们（they）的区别。不同的个体可以运用不同的类别图式，类别图式是通过从众多成员特征抽取的原型特征来定义的。社会分类有两个功能：第一，对社会环境进行认知上的分割和定序，为个体提供一个看待他人的系统意义，人们按照个人所属类别的原型特征来理解人，尽管这种原型特征不一定可靠，但是可以快速简单地认人。第二，社会分类使个体能够在社会环境中定位和理解自己。自我概念由包含特殊性（例如身体特征、能力、心理特征、兴趣）的个性特征和包含显著群体分类的社会特征组成。因此，社会认同是与一些人的集合体一致或一体的知觉。社会认同提供了"我是谁"的问题的部分答案（Stryker & Serpe，1982；Turner，1982）。

社会认同的一个重要步骤就是比较过程，我们根据与隶属于其他群体的人们的区别来定义我们自己和他人。人们对自己和他人的定义大多是"关系的和比较的"，他们相对于其他群体的个人定义自己。年轻人的分类只有在和老年人的分类有关时才有意义。为了简化这个比较过程，我们倾向于在社会分类中把人同类化或归类。我们认为，在我们群体中的人共同拥有一些特征，而在比较群体中的人们共同具有其他一些不同的特征，这可能部分是真实的，但是我们往往进一步夸大了这些差异，人们借由与其他群体的比较以估计自己群体的价值。

（2）社会认同的动力：自尊倾向和强化效应

社会认同理论认为，在社会生活中，一个基本而普遍的倾向是把自我想成是好的动机，以便对于自己有正向的评价，也就是获得一种正向的自尊。这个动机不但在个体的层次发挥作用，也在群体的层次发挥作用，因此，存在着正向评价自己群体的社会认同动机，也存在着正向评价自己的个人认同动机。也就是说，一个人的认同有两个成分，即个人认同与社会认同，而人们就借由强化这两种认同的方式来促进其自我形象或自尊（Leyens，Yzerbyt & Schadron，1994）。社会认同建立在内群体追求证实有利于内群体评估差异性的内群体和外群体之间的社会比较基础上，受到自尊需要的激励（Turner，1975）。Mael 和 Ashforth（1995）认为，社会认同理论强烈影响个体通过他们最认同的社会分类定义他们自己。个人对每个群体的认同程度显然是一个程度问题，而且，这种认同倾向于被积极地看作个体对尊贵角色的自我概念的更多归属（Adler & Adler，1987；Schneider，Hall & Nygren，1971），保持个体对社会类别的认同部分地提高自尊（Hogg & Turner，1985；Tajfel，1978）。通过社会认同和比较，个体作为群体成员，分享群体的成功和地位，据此积极和消极的群体间比较影响成员的自尊（Oakes & Turner，1980；Wagner，Lampen & Syllwasschy，1986）。因此，Jackall（1978）发现在银行从事后勤服务工作的人常常扩大他们与含蓄身份的距离（例如这仅仅是个暂时工作，我打算存足够多的钱以后自己创业）。

我们运用社会分类中的群体特征（成员所具有的共同特征）的比较，对个人进行归类，这种用一般化的特征去知觉个人的结果存在过度一般化的问题。我们倾向于对我们社会认同群体外的人形成不太积极（有时明显消极）的印象，我们之所以看不起与我们不同的人，是因为我们通过认同自己属于有积极特征的群体来维护我们的自尊。个体通过运用社会分类测量人们的相似性和差异性来最大化其意义，这在其他群体和我们的社会认同群体有竞争和冲突时，尤其真实。对于同类别成员间相似性的知觉，会比真正的相似性来得大，而对不同类别成员间差异性的知觉，也会比真正的差异来得大。也就是说，群体内的相似性与群体间的差异性均会被强化，即所谓的强化效应。对每一个人来说，他是某些群体的群体内部人（即群体成员），同时也是其他群体的群体外部人，因此借由这种相似性及差异性的强化会造成群体内部偏袒与群体外部歧视的效应（杨文金，1997）。

Hogg（1995）认为，在社会认同理论中，两个要素是必需的：①分类，群体通过建立群体特色和定型行为明确边界；②自我强化，在可接受的群体规范中引导个体社会行为。Hogg 提出自我强化引导社会分类以便内群体（in-group）规范和定型有利于内群体。Elsbach 和 Kramer（1996）认为，社会认同理论运用认知策略测量自我强化，通过在和其他群体比较关系中的群体联系作为评估其他群体的手段，并决定什么内群体行为是规范的。Brewer 和 Gardner（1996）认为，个体自我和社会自我的差异同样激励个体与群体联系和影响个人的信念结构。Ellemers（1999）认为，个体和社会的自我主张影响个体的信念结构。个体通过与积极社会认同联系追求自我强化，例如一个著名公司的雇员。"因为社会认同是和价值联系的，群体为相对积极的社会认同而竞争是一个复杂的社会动态过程。"（Hogg et al.，1995）。Whetten 和 Godfrey（1988a）强调，认同被知觉为独特、杰出的群体和与其他群体竞争以提高凝聚力。

2.3.1.2　社会认同理论的最新发展：自我分类理论

自我分类理论（Turner，1985；Turner et al.，1987；Oakes et al.，1994；Turner，1991）是社会认同理论的最新进展，进一步研究了作为群体行为认知基础的分类过程，聚焦研究社会分类怎样产生基于原型的去人性化，加深了我们对群体间背景下的社会认同过程和人们内化群体规范，使自己的行为与这些规范一致的方式的理解。分类过程强调属于相同类别的刺激物（物理上的物体或人，包括自我）之间的知觉相似性，以及属于不同类别的刺激物的知觉差异性。自我的去个性化（depersonalization）是群体现象后面的基本过程，例如社会定型、群体凝聚力和种族中心主义，合作和利他主义，情绪传染和同情，集体行为、共享规范和相互影响过程。自我的去个性化不是认同的损失。通过去个性化，其产生认同水平上的情境变化（从独立的个体到群体成员），有效地把自我知觉和行为带入与情境有关的内群体原型，把个人转变为群体成员、个体行为变为群体行为。原型包含了表现群体特色和把群体和其他群体区别的所有特征，包括信念、态度、情感和行为。原型的一个关键特征是他们最大化内部的相似性和群体间的差异性，从而把群体定义为与众不同的实体。原型储存在记忆中，通过即时或更持久的社会互动背景的特征得以建立、保持和修正（Fiske & Taylor，1991）。原型是高度依赖情境的，并特别受到外群体的情境突出性的影响。如果相关比较的外群体始终变化，那么就会发生原型连带自我概念的持续变化。因此，社会认同是动态的，它对瞬间比较情境的群体间情形在种类和内容上做出反应。

2.3.2　SIT 在信用评价研究中的运用

社会认同理论在信用评价研究中的运用主要集中在信任研究文献中，主要有两个方面：一方面是研究信任双方的社会认同基础（性别、种族、国籍等社会特征的相似性）对于信用评价从而构建信任的影响作用；另一方面是研究信任双方评价彼此的信用从而产生信任的社会认同过程。下面就根据这两方面归纳总结以往的文献。

首先，社会相似性是内群体认同的基础，也是产生信任的重要因素。Light（1984）发现少数民族创业者倾向通过种族联合（co-ethnic）而不是种族间的社会关系圈从事经营活动。Zucker（1986）认为，经理人对同事产生基于认知信任的程度依赖于以往互动的成功经验、社会相似性的程度和组织情境考虑，说明个体之间的社会相似性影响信任建立，个人所属的群体具有相似基础特征，例如种族背景，比多样化群体有利于建立和维持相互信任的工作关系。自我分类理论家发现个体倾向于把自己归入诸如种族、年龄和性别等客观特征为基础的其他人的群体（Turner，1987），并且这种内部分类影响信念和态度。和内群体的人相比，个体更可能知觉外群体的人是不诚实、不可信赖的和不合作的（Brewer，1979）。Banai 和 Reisel（1999）通过研究国籍的相似性如何影响经理和其上司的人际信任关系，结果发现在相似国籍的经理和上司之间的信任显著高于不同国籍的经理和其上司之间的信任。Armstrong 和 Slew（2001）研究在马来西亚的中国买卖双方的工业购买行为情境中信任的主要决定因素，发现知觉的意图、组织信任、人际关系的力量、方言熟练程度和知觉的文化价值相似性是在马来西亚的中国买卖双方信任的主要前因变量，一个重要的管理意义就是需要公司强调影响信任的关系和文化因素。Keller（2001）在跨职能群体（通过性别、年龄和种族）研究中发现群体成员在人口统计特征的相似性倾向于增加人际信任和关系的建立。

其次，社会认同以社会分类为起点，而分类的依据也是有区别的，这构成了信任的不同认同基础。福山（1995）认为，中国社会是低信任社会，中国人只信任内群体成员。Gulati（1995）探索解释公司间联盟治理结构选择的因素，他认为单纯强调交易成本的观点错误地把每个交易看作彼此独立的，忽视了从相同伙伴的重复联系中涌现出来的公司间信任，通过对 1970—1989 年建立的综合跨行业联盟数据分析，得出组织间通过以前联盟建立的熟悉关系产生信任的结论。Williams（2001）证实社会分类是通过群体成员身份影响信任建立和基于诸如定型的认知捷径的可信赖知觉的机制。Wuemyns（2003）运用社会认同理论，从内群体/外群体的观点研究管理者和被管理者沟通中的信任和权力问题，认为与外群体成员的积极互动模式可以打破内群体障碍，并因此增加信任，即管理者被他们的下属知觉与外群体成员有关的可能性更低。Young 和 Lee（2003）研究工作场所的情感信任问题时指出，基于情感的框架让我们理解发生在雇员和雇主之间的距离，并考虑这种距离产生的原因。Spector 和 Jones（2004）运用来自 8 个行业 127 个专业员工的调查数据分析影响团队成员信任构建的因素，发现新团队成员是否来自外部组织还是内部组织对初始信任水平没有影响，而且，信任不受新成员是同事还是上司的影响。可能的原因是对外部团队成员的信任归因和对内部团队成员的信任归因是不同的，对同事信任的归因和对上司信任的归因是不同的，例如一个人可能信任内部团队成员是因为血缘关系或同志之情，而信任外部团队成员可能是因为更高（特殊）的专长和胜任力。Dawes（2005）研究采购公司和供应商的关系、信任和长期导向问题，结果发现在关系的三个维度中，面子和互惠支持维度对销售员信任没有显著影响，情感维度对销售员信任有显著影响。这个发现和社会学文献中基于认知和基于情感的信任划分（Lewis & Weigert，1985；McAllister，1995）是一致的，由面子和互惠支持引起的信任是基于认知的。在中国的经营市场情景下，情感信任比认知信任更强烈，关系越近，情感联系越强，关系的情感部分是推动熟人关系朝更强情感联系的关系发展的驱动力。关系越近，个人关系达到类似内群体的关系越多，就越能促进个人信任。

最后，McKnight，Cummings 和 Chervany（1998）等认知加工领域的学者们认为，人们在建立信任关系时，会运用三种类型的社会分类过程：圈内圈外（unit grouping）、声誉分类（reputation categorization）和定型（stereotype），如图 2 - 4 所示。

图 2 - 4　基于分类的信任构建模型

资料来源：McKnight D Harrison，Cummings Larry L，Chervany Norman L. Initial trust formation in new organizational relationships. The Academy of Management Review，1998，23（3）：473-490.

圈内圈外就是对内群体的认同和对外群体的排斥。内群体认同意味着把其他人看作和自己是相同群体的人，倾向于分享共同的目标和价值，以积极观点知觉彼此（Kramer，Brewer & Hanna，1996），因此内群体的成员之间更容易产生较高的信用。

声誉分类是指在第二手信息基础上建立起来的特征分类，对于个人而言，声誉反映职业胜任力（Barber，1983；Powell，1996）、善意（Dasgupta，1988）、诚实和可预测性等信念。一个人被知觉为胜任，是因为他是胜任群体的成员或因为他的个人行动；对于企业而言，声誉是在和其他领先对手比较时，描述一个公司对其所有关键顾客有整体吸引力的过去行动和未来前景的知觉呈现（Fombrun，1996）。战略学者从资源观点出发，认为声誉是一种无形资产（Brammer，Pavelin，2004），是在以往行为的基础上，累积形成的外部形象。声誉是一种社会认可基础上的信任关系，是利益相关者对一个企业的长期整体评价。具有大量声誉资产的企业存在显著优势：①诱惑更多的顾客和投资者以更高的价格购买企业的产品和股票；②吸引更多的申请者来企业工作，员工对企业忠诚度高，工作绩效好；③供应商给企业的折扣更大，企业以更低的价格购买原辅材料，企业有更稳定的经营收入；④企业的危机风险更小，当危机发生时，企业受到利益相关者的帮助而获得幸存，财务损失很小（Walsh，Wiedmann，2004）。

定型意味着把他人放到一个一般的分类中看待，要么在宽泛水平上，例如性别，要么在更特定水平上，例如支持和反对职业群体的偏见。McShane（2003）认为，定型是社会认同理论的扩展和我们组织信息的自然过程的产品，定型的产生有三个原因：①认知挑战。面对太多的信息，作为替代，依赖于分类思考的自然过程——聚合人和对象到我们长期记忆储存的假设分类。②我们强烈需要理解和预测其他人将怎样行动。我们第一次遇到某人时没有许多的信息，因此我们更多依赖定型去填补丢失的片断。③定型提高了我们的自我知觉和社会认同。这造成其他群体不令人喜欢的形象，涉及潜意识地把不准确的特征分配给其他不同的群体，而且研究者最近发现我们对伤害我们自尊的人倾向于消极定型。定型带来的问题是没有准确描述在社会分类中的每个人；引起我们忽视或误解与定型不一致的信息；为有意或无意的偏见奠定基础。

2.4 HRM 影响企业信用的研究：以薪酬策略为例

在影响企业信用的内外部因素文献研究中，领导者信用、员工信用、企业管理制度和组织文化等是重要的内部因素。考虑到本书关注激励员工与企业建立良好信用关系，我们特别地把关键 HRM 策略——薪酬策略作为企业信用的影响因素，虽然没有直接的文献，但是通过薪酬策略的效能文献、人力资源策略和信任的关系研究等文献研究，发现薪酬策略对于员工知觉企业信用具有重要影响。

2.4.1 薪酬策略

在企业薪酬研究领域中，研究者的视野逐步从个体、微观和职能层面转移到群体、组织、宏观和战略层面，运用战略管理的思路，从战略高度审视薪酬管理的作用，认为与企业战略和竞争战略相匹配的薪酬策略是企业获取和保持竞争优势的有力工具。

2.4.1.1 薪酬策略的定义和要素

Gomez-Mejia 等（1988）认为，薪酬策略是在一些条件下，对企业绩效及有效利用人力资源产生影响的薪酬政策选择。Martocchio（2002）认为，薪酬策略是旨在提高劳动力竞争力，从而提高企业竞争力的薪酬政策与实践。Milkvoich 等（2002）认为，薪酬策略是由企业战略和竞争战略决定的，为了获得企业竞争优势而进行的一系列战略性薪酬决策。总结这些定义，可以得出一个基本结论：薪酬策略的基础是企业战略和竞争战略，目的是提高企业竞争优势。陈松林和王重鸣（2005）认为，薪酬策略主要包括决策、结构和竞争三种观点。

从决策的观点看，根据 Milkvoich 的分析，薪酬策略包括四种决策：①内部一致性。即同一企业内不同职位之间或不同技能水平之间的比较。内部一致性是影响薪酬水平的决定性因素。②外部竞争力。企业如何参照竞争对手的薪酬水平给本企业的薪酬水平定位。③员工的贡献。企业如何通过薪酬体现员工的贡献，并引导员工创造更好的业绩。④薪酬体系管理。即对薪酬政策的制定、实施和修正过程如何进行有效的管理，特别是薪酬沟通问题。

从结构的观点看，根据 Gomez-Mejia 等（1988）的分析，薪酬策略主要有三个维度：①薪酬基础，包括岗位、技能、绩效、资历、价值导向和公平性等；②薪酬设计，包括薪酬水平、薪酬结构和加薪等；③薪酬管理，包括薪酬政策的集权程度、公开程度、员工参与程度和政策灵活性等。

从竞争的观点看，主要立足于成本优势和差异化，例如 IBM 公司实行的全面报酬系统，如图 2-5 所示。围绕提高市场竞争力、控制人工成本和激励创造高绩效的薪酬差异三个目标，企业做出系列薪酬决策，倡导组织的价值主张，用以吸引、保留和激励高绩效员工。

综合上述观点，薪酬策略的构成要素是对传统薪酬构成要素的超越，基于企业战略和竞争战略，把系统思考、面向未来的战略思维方式引入薪酬决策，在决定薪酬结构、薪酬水平、付酬方式和管理方式上，充分贯彻战略意图。

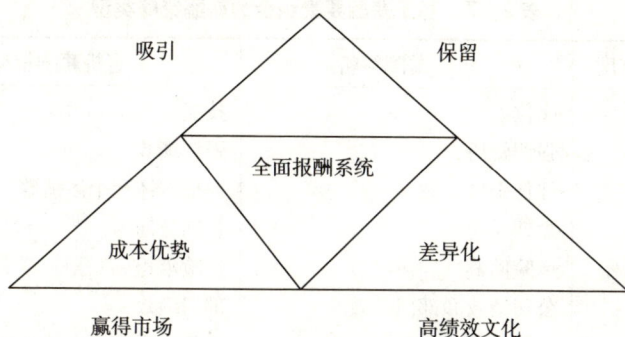

図2-5　IBM 的薪酬管理方法

资料来源：Richter A. D. How does your compensation strategy measure up? Strategic HR Review, 2002, 1（4）: 30-33.

2.4.1.2　薪酬策略的类型

（1）基于竞争战略的薪酬策略类型

不同的竞争战略决定了企业采用不同的薪酬策略，三种竞争战略要求相应的薪酬策略与之对应。①差异化战略要求薪酬策略奖励追求差异的创新活动，采用基于市场的灵活薪酬。②成本领先战略要求薪酬策略注重控制劳动力成本，实行收益分享，鼓励节约成本的行为。③目标聚焦战略要求薪酬策略奖励让客户满意的行为，采用和定单捆绑的薪酬激励政策。

（2）基于薪酬要素组合的薪酬策略类型

根据上述薪酬策略维度的组合，Gomez-Mejia 等人（1988）把薪酬策略分为机械薪酬策略和有机薪酬策略两类，它们的区别见表2-7所列。必须指出，现实中很少有这两种极端的类型，绝大多数企业采用介于两者之间的混合型薪酬策略，只是偏向两种类型的程度不同而已。

（3）基于企业发展阶段的薪酬策略

方振邦和陈建辉（2004）根据企业发展阶段的特点，提出不同时期的薪酬策略类型，见表2-8所列。

综合国内外对薪酬策略类型的研究，依据企业战略和发展阶段对薪酬策略的作用进行分类，有利于我们把握薪酬设计的主导思路，但是距离实际操作还有很大距离；根据薪酬策略构成要素的不同组合方式来分类，有利于实务操作，但是必须首先明确组合的依据，即企业战略和竞争战略的要求，否则容易迷失薪酬设计的方向。

表2-7 基于薪酬要素组合的薪酬策略类型

薪酬策略维度	机械薪酬策略	有机薪酬策略
薪酬的基础	岗位 强调资历 评估个体绩效 短期导向 风险回避 公司绩效和部门绩效 内部公平大于外部公平 强调等级差异 定量绩效测量	技能 强调绩效 评估群体和个体绩效 长期导向 冒险承担 部门绩效 外部公平大于内部公平 强调人人平等 定性绩效测量
薪酬系统设计	薪酬水平大于市场水平 固定薪酬大于激励薪酬 频繁的奖金 依靠内在报酬	薪酬水平小于市场水平 激励薪酬大于固定薪酬 延期收入 依靠外在报酬
薪酬管理框架	集权化 秘密薪酬 不参与 官僚政策	分权化 公开薪酬 参与 灵活政策

资料来源：Gomez-Mejia L R，Welbourne T M. Compensation strategy：an overview and future steps. Human Resource Planning，1988，11（3）：173-190.

表2-8 企业不同发展阶段的薪酬策略类型

		初创期	快速成长期	成熟稳定期	衰退期	再造期
薪酬竞争性		强	较强	一般	较强	较强
薪酬刚性		小	较大	达	较大	小
薪酬构成	基本工资	低	较高	高	较高	较低
	绩效奖金	较高	高	较高	低	较高
	福利	低	较高	高	高	较低
	长期薪酬	高	较高	高	低	较高

资料来源：方振邦，陈建辉. 不同发展阶段的企业薪酬战略. 中国人力资源开发，2004，12（1），56-59.

2.4.2　薪酬策略对企业信用的影响

2.4.2.1　薪酬策略的效能研究

薪酬策略对提升企业竞争优势的作用体现在：①创造企业财富的增值功能；②提高员工工作积极性的激励功能；③传递企业目标和价值观的配置和协调功能；④帮助员工实现自我价值的功能（顾琴轩，2001）。这些作用发挥的过程和结果就是薪酬策略的效能。它对个体、团队和企业都产生影响，是衡量薪酬策略有效性的标准，因此研究薪酬策略效能的指标和测量方法是关键。

关于薪酬策略效能的指标体系，研究者没有统一意见，但是在测量方法上基本相同，主要采用李克特量表测量薪酬策略效能指标的变化情况。Hennmen 等（1985）研究了薪酬满意度的多维构思和测量问题，薪酬满意度问卷用于评价薪酬满意的五个维度（水平、福利、加薪、结构和管理），对两类员工样本的测量结果支持了多维假设，并发现四维（水平、福利、加薪、结构/管理）提供了研究项目变异的更好代表性，量表表现出较高的内部一致性信度。David 和 Luis（1987）运用四个维度去测量薪酬效能：①总体薪酬效能；②招聘效能，即招聘时能够吸引超过实际需要的人才数量，它不仅与薪酬水平有关，也与公司形象相联系；③激励效能，即能够激励公司需要鼓励的员工行为；④人员保留，即员工不会因为薪酬的原因离职。Gomez-Mejia 等（1989）采用薪酬满意度、离职意向、项目绩效和个体绩效作为薪酬效能指标，对团队工作方式下 R&D 员工的薪酬效能进行了研究。Diaz 等（1997）为了研究高科技组织的薪酬策略效能，就下列四个问题收集数据：①我们的薪酬政策和实践是高度有效的；②管理者对薪酬系统服务于组织目标实现的方式感到高兴；③我们运用的薪酬策略真正让股东投资获得价值；④我们的薪酬政策和实践对于吸引、保留和激励员工有极大的贡献。Menefee 等（2003）就 16 家公司雇主和雇员对薪酬构成要素的态度和偏好进行了研究。Fong 和 Shaffer（2003）提出和实证检验了薪酬满意度的维度和决定因素研究的概念框架。对群体激励计划的满意度被发现是多维薪酬满意度构思的一个显著维度，然而程序公平和为绩效付酬的知觉被发现是其重要的决定因素。他们运用在美国和香港的跨国公司的数据，进行了跨文化比较，发现国家文化对薪酬满意度有直接和缓冲的效果。

综合以往研究薪酬策略的效能指标，可以归结为过程指标和结果指标，前者如薪酬满意度、离职意向、薪酬偏好等，后者如项目绩效、个人绩效、留职等。这两类指标存在因果联系，必须结合起来使用。

薪酬策略的效能还具体体现在针对特定群体的薪酬策略所发挥的作用上。Jin Feng Uen（2004）等人研究了专业人员薪酬结构、公平知觉和个体绩效之间的关系问题，认为薪酬是专业人员最重要的激励来源，在为这类个体设计薪酬结构时，需要关注他们对自己获得的收入的公平知觉，基于技能的工资和基于岗位的工资影响 R&D 专业人员相信他们正接受提高的公平待遇，这将导致更好的绩效。Brown 等（2003）研究了组织水平的薪酬决策和组织绩效的关系。他们检验了公司的薪酬结构和薪酬水平是如何与资源效率、病人关怀结果和财务绩效相关的，来自医院的一个大数据库结果支持了研究假设。Arnolds 等（2002）运用 ERG 激励理论研究了薪酬、尊重和工作绩效的关系。Barkema 等（1998）总结了以往探索管理者薪酬和公司绩效的关系的大量研究，认为这些研究普遍存在局限，忽视了可以用于决定管理者薪酬的其他标准、公司治理结构和各种权变因素的影响。Gomez-Mejia 等（1997）研究了高科技公司薪酬策略的形成和实施及其相对效能。在对 173 家公司的样本研究基础上，实证结果表明，下列薪酬策略对于高科技组织是合适的：更加强调个人而不是岗位作为分析单位，在员工和公司之间共同分担风险，外部市场导向，为了薪酬分配目的的决策权分散，依赖整体激励和长期导向。Cowherd 等（1992）在一个 102 个公司经营单位的样本中，检验了阶层之间薪酬公平和产品质量的关系，认为低层员工和高层管理者之间的小薪酬差距可以通过提高低层员工对高管目标、努力和合作的承诺来提高产品质量。Luthans（1992）研究了绩效薪酬的效能问题。针对许多研究者和实践者怀疑绩效薪酬的真实效能，研究者从强化理论和行为管理出发，认为这种方法可以用于解释简单道理：你获得你强调的。当组织行为修正多年一直系统地运用货币和非货币的强化刺激物时，元分析发现绩效平均增加 17%。

2.4.2.2 薪酬策略与企业信用的关系研究

我们没有发现直接研究薪酬策略影响企业信用的文献，通过人力资源策略和信任的关系研究，可以间接看到薪酬策略和企业信用的关系。在人力资源领域，有关人力资源策略、绩效、薪酬管理与组织信任关系的研究日趋活跃，包括人力资源策略与员工信任关系的研究（Whitener，1997）。Maathuis 等（2004）认为，质量改善、绩效改善和公开是提高公司信用的措施，失去信用主要发生在服务和质量破坏的情形下。Julian Goula-Wuiams（2003）的研究认为，人力资源政策是信任和组织绩效的强有力的预测因素。人力资源政策对于系统和人际信任都有显著的预测效应，信任水平的提高导致员工在工作中付出更大的努力。Chen（2004）以知觉的程序公平作为中介，研究了中国组织人力资源管理中的关系实践（即在个人关系的基础上进行人力资源管理决策）对员工信任管理者的影响，结果发现，关系实践（包括薪酬决策）和员工对管理者的信任呈现负效应。Audrey（2002）对 115 个信用联社员工对有关不同意他们经理决策（包括薪酬决策）的关键事件的反应进行研究发现，管理可信行为与对经理的信任和组织公民行为呈正相关关系。

以往研究对人力资源和信任是如何相互作用的提供了研究的基础，进一步的研究需关注不同种类的人力资源活动（战略性人力资源活动和战术性人力资源活动、薪酬管理和绩效管理）是如何影响员工对上级、工作群体和组织的信任。有效的人力资源活动的设计可以增加信任，并且对组织的其他变量，包括离职率、生产率和财务绩效有显著的影响作用。

2.5　创业绩效的研究

我们根据常见的绩效分类回顾以往研究成果。

（1）任务绩效与周边绩效

Borman 和 Motowidlo（1993）提出工作绩效的两维度结构模型：

① 任务绩效（task performance），是指产量、质量、生长率、利润率等任务完成情况和目标达成程度，与具体职务的工作内容密切相关，同时与个体能力、任务熟悉程度和工作知识也相关。

② 周边绩效（contextual performance），是指工作之外，员工相互交流和协作的行为，涉及员工能力、组织文化和组织潜力等方面的情况，与组织特征和组织的心理环境有关，对组织的可持续发展目标是非常重要的。

额增长、市场份额增长、利润增长、资产增长、员工数量增加和公司竞争力加强等。成长绩效的操作定义主要包括两个方面：①财务指标的增长，如销售额、净利润的增长等，这类指标在现有文献中运用得最多；②获利潜能的增长，如市场份额、员工人数的增长等。Wiklund 等（2003）认为，很多初创企业由于市场战略定位的需要，往往在开始的相当长时间内处于非营利状态，但实际上却很具有市场竞争力，这时只用表面的财务增长数据难以说明真实问题，因此可以考虑用这类指标来反映企业未来获利的强劲潜力。

2.6 服务业创业公司特征的研究

我们选择的研究对象是服务业创业公司，这类企业必须同时具备服务业企业特征和创业企业特征。下面为这两方面的文献回顾：

（1）服务业企业特征集中体现在服务特征及其引申出来的其他特征

服务特征主要包括四个方面：

1）服务的无形性（intangibility）：无形一直被看作服务和产品的最重要区别。服务不能和被感觉到的商品以同样的方式被看见、感觉、品尝或触摸，因此，服务是一种经验。无形是服务的一个基本特征（Wolak et al.，1998）。Cowell（1984）指出服务是在购买前不可能被品尝、感觉、看得见、听到和嗅到的。然而，一些学者认为无形的重要性可能被过分强调了（Bowen，1990；Wyckham et al.，1975）。他们指出服务提供者提供的是他们的"生产能力"，而不是这种提供的有形和无形本质。虽然存在这些不同意见，无形还是被看作一个最重要的服务特征。实际上，极少产品是完全无形或纯粹有形的，有形"光谱"（Shostack，1977）就是在这种思想基础上提出来的，它把不同的行业分成"有形主导"到"无形主导"——例如从盐业、快餐业到航空业、教育行业。经济学家按产品品质和消费者学习之间的关系将所有产品分成三种类型：明察性产品（search goods），消费者在购买前便能清楚了解它的品质；经验性产品（experience goods），消费者在购买和使用后能够了解它的品质；信任性产品（credence goods），即使在消费后，消费者也不能完全了解其品质。大多数服务产品是经验性的，少数是信任性的。

2）服务的不可分离性（inseparability）：服务的生产过程和消费过程是同时发生（Habib & Victor，1991）、不可分离的，而产品则被首先生产出来然后销售，此后被消费。服务业和制造业的最显著区别是生产和消费的不可分离性（Lovelock & Yip，1996；Zeithaml et al.，1985）。

3）服务的异质性（heterogeneity）：服务的质量在生产者到生产者、顾客到顾客、情景到情景之间是不同的，这使得它更难标准化。由于缺乏标准，消费者也很难在使用服务前对其购买质量做出判断，会感到购买服务的风险比物质产品的购买风险更大。

4）服务的可消失性（perishability）：服务在被生产的同时也就被消费掉了，不能保留和贮存。所以，服务的供应和需求很难同步（Zeithaml et al.，1985）。

在上述服务特征的基础上，服务业企业的特征主要体现在比制造业公司人员更加密集（Boddewyn et al.，1986；Bowen & Jones，1986；Erramilli & Rao，1993）；倾向于比制造公司需要更低水平的财务投资（Erramilli & Rao，1993）。服务业和制造业公司对基于交易成本的不同组成部分做出反应。服务业公司受不确定性的人员导向驱动，包括资产专有性、行为不确定性和信任倾向，服务业公司对交易成本经济的人员导向部分和行为不确定（人们怎样行为）做出反应。Habib 和 Victor（1991）认为，服务业公司比制造业公司对控制风险（行为不确定性）更加敏感："感觉顾客的需要变化引起例外的不确定性"，需要服务业公司比制造业公司更快地加工信息。比较而言，制造业公司受基于投资的不确定性驱动，包括环境不确定性和风险倾向。刘建秋等（2004）认为，无形特点决定与顾客的关系是服务业企业实现企业价值的基础。顾客忠诚是企业核心竞争力的来源和表现形式。服务业的顾客忠诚是"一个顾客对特定的服务商重复购买行为的程度和对其所怀有的积极的态度倾向，以及在对该服务的需求增加时将该服务商作为唯一对象的选择倾向"。尽管顾客忠诚对所有行业来讲都是重要的，但它对服务业尤为关键。Haradwaj 等（1993）运用 7 个项目测量服务业特征，包括设备密集——人员密集；需要的资产复杂性（高—低）；需要伴随特殊化的资产数量（许多—很少）；同有形资产相比，无形资产的相对突出性（高—低）；经验属性的突出性（高—低）；信任属性的突出性（高—低）；服务提供过程（集中—分散）。

Thanigavelan 等（2005）对同一服务行业的公司进行了分类方法的研究，前提是假设一个行业内的组织可以在他们创新、积极主动、自治、竞争进攻、冒险和激励的意愿和能力的基础上进行分类。他们指出，服务分类研究主要采用宏观观点，通过诸如顾客接触（Chase，1978）、劳动力密集程度（Schmenner，1986；Haywood-Farmer，1988）、交付渠道（Huete & Roth，1988）、服务产品和服务过程的本质（Kellogg & Nie，1995）等一个或更多特征对服务进行分类（Fitzsimmons & Fitzsimmons，2001）。这种分类方法虽然有助于解释行业之间的关键管理措施和定位策略，但是倾向于把整个行业处理为一个单一的同类实体。然而，在同样行业中的组织常常运用无形资源彼此竞争。他们以资源优势理论为基础，把创业导向作为无形资源并以此对药品零售行业内的组织进行分类方法研究。创业导向被定义为开发和提供创新服务的过程、实践和决策活动，它可以把一个组织和市场上其他组织区分开来（Lumpkin & Dess，1996）。

创业导向维度包括公司的能力和意愿：

1）创新。创新即一个组织从事和支持可能产生新服务的新创意、新奇实验和创造过程的倾向（Lumpkin & Dess，1996）。它反映了组织对待新机会的重要方式。

2）在预测变化上采取行动（积极主动）。积极主动反映了一个公司瞄准未来需求的预测和行动过程（Venkatraman，1989）。

3）鼓励员工独立自主的活动（自治）。自治反映一个组织的所有员工具有提出创意或愿景并尝试到完成的自由程度。

4）对竞争对手的策略的反应（竞争的进攻性）。竞争进攻性代表了一个组织直接和激烈地挑战竞争者以取得进入或改善市场位置的倾向（Lumpkin & Dess，1996）。和积极主动相比，竞争进攻性抓住了一个公司的反应倾向。

5）利用机会（冒险）。冒险是指一个公司从事有风险项目的倾向和经理为达到组织目标对于大胆行动的偏好（Gasse，1982）。

6）激励员工勤奋工作和面对挑战（激励）。激励表示一个组织改善员工对待工作的态度和道德水平的能力。对待工作有利的态度和在勤奋工作中的道德信念是有助于激发员工取得高水平工作绩效的动机。

他们把零售药品行业内的组织分类为竞争进攻者、进取者、积极主动-创新者、真正的创业者、低风险创业者、绝非创业者。在创业导向7点量表中，真正的创业者超过5.3分，它们有行业内的高成长机会并超前于竞争者开发利用和保留机会。他们认为这种分类方法与 Miles 等（1978）提出的战略分类方法是一致的。在创新、积极主动和风险倾向的程度上，真正的创业者与探索者平行，两者都拥有适应性和支持有机结构的特点。非创业者可以被看作防御者，两者都是至少能够适应和支持机械结构。分析者就是风险最小化，即低风险创业者、进取者和竞争进攻者。

（2）创业企业特征

到目前为止，学术界对创业企业的界定和操作定义缺乏统一认识，使得各种研究结论缺乏相互比较和交流的共同平台，甚至出现了张冠李戴的研究状况。总结中外文献中有关创业企业定义，对创业企业的识别主要有两种方法：一是生命周期法，以企业创立时间和规模特征为标准；二是创业特征法，以企业领先行动、冒险和创新的创业特征为标准。创业特征法又可分为定性描述和定量测量方法。

从生命周期理论出发的学者认为，创业企业就是处于创业期的企业，具有成立时间短、企业规模小、组织结构不健全、资金周转难和前景不明朗等阶段性特征。例如刘琦岩（2001）指出，创业型企业是从企业发展历史的阶段性对特定企业的描述性说法，是指尚处于创业阶段的企业，在不太长的、可预见的将来，企业将面临一个成长或扩张的过程。这种识别方法缺少具体可行的操作定义，企业度过创业期的时间、企业规模存在较大的行业、地区和企业间差异，难以找到统一的时间、规模标准，况且时间和规模都不是引起企业成长与老化的原因。此外，上述创业期的特征适用于初创业企业，不一定符合再创业企业的情况。可见，基于企业生命周期理论识别企业仅仅具有理论意义，在进行实证研究时，不具备操作性。

从创业特征出发的学者认为，创业企业是具有创业精神的企业。尽管学者们从机会捕捉、资源利用和价值创造等多角度给创业下了很多定义，但是关于创业的主要特征基本是相同的，即具有领先行动（proactive）、敢于冒险（risk-taking）和勇于创新（innovation）（Miller & Friesen, 1983; Morris & Paul, 1987; Zahra et al., 1999; Dess et al., 1997）。领先行动反映了首创精神，即通过敏感的市场嗅觉第一个意识到商业机会，抢占先机，这是抓住创业机会的前提；敢于冒险是指敢于以小博大，利用不足的资源去开发利用结果不确定的机会，这是抓住商业机会的必要条件；勇于创新是指大胆地进行产品、技术、市场和组织方面的变化，引入一种崭新的要素与生产条件的新组合，这是抓住创业机会的手段，也是创业的本质特征。Miller（1983）指出，创业企业是从事产品市场创新、承担有点危险的风险和第一个主动创新的企业，这是经典的创业企业定义。曹兴等（2001）认为，创业企业的主要特征表现在企业是否具有首创精神；是否利用社会或经济的机制将资源转化为最大收益；是否具备承担风险或失败的能力。德鲁克（2002）认为，以"新""小"为特点的初创企业未必会表现出创业精神，而创业精神也经常会被一些创立时间较长的大企业所遵循，因此，判断创业型企业的标准是创业精神，而不是企业的创立时间。基于创业特征识别创业企业是非常有意义的思路，它把创业企业与一般企业区分开来，揭示了创业企业的本质，为创业企业的研究工作增强了针对性，并使研究成果具有更大的应用价值。但是创业特征的操作定义是个难点，只有解决这个难题，才能使创业企业的识别任务落到实处。

Carland（1984）指出了创业企业与小企业的区别，创业企业的主要目标是包括利润和市场地位的长期意图，其特征是产品、过程和实践的创新；而小企业的目标就是所有者得到一个舒适的生活，企业特征受所有者特征的影响。创业企业反映了所有者更大的创业动机。基于这种特征描述，Matthews 和 Scott（1995）设计了创业企业的测量方法。首先，提供两段企业描述材料，要求回答者指出哪种企业描述最接近自己的公司：①虽然在本领域不占统治地位，但是我的企业是独立运营的，作为我的主要收入来源，它提供了取得利润和维持我自己以及家庭生计的机会，虽然很耗费时间，但是我喜欢为我自己的企业而不是为更大的企业工作。②虽然这个时候不占这个领域的统治地位，我的企业利润目标、成长目标和创新战略将引导我们达到未来的市场统治地位。事实上，我的企业可以描述为下列至少一项：新产品的推出，新生产方法的使用，开放的新市场和新的企业组织体制。在上述定性描述的基础上，运用企业成长目标的进取性，企业的创新性和企业的动态性三个项目，采用 5 点李克特量表，定量测量识别创业企业，三个项目的内部一致信度系数 $\alpha = 0.75$。定量测量与定性测量的相关系数是 0.41，保证了定性测量的信度。

Zahra 等（2004）在研究文化对创业的影响时，运用了 Miller（1983）开发的创业精神量表识别创业企业。这个量表经过了信度和效度检验，内部一致信度系数 $\alpha = 0.71$，在以往的研究中被广泛使用，采用 5 点李克特量表，包括 7 个项目：①对高风险项目表现出很大的容忍度；②只运用实践证明好的程序、系统和方法；③挑战而不是被动应付主要的竞争对手；④采取勇敢、宽视野的战略行动，而不是策略上的小变化；⑤强调对长远目标和战略的追求；⑥在行业内，第一个把新产品推向市场；⑦对承担适度风险的行为给予奖励。

2.7 以往研究总结和待研问题

2.7.1 以往研究的主要结论

总结上述六方面的文献回顾，可以得出以下几点主要结论：

（1）心理信用是基于社会认知理论的重要概念，是信任的前因变量，是社会交往中建立相互信任关系的基础之一。根据信息加工观点，信用的特质论是从信息输入——信用产生的前提条件理解信用，信用的知觉论是从信息输出——信用产生的结果理解信用。在西方，信用是被信任方留给信任方的感知可信度，从个人来说，主要包括对诚信、能力和善意的知觉；从企业来看，主要包括对企业的可信赖知觉和专长知觉。对企业信用的评价包括评价主体、测量和评价程序三方面，利益相关者是企业信用的评价主体，根据合理性、影响力和紧急性对利益相关者的重要性进行分类，确定评价企业信用的关键利益相关者；测量研究主要通过信任者对被信任者的感知可信度报告，采用解释信用维度的一些项目构成的语义区分或李克特量表；评价过程主要从信任方的认知心理过程进行分析。在中国，信用更多是伦理概念，包括"特质论"和"规则论"，前者指个人或组织的道德品质，后者指维护社会秩序的道德规范，主要的含义是言行一致，遵守承诺，被看作是为人处世的根本，讲信用有助于个人获得良好的人缘，企业获得良好的社会网络关系。在个人信用和企业信用的关系方面，个人信用，尤其是领导者和管理者信用是企业信用的重要影响因素，而企业信用对于个人信用具有价值指引和行为塑造的作用。企业信用影响公司品牌塑造，影响消费者对待企业广告、产品和品牌的态度以及购买意向，也影响企业对人力资源的吸引、留任、组织认同和组织承诺。从长远看，企业信用是一种无形资产，帮助企业与各利益相关者建立和维护良好的关系。

（2）社会认同是人们知觉自我和他人的一种认知方式，与组织承诺和内化是不同的，它是信任产生的重要心理基础。通过社会分类、社会比较和社会认同的过程，运用社会类别特征去定义自我和他人，社会认同的动力来自于自我尊重和自我强化，即把有利于提高自身地位的社会类别特征和自己联系在一起，而把一些不利的社会类别特征分配到隶属于这个类别的其他个人或群体特征上，因此出现定型的认知偏差。自我分类理论是社会认同理论的最新进展，研究社会分类怎样产生基于原型的去个性化，把个人转变为群体成员，把个体行为转变为群体行为。社会认同理论在信用的形成和评价研究中的运用体现信任双方的社会认同基础——社会相似性对于信任构建的影响和信任的社会认同过程两方面，其中基于圈内圈外、基于企业声誉和基于企业定型的社会分类是信任建立的主要社会分类基础。

（3）薪酬策略是与企业经营战略和竞争战略匹配的一种人力资源战略，对组织信任和企业信用具有影响作用，是企业获取和保持竞争优势的有力工具，可以从薪酬策略的决策、结构、竞争性观点来认识薪酬策略。一般地，根据薪酬策略的三个结构维度，即薪酬基础、薪酬设计和薪酬管理的组合情况，将薪酬分为有机、混合和机械三种薪酬策略。大多数企业采用混合薪酬策略，只是有机和机械的成分不同而已。薪酬策略的效能体现在对员工工作绩效和组织绩效的影响上，在测量上，采用薪酬满意度、离职意向、项目绩效和个体绩效等指标的李克特量表。薪酬策略对于企业信用的影响是以薪酬满意度、公平知觉和尊重感作为中介变量。

（4）目前，对于创业绩效的测量没有统一的结论，但是对运用多维度构思进行测量设计已经达成共识。在实际研究中，对创业绩效的划分主要有任务绩效和周边绩效、客观绩效和主观绩效、生存绩效和成长绩效；在测量设计中，考虑行业差异、创业者满意度等，把同行企业绩效、创业者期望绩效作为重要参照系，通过比较，判断创业绩效。

（5）服务业特征和创业特征的结合构成了服务业创业公司特征。服务特征包括无形性、不可分离性或生产和消费的同时性、异质性或不稳定性、易消逝性或不可持续性。服务业企业在具备服务特征的基础上，和制造业企业相比，具有人员密集、更少的财务投资、对交易成本经济中的行为不确定性更加敏感的特点。顾客忠诚是服务业企业核心竞争力的来源和表现形式。创业企业特征体现在创业导向、创业精神上，具体表现为创新、领先行动、冒险、进取等方面。

2.7.2　有待研究的问题

在总结以往研究的过程中，我们发现信用研究方面存在下列问题，需要研究者进一步解决，这些问题构成了本书关注的焦点。

（1）信用研究的情境和跨文化问题。在西方，大量的信用研究成果集中在沟通和市场研究领域，多以消费者作为信用评价主体，缺乏对员工等其他利益相关者作为信用评价主体的研究。根据不同的信息来源，对信用结构的划分也不同，虽然个人和公司作为信息来源的信用结构基本达成共识，但是文化背景的差异，使得西方的信用结构在其他文化背景下有待验证。因此，将来研究需要把信用发生的组织情境和文化背景作为信用研究的重要情境变量，使得信用概念更加明确具体。文献研究过程中，没有发现服务业创业公司情境下的信用研究，而服务业创业公司恰恰是中国现代服务业蓬勃发展形势下需要认真关注的对象。

（2）信用研究的层次问题。以往的信用研究大多数停留在个体心理的微观层面，关注产品和服务广告、代言人、招聘信息以及公司政策等某种信息来源留给信息接收者的信用知觉，对群体和组织作为一个整体信息来源给信息接收者的信用知觉缺少研究，因此，未来的研究将更加关注宏观层面的群体和组织信用问题，以提高研究结论的应用价值。马可一、王重鸣（2003）在谈到创业背景和一般意义上信任概念的差异时指出，创业背景下的信任概念更加聚焦于组织层面的信任，因为创业的最直接的表现形式是成立了一个独立的公司，所以在创业背景下研究信任更重要的是在组织层面上的信任。

（3）信用评价的心理过程问题。信用的特质论和知觉论分别解决了信用信息输入和输出问题，信用测量的研究只是解决了判定信用的标准问题，对于信用信息加工的心理过程则是一个黑箱。社会认同理论在信用形成和评价研究中的运用主要关注个体信用的形成和信任构建问题，缺乏对组织信用形成和评价的研究，因此，研究组织信用的社会认同过程是将来研究的重点。社会认同理论对于社会分类的类别特征的动态特征关注不多，较多局限于年龄、性别、肤色、国籍、社区、行业等静态特征，随着人们交往机会的增加，知觉对象的行为特征将作为社会认同的重要研究内容。

（4）信用的影响因素问题。以往的信用研究对信用的影响因素关注较少，仅仅提及信息呈现方式、个体信任倾向等因素，对于这些因素是如何影响信用的问题没有深入探究，至于组织层面的信用影响因素的研究就更少了，尤其是企业管理策略对企业信用的影响缺少研究，国内的相关研究虽然很多，但是多是从经济学、法学、伦理学的角度出发的理论探讨，缺少实证支持。以薪酬策略为例的人力资源策略对企业信用的影响研究较少，对于薪酬策略的哪些方面影响企业信用的哪些方面、是如何影响的、有哪些中介变量的问题需要深入研究。

（5）信用与绩效的关系问题。以往对信用效能的研究局限在消费者或员工的信用知觉对其态度和行为的影响，对于企业信用对组织绩效的影响的研究很少，对于企业信用影响创业绩效的直接研究几乎没有，企业信用的哪些方面影响创业绩效的哪些方面、是如何影响的、有哪些中介变量的问题需要进一步研究。创业绩效测量工具的丰富性容易造成误用，因此未来研究者只有充分论述测量工具的理论依据，才能正确有效地使用和改进以往的创业绩效测量工具。

3　研究总体构思与设计

3.1　研究目的与理论焦点

3.1.1　研究问题与研究目的

在引言部分，我们论述了研究选题的背景、思路和意义；在文献研究的总结部分，我们提出了信用研究方面有待研究的问题。在此基础上，界定本研究要解决的问题如下：①在中国文化背景下组织情境中，员工信用和企业信用的具体含义是什么？服务业创业公司信用的特点是什么？②怎么评价服务业创业公司的信用？③HRM 关键策略——薪酬策略对企业信用有什么影响？④服务业创业公司信用对创业绩效有什么影响？

本书研究的目的包括两个方面：

（1）理论目的。基于以往研究，运用社会认同理论，结合个体层面与组织层面，以中国文化背景下的服务业创业公司为对象，在员工信用和企业信用的概念构思、评价机制、薪酬策略对员工信用和企业信用的影响、员工信用和企业信用对创业绩效的影响问题上取得研究进展。

（2）应用目的。在实证研究结论的基础上，开拓企业信用建设思路，并通过有针对性的人力资源管理措施，对服务业创业公司提高信用水平提出策略建议。

3.1.2　研究焦点与理论基础

本书关注的理论焦点包括四个方面：

（1）在中国文化下的组织背景中，人们是怎样理解员工信用和企业信用的，与西方人的理解有什么不同？员工信用和企业信用的结构维度是怎样的？服务业创业公司与一般企业的员工信用和企业信用有什么不同？

（2）人们在评价服务业创业公司信用时的心理活动过程是怎样的？

（3）服务业创业公司的薪酬策略对企业信用会产生什么影响？不同的企业特征下企业信用会存在什么差异？

（4）服务业创业公司信用与创业绩效有什么关系？行业信用环境对企业信用与绩效关系有什么影响？

本书研究的理论基础包括五个方面：

（1）信用理论。有关个人信用和企业信用的定义、结构、测量、影响因素、与绩效关系以及个人信用与企业信用的关系的研究文献，为员工信用和企业信用的概念构思、结构维度、问卷测量、影响因素、效能和评价机制研究奠定了基础。

（2）社会认同理论。主要包括社会认同的过程、动力、自我分类理论、社会认同理论在信用评价研究中的应用研究文献，为服务业创业公司的信用概念构思、评价机制打开一扇新的认识窗口。

（3）薪酬策略与企业信用的关系理论。关于薪酬策略的定义、要素、分类、效能以及和信任关系的研究文献为薪酬策略的测量及其对信用的影响研究提供了理论基础。

（4）企业信用与绩效关系理论。关于创业绩效的定义、结构维度和测量、企业信用对企业绩效的影响研究文献，为本书研究中创业绩效测量提供了工具，并为企业信用影响创业绩效的构思提供了依据。

（5）利益相关者理论。关于利益相关者的定义、分类和伦理管理的研究文献为服务业创业公司信用构思和管理策略提供了有价值的视角。

（6）服务业创业公司特征文献。关于服务业创业公司具备服务特征、人员密集、创业精神等研究文献，为本书研究样本企业的选择、服务业创业公司信用特点研究奠定了基础。

3.2　研究的总体构思和组成部分

3.2.1　研究的总体构思框架

根据研究目的和理论焦点，在文献研究和服务业创业公司信用问题预研究的基础上，本书提出总体构思框架，如图3-1所示。

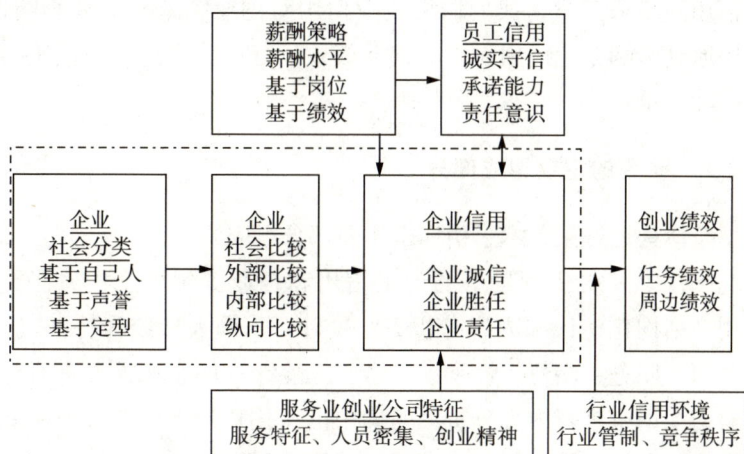

图3-1　总体构思框架

这个总体构思框架立足四条思路，针对上述研究问题，提出了一系列假设：

（1）结构思路。企业信用是本书研究的核心概念，受服务特征（无形性、不可分离性、异质性和易消逝性）、人员密集和创业精神（创新、冒险、领先行动）主导的服务业创业公司特征影响，员工信用是本书研究的次核心概念。因此，本书首先从分析企业信用和员工信用的概念构思和结构维度出发，假设员工信用包括诚实守信、承诺能力和责任意识三个维度，企业信用包括企业诚信、企业胜任和企业责任三个维度。

（2）流程思路。在总体构思图虚线方框内，我们用社会认同的过程思路，假设企业信用评价是评价者对企业进行社会分类和社会比较后，在企业诚信、企业胜任和企业责任特征上的社会认同过程，并假设在不同创业阶段的社会分类基础是不同的，社会分类基础包括评价者和企业的自己人关系、企业声誉、评价者对企业的定型，社会比较方式包括社会类别间的比较（外部比较）、企业价值标准和评价者价值标准的比较（内部比较）、企业言行的长期一致性（纵向比较）。

（3）影响因素思路。针对服务业创业公司特征下的企业信用特点，我们首先假设员工信用和企业信用相互影响，进一步假设薪酬策略通过影响员工信用影响企业信用，薪酬策略通过影响员工对企业信用的知觉而影响企业信用。

（4）效能思路。选择包括任务绩效和周边绩效两个维度的创业绩效作为企业信用的结果变量，我们假设企业信用对创业绩效有显著影响作用，员工信用通过影响企业信用而影响创业绩效，行业信用环境是信用与绩效关系的缓冲变量。

3.2.2　研究的主要组成部分

根据总体构思框架，本书由四个主要部分组成。

研究一：中国文化背景下的员工信用和企业信用概念构思研究。首先，运用半结构化访谈和内容分析方法，针对不同人口统计特征（地区、行业、学历、职务、岗位、性别、年龄、工龄等）的企业人群进行深度访谈，并对访谈记录进行内容分析，明确中国文化背景下的个人信用和企业信用概念构思和结构维度；其次，以访谈研究结果为依据，运用问卷法获取员工信用和企业信用概念构思和结构维度的数据；最后，运用统计分析软件，对问卷数据进行探索性因素分析、验证性因素分析和结构方程建模，建立员工信用和企业信用概念构思模型。

研究二：服务业创业公司信用评价机制。我们运用多案例研究的模式匹配方法，通过资料收集和深度访谈，以员工和顾客作为关键利益相关者评价企业信用的代表，分析员工和顾客是怎样评价企业信用的，归纳总结员工和顾客评价企业信用的心理活动过程，特别是所运用的评价策略，本书试图以社会认同理论来解释企业信用评价机制。

研究三：服务业创业公司薪酬策略对员工信用和企业信用的影响研究。首先，运用案例研究方法，选择实行特定薪酬策略的服务业创业公司，分析其薪酬策略对员工信用和企业信用的影响，对薪酬策略影响员工信用和企业信用的情况进行探索性研究；其次，以案例研究的结果为依据，运用问卷法获取薪酬策略、员工信用、企业信用和企业特征的数据；最后，运用统计分析软件，对问卷数据进行探索性因素分析、验证性因素分析、方差分析、相关分析和回归分析，建立薪酬策略对员工信用和企业信用的影响作用模型。

研究四：服务业创业公司员工信用和企业信用与创业绩效的关系研究。首先，运用问卷法获取员工信用、企业信用、创业绩效和行业信用环境的数据；其次，运用统计分析软件，对问卷数据进行相关分析和回归分析，建立员工信用、企业信用对创业绩效的影响作用模型。

最后，对上述四个研究的结果进行总结，得出整体的研究结论，分析取得的理论进展和存在的研究局限，对未来的研究方向进行展望，并提出研究的应用意义。

3.3 研究的技术路线

根据总体研究构思框架以及主要组成部分的设计，设计本书的技术路线图，如图3-2所示。

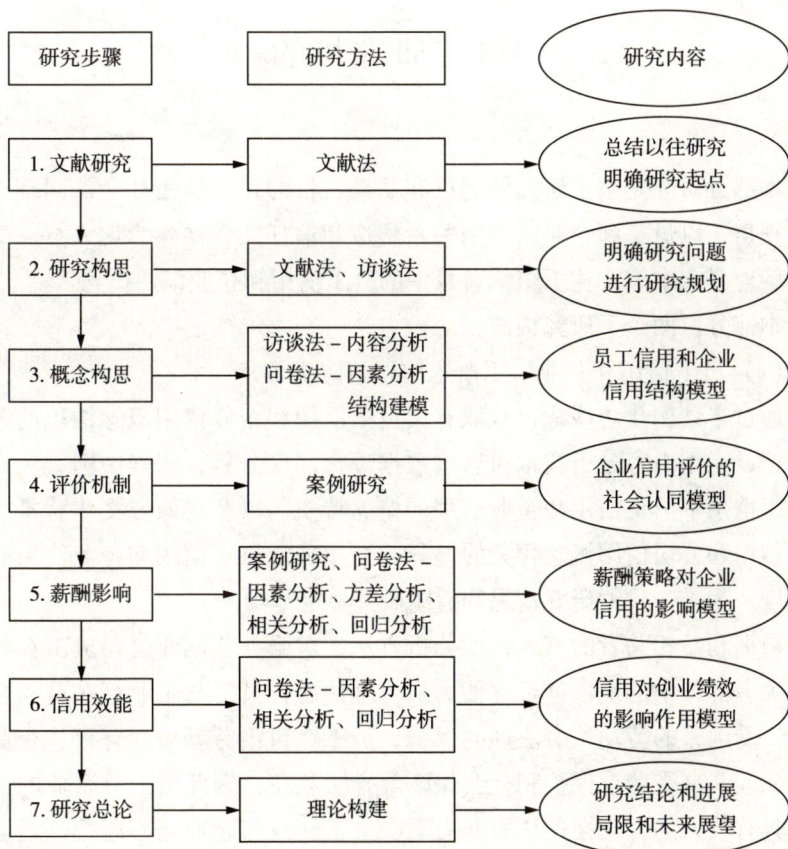

图3-2 研究的技术路线图

4 基于社会认同的员工信用和企业信用概念构思研究

4.1 研究目的

本部分研究是整个研究的起点和基础，目的在于运用社会认同理论的崭新视角，以员工和企业的信用关系塑造和信任关系构建为切入点，清晰而准确地界定中国文化下组织背景中的员工信用和企业信用概念。

本部分由两个子研究构成：

（1）员工信用和企业信用概念构思的访谈研究

通过半结构化访谈法，获取有关员工信用和企业信用概念构思的第一手数据，运用内容分析技术对这些数据进行深度分析，明确中国文化背景下组织情景中员工信用和企业信用的概念特质，以及与西方文化背景下的个人信用和公司信用概念含义的差异，初步确定员工信用和企业信用的结构维度，为进一步的研究构思和后续研究奠定基础。

根据利益相关者的三大特性分析方法，对服务业创业公司员工在各利益相关者群体中的地位进行评估。从合理性看，员工与企业存在劳动合同关系，受国家的劳动人事法规的保护，员工在付出劳动后，有权从企业获得报酬，并享受劳动保护和社会保障等合法利益，因此员工对企业的上述要求具有较大的合理性；从影响力看，员工一旦与企业离心离德，就会在服务态度和行为上不能满足顾客的要求，造成客户流失和企业营业收入的损失，激励员工对企业忠诚和敬业，保持饱满的工作热情，对顾客露出真诚的微笑一直是许多服务企业管理的重头戏，可见员工表现对企业具有较大的影响力；从紧急性看，在劳资关系紧张的时候，员工的合法合理要求就需要给予急切关注和回应，否则就可能影响企业的正常经营。综合上述分析，员工是服务业创业公司的核心利益相关者、确定性（决定性）利益相关者。因此，理解员工信用是服务业创业公司信用建设的关键，所以，我们把员工信用纳入研究范围。

根据 Weber（1990）的定义，内容分析（content analysis）是一种定性研究技术，它运用一套程序对信息进行分类以能够得出有效推论（Morris，1994），这个定义突出了内容分析方法的定性研究本质和程序特征。美国传播学家伯纳德·贝雷尔森（Bernard Berelson，1952）将其定义为"一种客观地、系统地、定量地描述交流的具有明确特性的传播内容的研究方法"（Marino et al.，1989），这个定义强调研究对象的内容明确性和研究方法的客观、系统和定量性。内容分析法的实质是对文献内容所含信息量及其变化的分析，其研究目的是根据数据对内容进行可再现的、有效的推断，其方法原理在于运用多种统计、推理、比较的分析方法来透过现象看本质（邱均平，邹菲，2004）。

内容分析方法始于第二次世界大战期间，至今已经历了实践探索期、理论研究期、基本成形期和发展完善期（吴世忠，1991），应用范围从最初的军事情报研究，逐步扩展到新闻传播学、图书情报学、社会学、心理学等多个领域，研究对象也扩大到包括报刊文章、访谈记录、图片内容、电视节目、回忆录等各种类型的文本。20 世纪 80 年代以来，系统论、信息论、符号学、语义学、统计学等新兴学科的成果被引入内容分析方法，使其在社会发展和国家政治等领域中发挥了引人注目的作用，其中最有代表的应用者是美国未来学家约翰·奈斯比特，他创办的《趋势报告》季刊和撰写的论著《大趋势》，把内容分析法的功能充分发挥了出来。

内容分析方法种类划分方法较多，其中，美国内容分析方面的专家贾尼斯的归纳最为简洁，他将内容分析归为实用的、语义的和符号媒介的三大类（吴世忠，1991）：①实用内容分析（pragmatic content analysis），即对文字符号进行统计分析，推究特定信息出现的原因和可能的后果；②语义内容分析（semantic content analysis），即以文字符号所含的信息意义为分析单元，对反映特定内容的文字符号做统计分析，它不是局限于字面，而是针对文字的语义内容；③符号载体分析（sign-media analysis），即以文字的出现频率为统计归类的基本单元，进行内容分析。贾尼斯的分类依据是研究对象的内容呈现方式。Wilfried 和 Christian（1991）依据内容分析的方式和手段，将内容分析方法划分为三类（邱均平，邹菲，2003）：①解读式内容分析法（hermeneutic content analysis），源于 20 世纪 70 年代的人类学研究，通过精读、理解并解释文本内容，来传达作者的意图，从整体和更高的层次上把握文本内容的复杂背景和思想结构，强调真实、客观、全面地发掘文本内容的本来意义，具有一定的深度，适用于以描述事实为目的的个案研究。②实证式内容分析（empirical content analysis），主要指定量内容分析和定性内容分析。定量内容分析法（quantitative content analysis）是将文本内容划分为特定类目，计算每类内容元素出现的频率，描述明显的内容特征，该方法具有三个基本要素，即客观、系统、定量。定性内容分析法（qualitative content analysis）主要是对文本中各概念要素之间的联系及组织结构进行描述和推理性分析。③计算机辅助内容分析法（computer-aided content analysis 简称CACA），以计算机作为一种数据管理工具，运用内容分析软件，提高内容分析的速度。

自 20 世纪 70 年代 Schendel 和 Hofer（1979）首次运用内容分析法研究经营政策问题以来，内容分析方法在管理研究中的运用越来越多，逐步发展为管理研究的一种重要方法。例如下列几项管理研究都采用了内容分析方法：Cochran 和 Dvid（1986）对公司使命表述问题的研究；Pearce 和 Dvid（1987）对公司使命组成及其和财务绩效的关系的研究；D'Aveni 和 MacMillan（1990）对公司年报的研究；Chan，Lau 和 Man（1997）对香港小企业主创业个性特征的研究；王梅（2003）对企业知识管理的研究；黄侦和邓习赣（2004）对零售商业文化的研究；刘培德（2005）对企业技术创新的市场激励研究；黄静和汪小金（2005）对工程项目管理实践的研究等。

（2）员工信用和企业信用概念构思的问卷研究

在第一个子研究结果和个人信用和企业信用概念的以往文献研究结果基础上，通过编制和发放问卷收集数据，运用探索性因素分析和验证性因素分析方法，深入探索和确认中国文化背景下员工信用和企业信用的概念构思。

4.2　员工信用和企业信用概念构思的访谈研究

4.2.1　研究方法

4.2.1.1　访谈样本描述

在取样时，充分考虑不同地区、行业和企业以及个体的年龄、学历、工作年限有可能对访谈问题造成的样本代表性问题，所以采取了随机原则。研究对象来自上海、杭州和合肥三地27家企业总计52人，具体情况见表4-1。

4.2.1.2　数据收集方法

访谈法通过与研究对象的交谈，收集对方心理特征与行为的数据资料，该方法有利于捕捉和了解新的或深一层次的信息；能够较有效地收集人的态度、知觉、意见等方面的资料；易于融洽主客双方的关系，使访谈对象坦率直言，从而提高结果的信度和效度（王重鸣，2001）。考虑到访谈法的优点符合员工信用和企业信用概念构思的研究目的和要求，因此本研究采用半结构化访谈的方法，即要求访谈对象自由回答预定的访谈问题，也可以用讨论的方式回答。访谈者在向具有不同人口统计特征的访谈对象介绍访谈目的后，通过一小时左右的提问和书面记录，获得了丰富的第一手数据，并及时整理成Word文档，为下一步的内容分析做好准备。

本研究围绕员工信用和企业信用概念，设计了两类问题（见附录1）：①直接问题，即对概念名词的直观理解和认识。包括：对于个人来说，您觉得信用意味着什么？对于企业来说，您觉得信用包含哪几层意思？信用对企业有什么作用？②间接问题，即通过与理解概念名词有关的侧面问题，进一步验证访谈对象对概念的理解。包括：您认为一个企业信用好和信用差的具体表现分别有哪些？请举例说明。在实际访谈中，根据访谈对象理解问题的能力，访谈者在提问上采用了通俗化的解释，例如：您主要从哪些方面看一个企业有没有信用？并结合访谈对象的经历，进行适当追问和讨论，如"根据您的工作经历，回忆一下给您留下深刻印象的企业信用很好的故事，或者企业信用很差的故事"。

表4-1 访谈样本描述

变量		（N=52）频次（被访人数）	占被访人总数的比例（%）
变量名称	变量属性		
所在行业	制造业	23	44.2
	服务业	29	55.8
年龄	30岁以下	22	42.3
	31~40岁	20	38.5
	41~50岁	7	13.5
	50岁以上	3	5.8
性别	男	36	69.2
	女	16	30.8
职务层次	高层管理者	9	17.3
	中层管理者	19	36.5
	基层管理者	8	15.4
	一般员工	16	30.8
专业分工	生产	2	3.8
	销售	9	17.3
	技术	14	26.9
	财务	8	15.4
	行政	11	21.2
	其他	8	15.4
最高学历	高中及以下	3	5.8
	专科	15	28.8
	本科	23	44.2
	硕士及以上	11	21.2
工作年限	5年以下	14	26.9
	6~10年	14	26.9
	11~15年	13	25.0
	16~20年	7	13.5
	20年以上	4	7.7

4.2.1.3 数据分析方法

本研究采用语义内容分析和实证式内容分析相结合的方法，对访谈数据进行分析。在分析内容上，以访谈记录中的语句所含的信息意义为最小分析单元；在分析手段上，将访谈记录的内容划分为特定类目，计算每类内容元素出现频率，描述明显的内容特征。

4.2.2 访谈数据分析

就具体研究过程而言，内容分析法包含以下 6 个基本步骤（邱均平、邹菲，2004）：

（1）提出研究问题。通过研究大纲确定研究目的、划定研究范围并提出假设。

（2）抽取文献样本。根据研究目的要求、信息含量大、具有连续性、内容体例基本一致的标准，进行文献抽样。

（3）确定分析单元。可以是单词、符号、主题、人物，以及意义独立的词组、句子或段落乃至整篇文献。

（4）制定类目系统，即确定分析单元的归类标准。有效的类目系统首先应具有完备性，保证所有分析单元都有所归属；同时类目之间应该是互斥和独立的，一个分析单元只能放在一个类目中；类目系统还应具有可信度，应能得到不同的编码员的一致认同。

（5）内容编码与统计。编码是将分析单元分配到类目系统中的过程。

（6）解释与检验。对量化数据做出合理的解释和分析，并与文献的定性描述判断结合起来，提出自己的观点和结论。分析结果还要经过信度和效度的检验，才具有最终说服力。

本研究严格按照上述 6 个步骤实施，前 3 个步骤已经在研究目的和研究方法部分陈述了，接下来介绍后 3 个步骤的研究过程和结果。

4.2.2.1 访谈内容分类

在回顾总结以往文献研究的基础上，本研究结合个人信用的知觉论和特质论，以 Mayer 等（1995）提出的个人信用三因素结构（能力、诚信和善意），以及 Newell 和 Goldsmith（2001）提出的公司信用两因素结构（可信赖知觉和专长知觉）为分类构思的理论基础，结合实际访谈过程中访谈对象对员工信用和企业信用的理解，依据制定类目系统的完备性、相关性、互斥性和可信性标准，建立员工信用和企业信用访谈内容的分类系统，见表4-2。在员工信用的三个类别中，"诚实守信""承诺能力"和"责任意识"与以往文献中的"诚信（可信赖）""能力（专长）"和"善意"接近，但是有更加具体的含义和情境特征；在企业信用的三个类别中，"企业诚信""企业胜任力"与以往文献中的"可信赖""专长"接近，企业的"社会责任"（以下简称企业责任）是研究访谈材料中呈现出来的新维度。

表4-2　员工信用和企业信用访谈内容分类系统

概念	类别（维度）	定义
员工信用	诚实守信	员工待人真诚、说真话、言行一致和遵守承诺
	承诺能力	员工具备履行职务承诺的胜任力
	责任意识	员工处理个人与他人、个人与集体关系的方式
企业信用	企业诚信	企业诚实待人、公平、履行承诺
	企业胜任	企业提供产品和服务的经营管理能力
	企业责任	企业关心利益相关者以及对社会问题的关注、投入和贡献情况

4.2.2.2　访谈材料编码与统计

本研究访谈记录中的语句为最小分析单位。在语句的归类上，存在单重归类和多重归类的问题，Bos 等（1999）建议使用单重归类，即把每个分析单位归入最合适的内容类别中，即使某个分析单元同时带有其他类别的属性。如果某个分析单位的含义模糊，就放弃分析。本研究采用单重归类法。

访谈材料编码程序如下：

（1）制定编码规则。根据员工信用和企业信用访谈内容分类系统，给每个类别确定一个英文字母代号。在访谈记录的语句加上下划线，并在语句后标注相关类别的英文字母代号。

（2）选择2名管理学博士和1名心理学博士作为编码员。

（3）在正式编码前，对编码人员进行了规则讲解，并进行了预编码，对类别的定义达成统一认识。

（4）正式编码。对编码的结果进行统计分析（见附录2），得出表4－3和表4－4。

在员工信用的三个构思要素中，诚实守信被提及的频率最高，达到98%，这是大多数人对信用的直观理解；其次，承诺能力也是信用的重要含义，被提及的频率达到44%；最后，责任意识是信用的一部分，被提及的频率达到21%。

表4－3　中国文化背景下员工信用概念构思访谈内容编码表

排序	员工信用	语句举例	频次	频率
1	诚实守信	（1）说的和做的是否一致？员工说话算数，言出必行，对领导和同事做出的承诺就应该做到； （2）老实办事，对人应该做到承诺就兑现； （3）一诺千金，遵守、履行和企业签订的合同	51	98%
2	承诺能力	（1）信用建立在一定信息、专业知识的基础上； （2）如果事先答应，但是能力不行，也算违反信用；不能办到的就不要轻易许诺； （3）要量力而行，不能开空头支票； （4）讲信用，就要提高自身素质和业务水平	23	44%
3	责任意识	（1）信用是对别人，也是对社会的一种责任； （2）说话办事负责任，行为、语言带有一种责任感； （3）在工作上，信用就是认真履行职责	11	21%

表4－4　中国文化背景下企业信用概念构思访谈内容编码表

排序	企业信用	语句举例	频次	频率
1	企业诚信	（1）对顾客的承诺、质量保证、服务保证，一旦做出保证，必须履行承诺； （2）对银行贷款，到期还钱，进原材料，到时付款； （3）只要企业按劳动合同做了，就是守信用； （4）不夸大宣传，不做假账	50	96%
2	企业胜任	（1）产品质量好的企业才会被认为是讲信用的企业； （2）信用关系企业印象，要给客户一个很专业的印象； （3）让客户感到安全、放心； （4）不错的产品和服务会给企业带来声望和地位	32	62%

（续表）

排序	企业信用	语句举例	频次	频率
3	企业责任	（1）企业站在员工的立场考虑问题，关心员工的疾苦，为员工创造好的工作环境和发展机会； （2）对社会也有一定信用，如纳税要讲信用，逃税、漏税行为就是不讲信用，这是一种社会责任感； （3）企业最终目标包含社会责任，如慈善事业、扶贫扶弱、办希望小学，都是对社会的责任； （4）符合社会利益，为社会服务，包括对社会承诺，产品、做事对社会有价值； （5）如破坏环境的行为就是对社会缺少信用	16	31%

在企业信用的三个构思要素中，和员工信用各要素被提及的频率类似，企业诚信、企业胜任和社会责任知觉被提及的频率依次为96%、62%、31%。

4.2.2.3 编码统计结果的检验和解释

（1）编码统计结果的信度分析与效度检验

根据 Perreault 和 Leigh（1989）、Kolbe 和 Burett（1991）以及李本乾（2000）等的观点，对内容分析的信度进行检验，最常用的方法是计算编码者的一致性程度，一般地，编码者的一致性程度达到0.80以上为可接受水平，在0.90以上为较好水平（Insch et al.，1997；Bos & Tarnai，1999；Ormerod，2000）。对三位编码员之间的编码结果一致性进行计算，得出表4-5，编码结果的一致性系数都在0.80以上，说明本研究的信度较高。

表4-5 中国文化背景下员工信用和企业信用概念构思访谈内容编码一致性程度

概念	维度	一致性系数
员工信用	诚实守信	0.98
	承诺能力	0.89
	责任意识	0.85
企业信用	企业诚信	0.99
	企业胜任	0.90
	企业责任	0.82

李本乾（2000）认为，检验内容分析效度的最常用方法是检验内容效度，即检查从概念到结构维度的具体含义的经验推演是否符合逻辑、是否有效（袁方，1997）。本研究的员工信用和企业信用概念的维度划分基于文献，三位编码员对初始的维度划分意见一致，在具体语句内容归类发生不同意见时，经过讨论后，达成一致意见，使得编码归类的语句能够准确反映所属构思要素类别的涵义，说明本研究具有较高的内容效度。

（2）编码统计结果的解释

根据编码统计结果，无论是员工信用，还是企业信用，诚信是首要的内涵，被提及的频率都在96%以上，而且编码者的一致性系数达到0.98以上。许多被访谈对象把信用等同于诚信、信誉，把信用理解成单维构思，说明儒家伦理的信用思想绵延千年，深入人心，已经成为人们认同的健全人格的重要组成部分和维护社会秩序的道德规则。

其次，能力是信用的重要内涵，这个因素是在"怎样做才会被认为是有信用的员工或企业"的问题访谈中呈现出来的，"企业胜任"和"员工承诺能力"被提及的频率分别为62%和44%，编码者的一致性系数都达到0.89以上。被访谈者认为对企业的能力要求比对员工的要求更高，这种能力是和专长领域紧密联系的，具体来说，企业胜任是和企业经营的主营业务有关的，员工承诺能力是和自己承担的本职工作有关的，从而给信用评价者留下在某个领域具有影响力的专家形象和权威力量。

最后，责任意识是中国文化背景下的特有因素，虽然被提及的频率只有20%~30%，但是编码者的一致性系数达到0.82以上，说明这是信用概念中不能忽略的因素，这种责任意识既包括人际关怀（"善意"的主要内涵），又包括对事情的负责态度。

4.2.3　访谈研究结论

大量的研究表明，在中国文化背景下，关系远近是信用高低和信任构建的前提，中国人的信任存在着"差序格局"。在中国创业背景下，信任的概念与信用、忠诚密切联系，包含了权利色彩，同时在中国人的信任框架中"关系"起着重要的作用，并且由于关系的亲疏远近，信任表现出一种"差序性"格局（马可一、王重鸣，2004）。这与社会认同理论的内外群体之分有相似之处。在组织背景中，社会认同具体表现为组织认同。

Elsbach 和 Kramer（1996）认为，组织认同定义了组织成员对其组织的中心、突出和持久的特征知觉。Brewer 和 Gardner（1996）、Hogg 和 Abrams（1988）认为，组织认同产生群体间的界限，形成群体特色、定型、规范知觉和行动。Dotton 和 Penner（1993）指出组织认同包括个体和组织水平上的组织认同图式，在组织水平上，组织认同是组织中心的、持久的和突出的特征的集体成员知觉，组织认同通过成员评估、采纳和组织中心、持久和突出特征反映的社会化和制度化过程得以保持。在个体水平上，组织认同影响成员对组织问题的知觉并调节其对这些问题的动机。Elsbach 和 Kardner（1996）认为根据认同理论，个体形成他们自己对其所属群体的突出特征、积极属性和与其他群体相对的地位状况的认知知觉。

我们对访谈结果呈现出来的被访者理解的员工信用和企业信用含义，运用社会认同理论，把信用看作利益相关者对员工和企业诚信、胜任和责任特征的社会认同结果。

4.2.3.1 员工信用的因素结构

从社会认同理论的视角看，在中国文化背景下，员工信用就是员工在企业工作过程中，工作交往对象依据员工所属的社会分类，对员工的诚实守信、承诺能力和责任意识品质的社会认同程度。

诚实守信是指待人真诚、说真话、言行一致、说话算数、说到做到、表里如一、遵守承诺，不欺骗他人、不弄虚作假，在这种意义上，许多人把信用等同于"诚信""信誉"。这是信用的首要含义，是形成信用的关键因素。《现代汉语词典》对"诚信"的解释是："诚信——诚实，守信用；生意人应当以诚信为本"。诚实，要求人与人交往时说真话，不掩盖或歪曲事实真相；讲信用，遵守诺言。曾康霖（2002）在比较分析诚信、信誉和信用时，认为诚信是内生的行为规范；信誉是外生的形象标识；信用是互生的互动关系。徐麟（2004）认为，从语义来看，"诚"与"信"是相通的，《说文解字》曰："诚，信也，从言成声"；"信，诚也，从人言"。但在现实生活中，"诚"是指道德主体内在的一种品质、信念，即所谓"内诚于心"，"诚"表现为真诚、诚实、诚恳等；"信"则是指道德主体在社会生活中与他人或社会整体交往时表现出来的具体行为及其价值取向，即所谓"外信于人"，"信"表现为讲信义、守信用、重承诺，言行一致；"诚""信"合起来使用，则有诚实可信、表里如一、道德行为与道德品质相统一的丰富内涵。高兆明（2004）认为，信用是经济活动主体的一种基本美德，这种美德以诚信守诺为核心，这个意义上的信用可与诚信概念通用。陈丽君（2004）在其博士论文《个体和组织诚信构思、评价和影响机制》中指出，在中国文化中，诚信就是诚实加信用（即守信、守诺），这是普遍的"外显"理解，"诚"指真心实意、开诚布公，"信"指诚实不欺，又指信用，即遵守诺言、实践成约，从而取得别人的信任。可见，诚和信既相交又相互独立，信不仅是重承诺，还信于义。诚信的作用机理如图4-1所示。

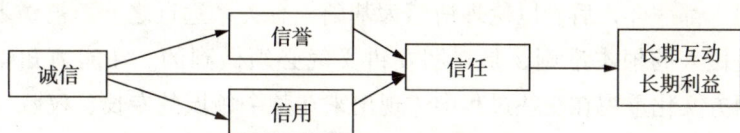

图4-1　诚信与信用关系图

资料来源：陈丽君.个体和组织诚信评价、构思及其影响机制研究.杭州：浙江大学，2004.

承诺能力是指具备履行职务承诺所需的胜任力，只有具备履行承诺的能力才能够产生信用，否则就是空头支票。就员工而言，经验、知识、技能和能力是做好本职工作，让他人产生信任感，从而托付重要任务的前提条件。

责任意识是指对人对事愿意和敢于承担责任的意识，有了这种意识，就会重视承诺，实现一诺千金。刘文波（2004）认为，善于承担责任，即公道正直是人际信用的要求，意志薄弱的人很难做到真诚。人际交往是某种社会关系的产生和延续，在人际交往中，必然会产生对对方的责任问题。对没有兑现的承诺或者由此给对方造成的各种物质的和精神的损失应该采取积极的态度，善于承担责任。

分析上述三因素在构成员工信用中的角色，发现诚实守信是信用的态度条件，通过员工具体的言行可以看到员工讲信用的意愿和信念；承诺能力是信用的能力条件，通过履约过程和结果，可以看到员工胜任工作的能力情况；责任意识是信用的动机条件，在信用意识和信用行为的背后，如果有了责任意识支撑，信用的持续性就会增强。员工信用是员工能否被他人认同为同一社会群体的重要依据，直接影响员工的社会交往质量。我们发现在企业中经常存在核心员工、骨干员工、一般员工、模范员工、先进员工、落后员工的区分，这种分类直接影响到管理者对员工信用的知觉。

中、西方信用结构虽然相似，但是对于各因素的理解是不完全相同的，在具体含义的侧重点上存在差异。和西方个人信用由诚信、能力和善意三维度构成的观点相比，在诚信维度上，西方文化的 integrity 有"诚实"和"完全、完整"两层含义，更强调"诚"，即个体的诚实品性，要求个体对事件、信息的完全披露，中国文化更强调"信"，不仅"信于约"，而且更重要的是"信于义"（陈丽君、王重鸣，2002）。这个"义"有"道义""公义""情义"等，在重义轻利的思想指导下，容易产生维护社会关系的文饰性行为（如面子谎言、善意谎言），前者以经济理性为基础，对任何人都一样，后者以伦理情感为基础，有关系远近之分，被访者认为诚信是做人的根本准则，是对朋友讲义气必须做到的。在能力知觉维度上，西方文化重视在交往过程中体现出来在某个领域的专长、权威（一组技能、胜任力和特征），中国文化重视与任务有关的履约能力（办事能力），被访者认为做承诺的时候，要考虑自己能否做到，不要说大话；在比较责任和善意维度时，西方文化基于宗教信仰，从平等、友爱、互助的思想出发，以非利己信念为基础，把关心、理解、替他人着想的善意作为信用的一个因素，中国文化基于儒家伦理，从修身、齐家、治国、平天下的思想出发，以社会交换信念为基础，把信用作为维护社会秩序的道德准则，是做人做事的根本，被访者认为信用是对他人的一种责任，不讲信用的人肯定是一个不负责任的人，同时要恪尽职守，做好自己的本职工作。

4.2.3.2 企业信用的因素结构

从社会认同理论的视角看，企业信用是在经营管理过程中，利益相关者对企业诚信、企业胜任和企业责任（社会责任意识）品质三因素的社会认同程度，即依据对企业，特别是企业领导者和管理者所属的社会分类在这三个方面的品质知觉来判断企业信用。可见，企业信用构思是从个人信用或人际信用概念构思延伸过来的。

企业诚信是指企业诚实对待各个利益相关者，履行做出的承诺，不做坑蒙拐骗的事情。

企业胜任是指企业通过提供的产品和服务创造价值，从而满足利益相关者需要的能力。

企业责任（社会责任意识）是指企业对利益相关者关心和对社会公益、环保事业和慈善活动等社会问题的关注、投入和贡献情况。

　　与西方企业信用的二维构思（值得信赖或企业正直、专长或企业能力）相比，在企业诚信维度上，西方强调对契约规则的遵从，涉及信任者对被信任者是否遵守一系列信任者可接受规则的感知，中国强调对普遍道德准则的遵守。在企业胜任维度上，西方强调企业在商业关系中的竞争能力，中国强调企业完成特定任务的能力，这是"争文化"与"和文化"的典型差异。中国文化背景下的企业信用概念增加了企业责任维度，这与员工信用概念中的责任意识维度是一脉相承的。企业责任体现了企业如何看待和处理企业与利益相关者以及社会的关系，从内部看，企业责任体现在对员工工作生活质量的关心，诸如工作环境、薪酬待遇、发展空间和组织氛围等；从外部看，企业责任体现为为顾客提供安全和高质量的产品和服务、依法纳税和对社会公益、环保、慈善等社会问题的关注和积极参与。

　　从上述三因素对企业信用的形成和发展来看，企业诚信反映了企业信用的态度条件，即企业是否愿意讲信用；企业胜任体现了企业信用的能力条件，即企业有无能力讲信用，能否履行自己对利益相关者做出的承诺，企业诚信和企业胜任构成企业信用的约束条件，即没有企业诚信和企业胜任，就不可能有企业信用；企业责任反映了企业是否看重利益相关者的利益，提供了企业信用的激励条件，没有社会责任意识，对当前的企业信用不会构成多大影响，但是有社会责任意识的企业会使自身信用增值，为企业长远发展积累无形资产，这给那些有战略眼光的企业输送了信用建设的激励力量。企业信用是利益相关者对企业认同程度的调节器，当企业在上述三因素上得到利益相关者的高度认同时，企业就会被接纳，员工以企业员工的身份而自豪，顾客以消费企业的产品和服务而感到体面；反之，员工就会极力回避自己的企业员工身份，顾客就会拒绝消费企业的产品和服务。

4.3　员工信用和企业信用概念构思的问卷研究

　　问卷法是通过书面形式，以设计严格的测量项目或问题向研究对象收集资料和数据的一种方法。问卷法适用的研究问题比较广泛，并且可以系统地获取数据（王重鸣，2001），还可以避免偏见，减少调查误差（袁方，1997），和访谈法比较起来，费时少、成本低，而样本量较大（李怀祖，

1999）。本研究在文献研究和访谈研究的基础上，采用问卷法对访谈研究得出的员工信用和企业信用概念构思进行检验。

4.3.1 研究假设

以往对于个人信用的研究集中在演讲者、名人、广告代言人等特定的个体身上，Falcione（1974）是第一个在管理背景中研究信用的研究者，他的研究对象是在组织中的直接上司的信用，很少研究者关注企业工作背景中的员工信用问题。Mayer 等（1995）在综合已有研究成果的基础上，将信用的构成要素确定为能力、诚信和善意，并且认为这三个要素基本上能够解释个人信用的绝大部分内容，为员工信用的概念构思提供了基础。Newell 和 Goldsmith（1998）认为公司信用是消费者感受公司具有知识或能力去完成其宣称以及公司是否能被信任说真话的程度，包括可信赖和专长两个维度。Maathuis 等（2004）认为，公司信用是指公司作为产品和服务信息的来源的可信赖和专长程度。这为企业信用的概念构思奠定了基础。

依据文献研究，结合员工信用和企业信用概念构思的访谈研究结论，我们提出了下列假设：

假设1：员工信用是工作交往对象知觉到的员工诚实守信、承诺能力和责任意识特征。

假设2：企业信用是利益相关者知觉到的企业诚信、企业胜任和企业责任特征。

4.3.2 研究方法

4.3.2.1 样本

（1）取样标准

本研究采用随机抽样的方法，遵循两条标准：首先，所取的样本必须是服务业企业；其次，所取的样本必须是创业企业。

（2）样本描述

本研究采用两套样本，分别用于员工信用和企业信用概念构思的探索性因素分析和验证性因素分析。调研对象主要集中在北京、上海、杭州、嘉兴、南京、合肥等地的服务业创业公司。

第一套样本由25家企业的工作人员填写的问卷组成，研究者发放问卷

200 份，回收问卷 156 份，回收率 78%，剔除无效问卷① 8 份，有效问卷 148 份，有效回收率为 74%。样本的基本情况见表 4－6 所列，收集的数据用于员工信用和企业信用概念构思的探索性因素分析。从回答者的员工情况看，男性占多数（56.1%），年龄以 25～35 岁（59.5%）为主，学历以大专（43.9%）为主，职务层次以一般职工（46.6%）为主，工作岗位分布较均匀，其他类（38.5%）居多，工作年限在 10 年以上（30.4%）的占多数；从回答者所属的企业背景看，国有企业（42.6%）居多，职工人数以 101～500 人（38.5%）居多，成立年数以 5～10 年（32.4%）居多，企业类别以传统服务业（66.9%）居多，创业阶段以成长阶段（51.4%）居多。

　　第二套样本由 28 家企业的工作人员填写的问卷组成，研究者发放问卷 240 份，回收问卷 168 份，回收率 70%，剔除无效问卷 11 份，有效问卷 157 份，有效回收率为 65%。样本的基本情况见表 4－7 所列，收集的数据用于员工信用和企业信用概念构思的验证性因素分析。从回答者的员工情况看，男性和女性的人数接近，年龄以 25～35 岁（45.2%）为主，学历以大专（42.9%）、本科（42.0%）为主，职务层次以一般职工（51.0%）为主，工作岗位分布较均匀，其他类（42.7%）居多，工作年限在 3 年以内（47.7%）的占多数；从回答者所属的企业背景看，私营企业（52.9%）居多，职工人数以 1～50 人（42.7%）居多，成立年数以 5～10 年（33.1%）居多，隶属两类服务业的人数比例接近，创业阶段以成长阶段（50.3%）居多。

表 4－6　员工信用和企业信用探索性因素分析样本基本信息表

(1)

性别			年龄			学历		
类别	人数	百分比	类别	人数	百分比	类别	人数	百分比
男	83	56.1	25 岁以下	26	17.5	高中及以下	20	13.5
女	65	43.9	25～35 岁	88	59.5	大专	65	43.9
			35～45 岁	27	18.2	本科	59	39.9
			45 岁以上	7	4.7	硕士及以上	4	2.7

---

　　① 无效问卷的判断标准是：创业精神得分低于 4 分的问卷、空白问卷、数据缺失的问卷、根据测谎题判断为虚假回答的问卷。

（2）

职务			工作			工龄		
类别	人数	百分比	类别	人数	百分比	类别	人数	百分比
职工	69	46.6	技术研发	11	7.4	1 年以内	16	10.8
基层	38	25.7	市场销售	23	15.5	1~3 年	33	22.3
中层	34	23.0	行政人事	33	22.3	3~5 年	29	19.6
高层	7	4.7	财务会计	8	5.4	5~10 年	25	16.9
			客户服务	16	10.8	10 年以上	45	30.4
			其他	57	38.5			

（3）

企业性质			职工人数			成立年数		
类别	人数	百分比	类别	人数	百分比	类别	人数	百分比
国有	63	42.6	1~50	37	25.0	1 年以内	17	11.5
私营	49	33.1	51~100	15	10.1	1~3 年	35	23.6
三资	11	7.4	101~500	57	38.5	3~5 年	17	11.5
其他	25	16.9	500 以上	39	26.4	5~10 年	48	32.4
						10 年以上	31	20.9

（4）

企业类别			创业阶段		
类别	人数	百分比	类别	人数	百分比
知识密集型服务业	49	33.1	创建阶段	8	5.4
传统服务业	99	66.9	成长阶段	76	51.4
			扩张阶段	34	23.0
			成熟阶段	30	20.3

表 4-7　员工信用和企业信用验证性因素分析样本基本信息表

（1）

性别			年龄			学历		
类别	人数	百分比	类别	人数	百分比	类别	人数	百分比
男	80	51.0	25 岁以下	53	33.8	高中及以下	7	4.5
女	77	49.0	25~35 岁	71	45.2	大专	67	42.7
			35~45 岁	24	15.3	本科	66	42.0
			45 岁以上	9	5.7	硕士及以上	17	10.8

(2)

职务			工作			工龄		
类别	人数	百分比	类别	人数	百分比	类别	人数	百分比
职工	80	51.0	技术研发	15	9.6	1 年以内	36	22.9
基层	36	22.9	市场销售	27	17.2	1～3 年	39	24.8
中层	29	18.5	行政人事	25	15.9	3～5 年	25	15.9
高层	12	7.6	财务会计	11	7.0	5～10 年	25	15.9
			客户服务	12	7.6	10 年以上	32	20.4
			其他	67	42.7			

(3)

企业性质			职工人数			成立年数		
类别	人数	百分比	类别	人数	百分比	类别	人数	百分比
国有	59	37.6	1～50	67	42.7	1 年以内	6	3.8
私营	83	52.9	51～100	20	12.7	1～3 年	27	17.2
三资	9	5.7	101～500	32	20.4	3～5 年	31	19.7
其他	6	3.8	500 以上	38	24.2	5～10 年	52	33.1
						10 年以上	41	26.1

(4)

企业类别			创业阶段		
类别	人数	百分比	类别	人数	百分比
知识密集型服务业	76	48.4	创建阶段	4	2.5
传统服务业	82	51.6	成长阶段	79	50.3
			扩张阶段	55	35.0
			成熟阶段	19	12.1

4.3.2.2　测量

（1）测量工具——问卷开发过程

关于个人信用结构的研究较多集中在演讲沟通、公共关系、市场营销等领域，这里的个人是作为信息来源，例如名人作为品牌广告的形象代言人，而在企业组织背景中基于劳资关系来研究员工信用结构比较少；对企业信用结构的研究大多在企业和消费者的关系领域，探讨企业信用对消费者态度和行为的影响，而在企业和员工的关系领域中的企业信用结构内涵研究较少。根据 Hinkin（1995）的观点，问卷开发所需项目可以从两个方面获取：相关文献和具有相应工作经历的员工。本研究在对员工信用和企业信用文献研究的基础上，结合员工信用和企业信用概念的访谈研究，经历了文献问卷题目选用和修改、直接开发问卷题目和修改、问卷题目的专家审查和修改、问卷题目的试测和修改完善过程。

从问卷题目的文献来源看，员工信用结构问卷题目主要来源于 McCroskey 和 Young（1981）开发的个人信用 7 点李克特量表，回答者被要求对题目描述的特征表达知觉。该量表测量专长、可信赖和善意三个维度共 14 个项目，测量专长维度的项目有 5 个，包括个人的经验见识、接受训练的情况、智力状况、专业特长、胜任工作情况；测量可信赖维度的项目有 4 个，包括诚实表现、值得信任状况、道德状况和真实性状况；测量善意维度的项目有 5 个，包括照顾别人、自我中心、关心他人、敏感性、理解他人的情况。企业信用结构问卷题目主要来源于 Newell 和 Goldsmith（2001）开发的公司信用李克特量表，这个量表运用 8 个项目测量消费者对公司信用的专长知觉和可信赖知觉。本研究立足于员工和企业的关系，因此员工信用的测量集中于回答者对企业大多数员工信用的知觉，企业信用的测量集中于回答者从员工的角度知觉企业信用状况，根据这种研究情境的变化，我们对上述题目进行了适应性修改。

从直接开发的问卷题目看，我们依据员工信用和企业信用概念构思的访谈研究结论，针对员工信用构思中的责任意识、企业信用构思中的企业责任分别开发了问卷题目，其中，责任意识的问卷题目参照 McCroskey 和 Young（1981）员工信用量表中的善意维度题目，企业责任的问卷题目主要针对顾客和员工两个利益相关者群体。

从问卷题目的专家审查看，本研究邀请了 3 位管理学博士生和 2 名心理学博士生对问卷题目进行初审，关键审查两个方面：①内容效度审查。在员工信用和企业信用的维度下，列举所设计的问卷题目，请专家审查问卷题目和测量构思的关联性，删除不相关、交叉相关和重复的题目。②语义审查。对问卷题目的语义表达方式进行审查，防止理解歧义和晦涩难懂，同时保证语句的简洁明了、通俗顺畅。

从问卷题目的试测看，2005 年 9 月至 10 月，我们在杭州、长沙两地对初步编制的问卷进行了试测，进一步检验问卷题目在代表性、区分度、简洁性和准确性方面的质量，在 5 位专家的建议下，对一些问卷题目进行修改，并剔除了一些题目，形成最终的正式问卷。

经过上述开发过程形成了员工信用和企业信用测量问卷（见附录 3）。员工信用共 11 个项目，其中诚实守信项目 4 个，包括诚实、值得信赖、说到做到和正直；承诺能力项目 4 个，包括工作经验、培训经历、专业技术、精通本职工作；责任意识项目 3 个，包括相互关心、团队合作、相互帮助。企业信用共 14 个项目，其中企业诚信项目 5 个，包括真实信息、真诚待人、员工对企业的信任、遵守承诺、员工对企业承诺的相信（反向计分项目）；企业胜任项目 4 个，包括经营管理经验（正、反向计分题各 1 个）、精通业务、专业能力；企业责任项目 5 个，包括产品安全、产品质量、公平对待、工作安全和发展机会。问卷采用 7 点李克特量表，要求回答者选择相应的分值，对项目描述的企业行为和员工行为特征和本企业及其员工的实际情况的符合程度进行评价，1 到 7 表示从"完全不符合"到"完全符合"的程度。

为了降低回答者对调研主题的敏感性，增强回答者填写问卷的意愿，问卷隐藏了企业信用研究主题，改用"服务业创业专题调研"作为调查活动名称，对问卷指导语进行反复修改和仔细斟酌，明确调研主题、调研目的、数据用途、数据保密承诺、研究报告反馈承诺、致谢词和调研者等内容，提高问卷的亲和力。

尊敬的女士/先生：

您好！

十分感谢您在百忙之中参与服务业创业研究专题调研，本研究是国家自然科学基金资助的重点项目（编号：70232010）的组成部分，其目的是探索提高服务业创业绩效的人力资源策略。

● 请您根据实际情况回答问题，在您认为合适的选项上打√。

● 调研结果用于学术研究，如果您对本研究有兴趣，请在最后一页留下您的联系方式，我们会在第一时间将研究结果反馈给您。

● 根据研究伦理要求，我们会对您的答案严格保密。

谢谢您支持我们的工作！

祝您工作顺利，生活美满！

在问卷项目的次序安排方面，本研究遵循了 Earl Babbie（1999）对于自填式问卷的项目编排意见，即最好从比较有趣的项目开始，或者从受访者急着想要发表意见的问题开始，要让受访者在不经意瞥过几道题之后，就想填答。单调的人口统计资料（年龄、性别等）则放在问卷的最后。

（2）测量过程——问卷发放和回收过程

2005 年 10 月至 11 月，研究者通过两种方式组织测量工作。①直接测量。研究者本人直接或经由他人介绍与样本企业的联系人见面，说明调研目的和要求，由联系人安排被试选择、发放问卷和回收问卷后，由研究者现场或 1~3 天后取回。②委托测量。研究者委托具有问卷测量经验的 4 家管理咨询公司发放和回收问卷。发放的问卷均采用胶印的书面形式。

4.3.3　数据分析

对问卷法获取的第一套数据，采用统计软件 SPSS11.5 进行探索性因素分析，初步揭示员工信用和企业信用的几个维度；对问卷法获取的第二套数据，运用结构方程建模软件 AMOS5.0，进一步验证员工信用和企业信用结构的假设模型。

4.3.3.1　员工信用和企业信用概念构思的探索性因素分析

我们通过样本一的数据对员工信用子问卷进行探索性因素分析，采用主成分分析方法提取因素，用最大方差法进行因素旋转，根据凯泽标准（Kaiser），抽取特征根大于 1 的因素，分析结果见表 4-8 所列。

表 4-8　员工信用因素分析结果

测量项目	因素 1	因素 2
因素 1：诚实责任 α 系数 =.92		
C24 我们单位大多数职工的工作表现是诚实的	.77	.27
C25 我们单位大多数职工工作上是值得信赖的	.77	.34
C27 我们单位的大多数职工是正直的	.81	.30
C28 我们单位的大多数职工相互关心	.82	.27
C29 我们单位的大多数职工重视团队合作	.78	.36
C30 我们单位的大多数职工相互帮助	.83	.21

（续表）

测量项目	因素 1	因素 2
因素 2：承诺能力 α 系数 =. 83		
C20 我们单位的大多数职工工作经验丰富	.18	.80
C21 我们单位的大多数职工有专业培训经历	.31	.84
C22 我们单位大多数职工具有较强的专业技术	.35	.79

　　从员工信用子问卷的 11 个项目中可以提取 2 个因素，与前面访谈研究的结论不完全一致，员工信用的三维结构假设没有得到支持。与承诺能力维度假设有关的 1 个项目（我们单位的大多数职工精通自己的本职工作）在两个因子上的负荷接近，予以删除；与诚实守信维度假设有关的 1 个项目（我们单位的大多数职工在工作上说到做到）在 2 个因素上的负荷都超过 0.40，予以删除；与责任意识维度假设有关的 4 个项目在因子 1 上的负荷较大。根据抽取出的两个因素的测量项目的内容，我们对这两个因素分别命名为：①诚信责任知觉（6 个项目），是指工作交往对象（评价者）知觉到的员工待人真诚、说真话、言行一致、遵守承诺、关心人、帮助人等品质，其特征根值为 4.87，解释了 44.29% 的方差变异；②承诺能力（3 个项目），是工作交往对象（评价者）知觉到的员工履行承诺的资源和条件，其特征根值为 3.14，解释了 28.53% 的方差变异。两个因素共同解释了约 72.82% 的方差变异，两个因素测量项目的内部一致性系数分别为 0.92 和 0.83。

　　我们通过样本一的数据对企业信用子问卷进行探索性因素分析，采用主成分分析方法提取因素，用最大方差法进行因素旋转，根据凯泽标准（Kaiser），抽取特征根大于 1 的因素，分析结果见表 4 - 9 所列。

表 4 - 9　企业信用因素分析结果

测量项目	因素 1	因素 2
因素 1：企业诚信 α 系数 =. 88		
C6 我们单位发布的信息都是真实的	.73	.24
C7 我们单位真诚对待员工	.88	.21
C8 我们的职工对单位很信任	.86	.18

（续表）

测量项目	因素1	因素2
C13 我们的职工不相信单位对他们的许诺	.82	.10
C18 我们单位为职工提供安全的工作环境	.74	.23
因素2：企业胜任 α 系数=.90 C10 我们单位有很多经营管理的经验	.35	.80
C11 我们单位非常精通经营的业务	.17	.86
C12 我们单位的专业能力很强	.31	.76
C17 我们单位没有多少经营管理的经验	.29	.74
C14 我们单位为顾客提供安全的产品和服务	.21	.75
C15 我们单位为顾客提供高质量的产品和服务	.18	.83

　　从企业信用子问卷的15个项目中可以提取2个因素，与前面访谈研究的结论不完全吻合，企业信用的三维结构假设没有得到支持。与企业责任维度假设有关的5个项目中有1个项目（为职工提供培训和发展机会）的2个因素负荷相当，难以归属，予以删除；有1个项目（公平对待员工）的2个因素负荷都超过0.40，予以删除；有1个项目（为员工提供安全的工作环境）的因素负荷偏向了企业诚信因素，有2个项目（为顾客提供安全、高质量的产品和服务）的因素负荷都偏向了企业胜任因素。与企业诚信维度假设有关的1个项目（我们单位严格履行合同或承诺）的2个因素负荷相当，予以删除。根据抽取出的2个因素的测量项目的内容，我们对这2个因素分别命名为：①企业诚信，是指利益相关者（评价者）知觉到的企业诚实待人、值得信任、履行承诺等特征，其特征根值为4.70，解释了33.55%的方差变异；②企业胜任，是指利益相关者（评价者）知觉到的企业提供产品和服务的专业能力、业务经验、业务熟练等胜任力特征，其特征根值为4.66，解释了33.25%的方差变异。两个因素共同解释了约66.80%的方差变异，两个因素测量项目的内部一致性系数分别为0.88和0.90。

　　4.3.3.2　员工信用和企业信用概念构思的验证性因素分析

　　为对员工信用和企业信用结构模型的构思作进一步的验证性因素分析，我们根据探索性因素分析结果，对样本二数据进行验证性因素分析。

　　验证性因素分析模型的很多拟合指数容易受样本容量和项目数量的影

响。关于样本容量 N 最小应是多少，以及每个潜变量至少要有多少个测量指标的问题，很多文献上的建议都十分含糊，甚至相互矛盾（Marsh et al.，1998）。但从识别的角度来说，每个因子最好有三个观测指标。比较常见的建议是，样本容量应该是自由估计参数（变量）的 5 ~ 10 倍。对于大多数模型来说，至少需要 100 ~ 200 的样本容量比较适宜（侯杰泰等，2004）。为了使拟合效果达到最佳，本研究根据模型的拟合指标优化原则，对测量项目进行了筛选，这样保证了每个一阶因子有三个观测值。我们采用极大似然法，通过结构方程建模软件 AMOS 5.0，首先对员工信用结构模型进行了验证性因素分析，验证的假设模型如图 4 - 2 所示①，对员工信用结构模型的验证性因素分析结果见表 4 - 10 所列。

表 4 - 10　员工信用结构模型验证性因素分析结果

测量模型	df	RMSEA	GFI	AGFI	NFI	TLI	CFI	IFI
独立模型	36							
验证模型	24	0.04	0.94	0.88	0.95	0.95	0.96	0.96

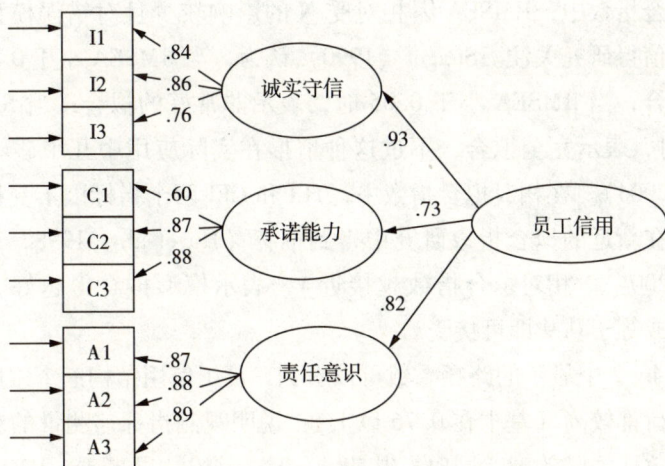

图 4 - 2　员工信用结构模型的验证性因素分析

① 说明：左边箭头表示残差，中间箭头表示因素负荷，方框表示项目整合后的测量指标，椭圆表示所要验证的潜变量，下同。I1、I2、I3 分别代表诚实守信的 3 个测量指标；C1、C2、C3 分别代表承诺能力的 3 个测量指标；A1、A2、A3 分别代表责任意识的 3 个测量指标。

　　要检验一个模型是否与数据拟合，需要比较再生协方差矩阵 **E** 和样本协方差矩阵 **S** 的差异（**E－S**）。为了表示这两个矩阵的整体差异情况，以往研究文献先后提出过四十多种拟合指数。对这些拟合指数按其功能可分为两大类：一类是绝对指数，是指将理论模型和饱和模型比较得到的统计量，它衡量了所考虑的理论模型与样本数据的拟合程度；一类是相对指数，是指理论模型和基准模型比较得到的统计量，它衡量了所考虑的理论模型与基准模型相比，拟合程度改进了多少（候杰泰等，2004）。在验证性因素分析中，通常采用的绝对拟合指数主要有：χ^2（卡方）和 χ^2/df 检验；RMSEA——近似误差均方根；GFI——拟合优度；AGFI——校正拟合优度。通常采用的相对拟合指数主要有：NFI——标准拟合指数；TLI——非范拟合指数；CFI——比较拟合指数。温忠麟等（2004）指出，一个理想的拟合指数应该具有以下三个特征：①与样本容量 N 无关，即拟合指数不受样本容量的系统影响；②惩罚复杂模型，即拟合指数要根据模型参数多寡而作调整，惩罚参数多的模型；③对误设模型敏感，即如果所拟合的模型不真（参数过多或过少），拟合指数能反映拟合不好。根据这些标准，在绝对拟合指数中，RMSEA 因相对受 N 的影响较少且对错误模型较为敏感，而更值得研究关注。Steiger（1990）认为，当 RMSEA 小于 0.1 时，表示好的拟合；当 RMSEA 小于 0.05 时，表示非常好的拟合；当 RMSEA 小于 0.01 时，表示完全拟合，不过这种情形在实际应用中几乎碰不上（侯杰泰等，2004）。在相对拟合指数中，TLI 和 CFI 两个指标因不受样本大小影响，而在新近的拟合指数研究中得到推荐（Hu et al.，1998，1999；温忠麟等，2004）。相对拟合指数越接近 1，表示模型拟合得越好。一般认为，大于或等于 0.9 即可接受。

　　从图 4－2 中显示的路径系数可以看到，员工信用结构三个维度的标准化因素负荷都较高（基本在 0.76 以上），说明观测指标与测量的潜变量具有较好的效标关联效度。同时，从表 4－9 显示的结果来看，RMSEA 值为 0.04，CFI 和 TLI 的值也都在 0.9 以上。因此，假设的理论结构模型得到了实证数据的良好拟合，包含诚实守信、承诺能力和责任意识三个维度的员工信用结构模型得到了验证。

　　以下是对企业信用结构模型进行的验证性因素分析，检验模型如图 4－3 所示。对企业信用结构模型的验证性因素分析结果见表 4－11 所列。从

图 4-3 中显示的路径系数可以看到，企业信用结构三个维度的标准化因素负荷都较高（基本在 0.72 以上），说明观测指标与测量的潜变量具有较好的效标关联效度。同时，从表 4-11 显示的结果来看，RMSEA 值为 0.05，CFI 和 TLI 的值也都在 0.9 以上。因此，假设的理论结构模型得到了实证数据的良好拟合，包含企业诚信、企业胜任和企业责任三个维度的企业信用结构模型得到了验证。

表 4-11　企业信用结构模型验证性因素分析结果

测量模型	df	RMSEA	GFI	AGFI	NFI	TLI	CFI	IFI
独立模型	36							
验证模型	24	0.05	0.94	0.88	0.95	0.94	0.96	0.96

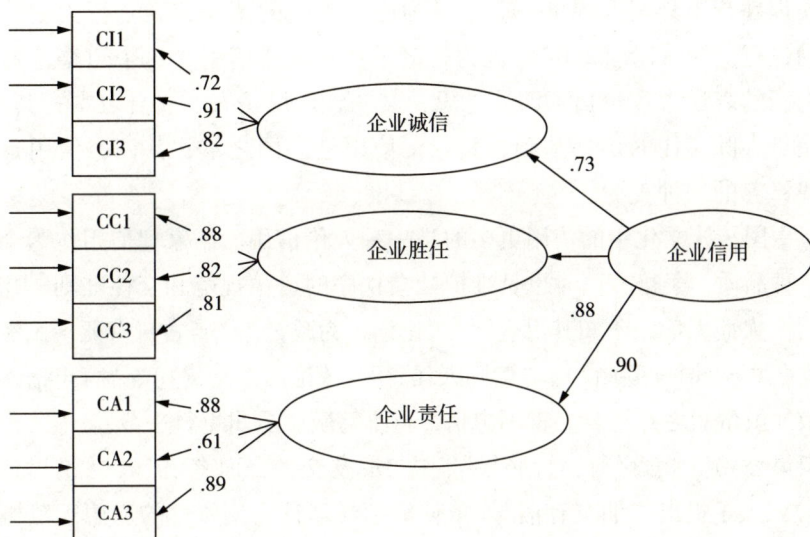

图 4-3　企业信用结构模型的验证性因素分析

4.3.4　结果讨论和研究小结

在中国文化背景下，信用作为伦理学范畴，已经有几千年的历史。"一诺千金""君子一诺，重于泰山""一言既出，驷马难追"都体现了信用的价值，成为中国传统文化的精髓和人际交往的基本准则。张文彦（2002）认为中国古代的信用主要强调三方面意义：其一，它是立身处世之本，是行事通达的凭证；其二，它是传统商业乃至各行各业兴旺发达的道德保证；其三，它是为政之法宝。从交往双方主客体关系看，现代的信用有三层含义：其一，就主体而言，信用是交往活动中对自己责任、义务和承诺的恪守与履行；其二，就客体而言，信用表现为客体对主体的相信和信任，是客体通过对主体言行的考察，对主体品格和能力的认可、肯定，对相互合作、交往行为的相信、依赖和期望；其三，就主客体的相互作用而言，即综合主体的践约情况与客体的评判、期望状况，信用就是行为人能够履行其义务和跟他人约定的承诺事项而取得的社会公众的信任。刘红燃（2003）认为，伦理意义上的信用是指对行为主体交往活动的一种道德规定，是指在社会交往过程中行为双方以履行承诺为条件，双向互动的道德实践活动，具有三方面的基本特征：一是实质理性与工具理性的统一；二是为己与为他的统一；三是行为主体的互动过程。涂永珍（2004）认为，诸子百家对"信用"这个道德范畴基本内涵的表述大致包括了四层意思：其一，信用是人的立身之本；其二，信用是人际交往的伦理基础；其三，信用是立国之本；其四，信用是人自我修养的一种美德。

中国传统文化中的信用更多的是一种人伦信用。儒家把信用作为个人的一种品质、美德，同时也是维护社会秩序的道德规范和交往准则。孔子提出"人而无信，不知其可也"（《论语·为政》）、"自古皆有死，民无信不立"（《论语·颜渊》）、"信则人任焉"（《论语·阳货》）、"言忠信，行笃敬，虽蛮貊之邦行矣。言不忠信，行不笃敬，虽州里行乎哉?"（《论语·卫灵公》）、"言必行，行必果"、"与朋友交，言而有信"（《论语·学而》）。孟子提出"朋友有信"。董仲舒把封建社会纲领性的道德规范概括为"五常"，即"仁、义、礼、智、信"，信为五常德之一。这些儒家代表人物的言论集中反映了信用对于做人做事、社会交往和治国安邦的重要性，并表达了两层含义：①遵守承诺，言而有信，说过的话要算数，答应别人的事情要做到；②诚实不欺，待人以诚，体现内在诚实品德与外在不欺诈行为的统一，做到童叟无欺。

总之，伦理学的信用定义主要是三个视角：一是特质论，把信用看作是个人或群体的品质、美德；二是规则论，把信用看作社会交往和维护社会秩序的基本准则；三是过程论，把信用理解为交往双方履行承诺和建立信任的互动过程。

在以往员工信用和企业信用的文献研究基础上，本研究结合访谈研究结果和中国文化背景下伦理信用的特质论含义，提出了关于员工信用和企业信用的三维构思模型，并根据相关文献和访谈内容设计了员工信用及企业信用的调查研究问卷，对符合本研究界定的服务业创业公司及其员工进行取样调查，运用两套样本对员工信用和企业信用的构思进行探索性因素分析和验证性因素分析。我们得出了如下两个主要结论：①提出并验证了包含诚实守信、承诺能力和责任意识三个维度的员工信用测量模型；②提出并验证了包含企业诚信、企业胜任和企业责任三个维度的企业信用测量模型。

总结中西方信用差异的文献研究，发现中国文化背景下的信用范围较小，关系远近是中国人对他人进行信用评价和给予信任的重要依据，而对关系的判断恰恰是社会认同的分类过程，因此，社会认同理论对于中国文化背景下的信用构思有较强的解释力。我们认为信用是人们在社会交往过程中，根据彼此隶属社会类别（群体或组织）的显著特征，对其诚实守信、承诺能力和责任意识品质的认同程度。社会分类的一个重要功能就是对社会环境进行认知上的分割和定序，为个体提供一个看待他人的系统意义，人们在评价别人的信用时，也经历同样的心理过程。例如在声誉良好、实力雄厚、社会责任表现很好的知名大企业员工比不知名的小企业员工获得的信用评价高，在声誉良好的发达地区创办的企业比在贫穷落后地区创办的企业获得的信用评价高。尽管这种评价有可能存在偏差，但是通过社会分类知觉他人的简单、直接和快速特点，决定了人们更容易用社会类别与信用有关的特征去知觉和判断员工和群体的信用。

4.3.4.1　员工信用的三维度结构验证

根据图4-2和表4-10对样本二数据的验证性因素分析结果，员工信用存在三个维度。在这三个维度中，诚实守信反映了工作交往对象知觉到的员工品德，员工品德主要包括员工在企业的工作表现和人际交往过程中，通过言行体现出来的真诚、真实、遵守诺言、值得信赖和可靠等方面的特征；承诺能力反映了工作交往对象知觉到的员工能力，员工能力是和承诺完成的任务有关的，是指员工在具体承担某项工作任务过程中，在工作经验、专业培训经历、知识水平、技能特长和专业技术等方面的综合素质；责任意识反映了工作交往对象知觉到的员工工作关系处理方式，这种关系处理方式是通过员工在企业的工作过程中，在关心他人、帮助他人和团队合作方面体现出来的。

从上述三个维度的界定表述中可以看到，本研究所关注的员工信用本质上是一种员工在企业工作背景中的信用。因此，它与一般的个人信用既有一定联系又有很大区别。这种联系和区别主要表现在员工信用与一般的个人信用是个性和共性的关系。结合企业工作背景的员工信用具有独特性，主要体现在角色和具体内容的不同，员工作为某项工作任务的承担者，他的个人信用主要体现为职业信用。在工作过程中，通过承担特定的工作角色任务，给内外部的交往对象（上司、下属、同事、顾客等）留下的工作态度、工作能力和对待他人的情况的综合印象，是获得信任从而取得发展机会的重要来源。可见，员工信用具有个人信用的诚信、能力和善意的共性，又具有与企业活动背景紧密联系的不同个性。

作为社会认同理论最新进展的自我分类理论（Turner，1985；Turner et al.，1987；Oakes et al.，1994；Turner，1991）认为，人们根据代表社会群体的原型对个人及其所属的群体进行认知评价。一个原型就是一个社会分类定义特征（例如信念、态度和行为）的主观代表，它是在即时的或更持久的互动背景中，运用相关的社会信息主动构建起来的（Fiske & Taylor，1991）。因为相同群体的成员一般发现他们自己在相同的社会领域具有相当的相似性（即他们从相同的视角获得相似的信息），他们的原型常常非常相似，即共享。人们可以评估真实群体成员（包括自我）的原型特征，即一个成员被知觉为接近和相似于群体原型的程度。在企业工作背景中的员工信用就是工作交往对象以自己认同的员工信用原型特征对员工进行评价的过程，评价的结果构成工作交往对象是否把员工纳入自己的内群体（in-group）的依据。

4.3.4.2　企业信用的三维度结构验证

根据图4-3和表4-11，对样本二数据的验证性因素分析结果表明，和员工信用相似，企业信用也存在三个维度。在这三个维度中，企业诚信反映了利益相关者知觉到的企业品德，企业品德是指企业在处理各个利益相关者的关系过程中，通过产品、服务和代表企业的言行体现出来的真诚待人、公平、真实信息发布和兑现诺言等方面的品德。企业胜任反映了利益相关者知觉到的企业能力，企业能力是和企业提供的产品和服务相联系的经验、知识、技能和能力，是指企业的经营管理活动满足利益相关者需要的能力，例如餐饮企业留给顾客的专业形象就体现在特色菜肴、饭菜品质、服务水平和响应速度上。企业责任反映了利益相关者知觉到的企业处理各种社会关系的方式，它是指企业对各利益相关者所关注问题的关注、重视和贡献情况。就企业对员工而言，可信行为由三个方面构成（James，Brtmi，1975）：一是对员工需求和利益保持敏感和关心；二是以保护员工利益的方式行事；三是避免为一人利益而损害他人利益。

如前所述，员工是服务业创业公司的关键利益相关者，因此本研究关注的是员工作为评价者的企业信用，这种概念界定与以往的企业信用概念有三点不同：

（1）企业信用产生的情景不同。以往的企业信用文献大多是把企业作为一个信息来源，放在公共关系、产品和服务广告和市场沟通的背景中，探讨广告受众和消费者对企业信用的知觉；本研究注重在企业和员工的对偶关系中，通过员工和企业的劳资关系的建立和发展过程，了解企业对待利益相关者的一举一动留在员工心目中的信用形象。

（2）企业信用的评价主体不同。以往的企业信用大多是由广告受众和消费者进行评价的；本研究以员工作为企业信用的评价主体。

（3）企业信用的评价内容不同。以往对企业信用的评价集中在产品和服务方面，广告受众和消费者运用广告传播、口碑效应、名人推介和购买体验等多种企业信息，判断作为信息来源的企业信用状况；本研究中员工对企业信用的评价聚焦在企业经营管理活动上，员工通过工作过程中对企业经营管理政策和行为的观察了解和切身体验，对企业信用形象进行整体评价。

从社会认同理论看，Tajfel 和 Turner（1985），Ashforth 和 Mael（1989）把组织认同作为自我分类的过程。他们认为当成员把自己归类到一个有突出、中心和持久特征的社会群体——在这里是组织时，成员的组织认同会加强。企业信用就是员工对企业诚信、企业胜任和企业责任特征的组织认同过程，员工在履行和企业签订的劳动合同的过程中，切身体会到企业对待自己、顾客等利益相关者的态度和行为，员工以自己认同的信用价值标准（即企业信用原型特征）来评判企业的所作所为，并表现出不同的社会认同度，即对企业的组织认同度。

4.3.4.3 服务业创业公司信用的特点

Mayer 等（1995）总结情境在信用中的角色时指出，信用的三个因素都是和情境关联的，能力是和特定的任务领域相关的，而且，知觉的能力将随着完成任务情景的变化而变化；知觉的善意水平也受到情境的影响。例如，一个员工知觉一个新主管和他自己有相似的态度和偏好，员工将对主管知觉更高水平的善意（Berscheid & Walster，1978；Newcomb，1956）；团体行动情景的情境也影响诚信知觉。一个中层经理可能做出和早期决策不一致的决定，在不知道任何情景时，员工可能怀疑经理人的诚信，然而，如果员工知道经理人的行动是对来自组织中更高层命令的反应时，经理人的诚信将不再受到怀疑。

服务业创业公司信用是和服务业创业的情境分不开的，这种情境的特点充分体现在信用中，下面我们主要从创业特征和服务业特征在企业信用中的体现角度分析服务业创业公司信用的特点。

首先，创业企业的特征使得创业企业和一般企业相比，在企业信用上表现出进取性和更新性。Carland（1984）认为创业企业的主要目标是包括利润和市场地位的长期意图，其特征是产品、过程和实践的创新，而非创业企业的目标就是所有者得到一个舒适的生活，企业特征受所有者特征的影响，创业企业反映了所有者更大的创业动机。创业的领先行动、承担风险、创新特征决定了创业企业的信用更具有进取性，这种进取使得企业处于不断的变化之中，留给利益相关者的信用形象也在不断更新，这个特征突出体现在企业胜任上，通过创业活动对既有能力进行深化和扩展，推出新产品、新技术和新工艺，或开辟新市场和新的商业模式，构筑企业的核心竞争力；未来的不确定性使创业企业更加意识到信任的重要性，因此在企业诚信上，不管是出于短期的功利目的，还是出于长期的发展目的，创业企业都试图以积极的行动展示诚信形象。但是对于不同的人来说，这种信用的更新带来的并不都是积极评价，Morgan 和 Zeffane（2003）探索了不同类型的变化策略可能对员工信任组织（涉及组织信用）产生的影响，运用澳洲2000个工作场所和19000名员工的工业关系调查数据，统计显示变化对于信任的显著负效应，信任下降和裁员（Mishra & Spreitzer，1998；Mishra & Mishra，1994）、组织结构变化，特别是频繁变换（Littler et al.，1997）有关，在变化过程中，直接和开放的参与经历可能改善"诚实和正直"的知觉（Clark & Payne，1997），并弥补变化对信任的负效应。在访谈过程中，我们对比了两家咨询公司的信用差异，一家是某省的投资咨询公司，属于国有的非创业企业，它有行政隶属关系带来的稳定业务，但是没有冒险扩展新业务的欲望；他有多年不变的业务操作模式，但是没有打破现状的创新动力；面对咨询市场的变化和客户提出的新需求，它是被动的反应者和市场的跟随者，客户认为该企业是政府下属企业，做事情规范，诚信可靠，但是业务观念方面落后，不能快速响应客户的需求，员工拿的薪水和机关干部的薪水水平差不多，总是有事业单位工作人员的感觉，因此提高个人业务技能的动力也不足，满足于应付客户提出的需求，所以客户对该企业的业务能力评价不高，该公司留给顾客的印象始终没有什么变化，员工对该企业的评价是过安稳日子的公司，饿不死，胀不坏，暂时没有多大风险，将来也没有多大前途。另一家企业是某省的管理培训公司，是合伙制的创业公司，它没有稳定的业务，但是敢于冒险开发新的培训菜单，积极向目标客户营销；它有较为成熟的培训师资队伍和培训模式，但是面对培训市场的风云变幻，它宁愿更新培训师资和培训方式，从点对点的企业个性化培训到点对面的集中培训，从面对面的口授培训到网络远程培训产品的开发，不断扩大市场，满足不同顾客的需求；在领先行动方面，它还首创了该省的第一家经理人学习馆。公司还给一些企业家提供了免费体验培训的机会，以认识该企业的培训能够给客户提供什么价值。客户对该公司的企业诚信和企业能力方面的知觉在不断变化，随着该公司参与社会活动和在媒体的出现频率越来越高，客户对该公司的总体信用评价也越来越高，员工虽然工作很辛苦，但是精神饱满，对企业前景充满信心。

其次，服务业企业特征使得企业信用更多地直接通过员工信用来体现，表现出人际信用依赖性以及与之相伴随的脆弱性和风险性。以往研究认为服务业公司倾向于比制造公司更低水平的财务投资（Erramilli & Rao，1993）。服务业和制造业公司对基于交易成本的不同组成部分做出反应。服务业公司受不确定性的人员导向驱动，包括资产专有性、行为不确定性和信任倾向，服务业公司对交易成本经济的人员导向部分和行为不确定（人们怎样行为）做出反应。比较而言，制造业公司受基于投资的不确定性驱动，包括环境不确定性和风险倾向。服务业的突出特点是：①同时生产和提供服务（Habib & Victor，1991）；②比制造业公司更加人员密集（Boddewyn et al.，1986；Bowen & Jones，1986；Erramilli & Rao，1993）。

可见，服务业企业提供产品或服务的过程常常是和顾客一起完成的，传送产品或服务的同时就是人际交往的过程，人际交往的质量决定了顾客心目中的企业信用，而人际交往质量恰恰是员工信用表现的结果，因此服务业企业信用更多地和员工信用联系在一起，表现出更强的人际信用依赖性，这和制造业企业信用更多地和产品信用联系在一起是不同的。Sirdeshmukh 等（2002）运用来自两个服务业情境——264 个零售服装和 113 个非营利航空旅行公司的数据分析，认为顾客忠诚包括对前线员工和管理政策及实践的信用评价，零售业前线员工的角色更关键，航空业管理者的实践和政策更重要。我们把服务业创业公司分为知识密集型和传统服务业两类。知识密集型服务业企业提供的是具有知识和技术含量的无形产品，例如律师、咨询师、会计师等职业提供给顾客的诉讼书、咨询方案和资产评估报告等，这些产品所蕴涵的知识技能和个人是不可分离的，因此许多顾客看重企业品牌的实质就是看重企业里的某个人的信用，例如咨询公司的首席咨询师成为公司执业水平的代表，律师事务所的专业律师成为某个法律领域的指定诉讼代理人。传统服务业主要提供重复劳动的产品和服务，在产品和服务日益同质化的今天，顾客更看重产品和服务后面的人际因素，例如同是零售企业，服务人员在导购、收付款、售后的送货和安装维修等是否到位，直接影响顾客对企业信用的评价，而且，在传统服务业中也有技术含量的工作，一些掌握核心技术的员工成为企业信用的代名词，例如顾客指定美容店里的美容师成为店里的招牌，饭店里烧得一手好菜的大厨师成为每个饭店争抢的镇店之宝等。正是因为服务业企业信用和员工信用的紧密联系，才使得企业信用变得脆弱和面临更大风险，一旦员工因为各种缘故和企业脱离关系，而其所掌握的核心技术又难以被人替代，那么企业就会面临信用危机。

4.4　研究结论的理论与实践意义

从本研究取得的理论进展看，首先，我们在访谈研究、内容分析和问卷研究的基础上，运用社会认同理论，提出了中国文化背景下组织情景中员工信用和企业信用的概念构思，为信用研究开辟了一个新的视角，这个视角对于人际信任、组织信任以及组织间信任中的信用差序结构具有较强的解释力。其次，从组织行为学角度探索和验证员工信用和企业信用的多维构思，对长期以来人们把信用看作单维构思，并等同于声誉、诚信的观念进行更新，在信用的伦理内涵之外，展示更丰富的理论内涵。最后，我们主要以员工和企业的对偶关系作为信用研究的情境，使信用研究与组织背景结合，为组织信任和组织承诺等理论中的前因变量研究提供了扎实的实证基础。

从本研究结论的实践意义看，首先，员工信用和企业信用的社会认同视角为企业信用建设开拓了新思路，企业可以根据利益相关者的社会认同偏好，一方面，通过员工社会分类的高信用支撑企业信用，在人才吸引和选拔过程中，把有助于提高企业信用的候选人纳入企业麾下，例如企业在招聘广告中一再强调员工队伍的学历结构、职称结构，在公司品牌形象宣传时，把模范人物诚信待客、见义勇为、做志愿者等作为重点内容；另一方面，可以借助其他社会分类的高信用，实施积极的自我分类行动，提升企业信用，例如一些新创企业把注册地登记在香港、北京和上海等大城市，聘请名人或权威人士作为企业的形象代言人，在中央电视台、中央人民广播电台等主流媒体上发布企业产品和服务信息等，这些活动都是向特定的利益相关者群体发出信号，让他们把企业纳入具有自尊地位的社会分类中，以提高他们对企业信用的认同度，从而取得他们的尊重、信任和支持。其次，员工信用和企业信用的多维构思为企业信用建设拓宽了思路，企业信用是利益相关者对企业形象的整体评价，虽然两个企业信用差不多，但是利益相关者评价每个企业信用的侧重点却是不同的，因此只有明确企业树立信用形象所需要解决的关键问题，才能有的放矢地在相关方面做工作。Newell 和 Goldsmith（2001）在开发公司信用量表的过程中，安排 120 个大学生运用 33 个有关信用的项目对 IBM 和 EXXON 公司评估，结果发现 EXXON 数据中，负荷显示可信赖（trustworthiness）维度解释了 44% 的方差，而 IBM 数据中，专长（expertise）维度解释了 58% 的方差，这个结果可解释为哪个维度在样本人群中的心目中是最重要的，这与两个公司面对不同目标市场的信用问题不同是有关的。本研究结果发现，企业诚信、企业胜任和企业责任三个维度在知识密集型服务业企业信用上的解释量分别为 40%、29% 和 11%，而在传统服务业企业信用上的解释量分别为

34%、24%和17%。这个研究给我们的启示是不同企业面对的利益相关者群体是不同的，他们对企业信用的诉求点是不同的，因此企业必须清楚地理解企业信用建设的着力点，才能把有限的宝贵资源投入到最有价值的地方。例如对一些缺少资金的服务业创业公司来说，要在市场上提高信用，除了在经营行为中体现出诚信外，更重要的是针对客户关心的专业能力问题，积极向客户展示企业的能力特长在哪里，通过专业实力，为客户高效提供优质的产品和服务，以企业胜任力的加强和表现来赢得客户的认同；而对一些生产环节污染危害大的企业，采取措施，进行环境保护，关心社区居民，宣传产品的环保概念，则是以体现企业责任意识的具体行动来提高企业信用。最后，员工和企业的对偶关系表明，员工信用和企业信用是相互依赖的，员工对企业信用的社会认同过程与企业对员工信用的社会认同过程是相互作用的，可以把员工信用和企业信用看作社会交换的关系，企业信用建设离不开员工信用的支撑，同样员工信用的提高也离不开企业信用的舞台。这就为企业从人力资源管理策略角度提高企业信用开阔了思路，例如通过培训策略提高员工的工作技能和服务水平，自然有助于提高企业胜任水平，通过价值观匹配和现实工作预览的选拔策略，把具有诚信价值观的人才配置到重要岗位上，对于企业诚信的社会认同无疑具有促进作用。

5 基于社会认同的企业信用评价机制研究

5.1 研究目的和研究方法

在企业信用概念构思研究中，运用了评价者对企业诚信、企业胜任和企业责任特征（评价内容）的主观知觉测量方法，我们发现，对同一个企业，不同的利益相关者群体、同一利益相关者群体内的不同个体给出的信用评价结论是不同的；对不同的企业或处于不同创业阶段的企业，同一利益相关者给出的信用评价结论也是不同的，是什么原因造成这些差异呢？这正是本研究关注的问题。本研究的主要目的是在理解企业信用是什么的基础上，了解各利益相关者是怎样评价企业信用的，进一步探询评价者在评价企业信用时的心理活动过程，总结评价者知觉企业信用的心理规律，以社会认同理论为基础，建立企业信用评价机制模型，为企业信用建设策略的选取提供科学依据。

根据社会认同理论，企业信用评价就是利益相关者对企业诚信、企业胜任和企业责任方面特征的社会认同过程，即在对企业进行社会分类的基础上，根据评价者的自尊需要和强化效应要求，在和其他社会分类比较后，对企业诚信、企业胜任和企业责任特征的程度做出判断，表现出一定的社会认同程度。在企业成长的过程中，企业信用的社会认同基础会发生怎样的变化呢？为什么会发生这些变化呢？这是企业信用评价机制的核心问题。罗伯特·K.殷认为，案例研究最适合研究"怎么样"和"为什么"类型的问题，由于"怎么样"和"为什么"之类的问题需要按照时间顺序追溯相互关联的各种事件，并找出他们之间的联系，而不仅仅是研究它们出现的频率和范围，因此这类问题更富有解释性。企业信用评价机制恰恰是这种类型的问题，因此，我们采用案例研究方法来回答这两个问题。案例研究方法和统计分析的方法不同，它采用分析归纳的思路，所以不能用统计分析中样本量大小的标准来衡量案例研究的效度，案例研究的目标是"归纳"分析，而不是"列举"分析（Lipset，Trow & Coleman，1956）。和大样本获取数据的研究方法相比，案例研究具有获取极其丰富、详细和深入的信息优势（Berg，2001）。

罗伯特·K. 殷认为，进行案例研究设计时要特别注意5个要素：①要研究的问题；②理论假设（如果有的话）；③分析单位；④连接数据和假设的逻辑；⑤解释研究结果的标准。研究目的部分已经提出了要研究的问题是服务业创业公司的信用评价机制。理论假设将在下面的理论框架部分提出。分析单位可能是一个单独的人、群体或组织，也可能是比个人、群体或组织更难以界定的事件或实体，本研究选择了4个处于不同发展阶段的企业作为分析单位。关于连接数据和假设的逻辑，本研究采用了一个很有前途的方法——Donald Campbell 所述的"模式匹配"，借助这种方法，同一个个案的几组信息可以共同形成某种理论假设。解释研究结果的标准涉及收集的数据和假设模式的匹配程度，这里不可能进行统计检验，只能看不同的模式之间的对比是否足够强烈、鲜明，以至于研究结果可以根据至少两种相互矛盾的模式比较而得以解释。

为了提高案例研究质量，遵循多证据来源和资料收集的三大原则是十分重要的。一般的，案例研究的证据来源有六种：文件、档案记录、访谈、直接观察、参与性观察和实物证据。本研究主要采用和案例企业负责人进行结构化访谈，通过书面、电子文本及企业和新闻媒体网站查询收集文件、档案记录，对个别案例企业采用了直接观察和参与性观察方法。本研究严格坚持了资料收集的三大原则：①使用多种来源的资料，将两种或多种渠道获得的资料，融会到相同的一组事实和结果上；②建立案例研究数据库；③形成一个证据链，即所研究的问题、收集的资料及结论之间的明确联系。

循着模式匹配的证据分析思路，本研究在总结信用评价的社会认同观点研究文献基础上，结合企业信用概念构思研究阶段的实际调研心得，提出了服务业创业公司信用评价机制的一个描述性理论框架，并提出具体的研究假设。在理论框架指引下，设计了案例研究的访谈提纲（见附录4），通过深入案例企业，就企业发展过程中顾客和员工对企业的信用评价问题，和企业负责人进行2小时左右的深度访谈，并请企业提供相关的文字材料，随后有针对性地查阅了企业和媒体网站上的相关文件，在掌握了相对充足准确的案例信息后，对证据进行了梳理分析和归纳总结，以确定研究假设是否成立。

5.2 企业信用评价机制的理论框架

案例研究是一种"分析性概括"方法，其有效性更多地依赖成熟理论指导下的资料分析。因此，通过事先提出理论假设，然后有针对性地收集案例材料，并将资料分析结果与理论假设进行比较，确定案例材料是否支持理论假设，从而提炼出有价值的研究结论。

根据McKnight，Cummings和Chervany（1998）等认知加工领域的学者们观点，人们通过对他人信用进行评价，从而确定是否信任他人时，会运用三种类型的社会分类过程：圈内圈外、声誉分类和定型。本研究以此为起点，提出企业自我、企业声誉和企业定型的社会分类方式，探索企业信用评价的社会认同机制。

（1）企业自我

企业自我是利益相关者把企业特征和自己联系起来的程度。杨宜音（1999）认为，在中国文化背景下，信任的内群体形成机制与自己人形成机制的差别主要是：

1）内群体的形成是在个体广义的自我概念中镶嵌进去一个"成员"的类别意识，以便个体通过群体获取仅仅依靠个体无法获得的东西。自己人的形成则是以个体为中心的选择性包容，它获得的不是作为成员的类别意识和自尊，而是拥有与自己可信任的他人后增大的效能意识和相互依赖的安全感。

2）形成心理群体是个体对一个外在的、相对抽象的群体所具有的类特征表示认同的结果，是个体分别的、自主的选择。而进入自己人边界要依赖对方把自己放在他的自己人格局中的什么位置上，是对方对自己与他人心理距离的选择，是对发生在两人之间的关系判断以及对偶关系的建立。本研究采用自己人的社会分类标准，并借鉴个人自我和社会自我的概念，引入"企业自我"的概念，即评价者愿意把企业特征和自己联系起来，用企业特征定义自己的程度。

（2）企业声誉

企业声誉就是企业的利益相关者对企业的长期整体评价，具有以下特征：

1）社会性。企业声誉是一种社会评价，具体表现为顾客、政府有关部门、新闻媒体、同行、原辅材料供应商、企业的投资人和职工等各种利益相关者的全方位评价。利益相关者在和企业的社会交往中，依据自己在企业的权益得到满足的情况，对企业的一项或多项活动产生印象并进行评价，例如消费者根据自己购买产品及其售后服务的权益实现的过程和结果，形成对企业的产品质量、产品价格、服务态度和员工素质方面的声誉评价。通过多个利益相关者和企业多项活动接触后的评价，汇总形成企业声誉。

2）累积性。企业声誉是一种长期评价，代表了公众对企业的长期累积判断，是各利益相关者在和企业的多次接触后形成的。声誉和结果的长期一致性有关，利益相关者和企业多次打交道的过程中，就企业对待自己和对待他人的做法、以前和现在对待自己的方式进行比较，比较的结果形成企业声誉。例如顾客购买大件产品时发现有熟人和没有熟人得到的价格和受到的待遇有很大差别后，就会形成这家企业要找关系买产品的声誉。由此可见，"积善如登、积恶如崩"，企业声誉的形成是一个长期过程，要靠日常工作的不断积累，类似学雷锋的运动式做法难以奏效。

3）整体性。企业声誉是多个利益相关者的整体评价。某个利益相关者的评价只能反映企业的某方面声誉，例如某企业的职工群体评价企业工作条件和福利待遇好，只能反映企业在对待职工方面的声誉。每个利益相关者通过自己在企业的权益这扇窗口，观察企业的各种活动，评价企业的所作所为，每扇窗口的权益不完全相同，甚至是有矛盾的，例如职工的收入权益和顾客购买产品的价格权益的矛盾，各方面权益的满足情况直接构成全面的企业声誉。

（3）企业定型

企业定型是利益相关者根据企业所属社会分类的某个显著特征对企业

的整体知觉，这种知觉和利益相关者对企业信息的注意和选择有密切的关系，同一企业在不同的人眼里，会有不同的形象。

在实际调研过程中，我们发现员工、顾客等利益相关者对企业信用的评价依据确实和上述社会分类三方面内容吻合，但是更重要的发现是在企业的不同发展阶段，这三方面的组合是不同的，这恰恰是企业信用评价的动态特征，以往文献对这部分内容的研究不多，本研究着力于研究和企业创业阶段相适应的企业信用评价过程，提出下列假设。

假设1：在创业初期，利益相关者对企业信用的评价更多建立在对自己人关系（企业自我）进行社会分类和社会比较后的社会认同基础上。

假设2：在成长期、扩张期，利益相关者对企业信用的评价更多建立在对企业声誉进行社会分类和社会比较后的社会认同基础上。

假设3：在转型期、成熟期，利益相关者对企业信用的评价更多建立在对企业定型的社会分类和社会比较后的社会认同基础上。

5.3   企业信用评价机制的案例分析

5.3.1   案例一：创享公司的企业自我认同信用

5.3.1.1   案例企业背景介绍

安徽创享管理咨询公司作为目前国内唯一定位于服务烟草行业的专业管理咨询公司，是由一批热爱烟草、研究烟草、服务烟草的志同道合的管理咨询人士创办的，致力于为烟草工商企业提供专业化的管理咨询、营销咨询和员工培训。自2003年9月成立以来，先后为国内数十家烟草工商企业提供了良好的专业咨询服务，构建了系统、深入的行业研究平台，积累了比较丰厚的实际咨询经验。

创享管理咨询公司把自己定位成为烟草产业链的全程策略伙伴，秉承专业、敬业和精业的服务宗旨，遵循诚信和专业的服务原则，实行"紧密型咨询服务+方案设计+协助实施+成型产品"的服务方式。紧密型咨询服务是指项目小组驻扎在企业现场提供贴身服务的方式，通过深入实际和全程沟通，保证项目有效地衔接与推进；方案设计坚持量身定制的原则，由公司专业委员会批准，直至客户充分理解和认可；协助实施是指在方案的实施过程中辅助客户解决实施过程中遇到的相关问题，通过培训进行激烈有效的"洗脑"；成型产品是由公司的研发中心根据企业实际需求，定制各种标准化和个性化咨询产品。

5.3.1.2　基于企业自我的企业信用评价机制的案例描述

2001年，创享管理咨询公司的创始人王武伟先生从高校下海，经过短短3个月的证券公司行政管理工作经历后，进入安徽一家比较有名的广告公司管理咨询业务部门，为省内知名的大企业（广告公司的大客户）提供与产品广告或形象广告相配套的咨询服务（作为附加的增值服务），并由咨询师逐步成长为项目经理。经过2年多时间的磨炼，一方面，他看到在广告公司从事附属业务的管理咨询存在一定的局限，要想进一步发展，就需要寻求管理咨询业的独立地位；另一方面，他的2位同事也和他有同样的创业想法，他们对自己的管理咨询能力也充满信心。在这种内心强烈的创业动机推动下，2003年9月，王武伟作为发起人，2位同事作为股东，共同成立了创享公司。第一批骨干员工的来源主要有两条途径：一是原广告公司管理咨询业务部门的同事；二是王武伟的研究生同学和朋友推荐的人选，例如来自中国科技大学商学院的1名硕士，具有10年工作经历，其中有3年时间在从事管理咨询工作，他在自己的老师（王的同学）引荐下，毅然投身创享，成为业务骨干。

2003年10月8日，创享管理咨询公司与安徽省某烟草专卖局（公司）就全年管理咨询与人员培训服务签署了合作协议，项目全面启动，王武伟没有透露这家公司的具体情况和订单价格，只是表示这笔订单基本可以维持公司一年的运营。这个客户是创享创业团队成员在广告公司工作期间曾经服务过的公司，客户方的负责人与具体业务联系人和创享公司的三个股东都非常熟悉，与王武伟的私人关系也非常融洽，除了业务关系外，他们是很好的朋友关系，在一些非工作时间，也有一些往来，在一些个人和家庭的事情上相互帮助。创享公司成立前，客户方负责人已经口头表达了咨询业务意向，王武伟及时地向客户提交了咨询项目建议书，并在公司筹备成立期间，与客户进行了深入沟通，介绍了项目实施计划和项目团队情况，得到了客户的认可，决定给创享公司的业务提供支持。

2003年11月，创享公司组建中国烟草企业管理咨询网，通过专业网站跟踪行业发展动态，提供最新行业资讯，对行业管理中的热点问题进行点评，同时吸引烟草企业里的专家热心参与专题讨论，产生了较大影响。其网站刊发的原创文章被国家局网站、东方烟草报、《中国烟草》、烟草在线、《糖烟酒周刊》和《中国企业家报》等百余家媒体转载，《菲莫的新形象运动》《国际烟草企业的品牌延伸》《骆驼的传播策略与促销技巧》等系列文章在业内引起较大反响，被广为转载；另一方面，创享公司还组织专家进行行业研究，并定期发布报告，为烟草企业经营决策提供参考，如2004年1月隆重推出的重点研究成果《品牌世界，谁主沉浮？——36重点卷烟品牌2003年度品牌表现解读报告》，2005年1月推出的重点行业研究成果《中国烟草网建报告》和《中式卷烟品牌成长规律》等。王武伟作为创享的领头人，累计为红塔、白沙、山西烟草、安徽中烟、烟草在线等数十多家烟草企业提供过管理咨询、品牌规划和人员培训等方面服务，先后发表烟草行业研究与烟草企业管理方面的论著近百万字，著有《烟草流通企业客户经理工作方法》等专著。

2005年1月18日，创享管理咨询公司参加了北京中社网盟信息技术公司的咨询项目招标，和新华信管理咨询公司同台竞技，以对烟草行业的系统研究和深入理解赢得客户的高度评价，获得了项目订单。2005年3月18日，创享管理咨询公司应邀与埃森哲、求是联合等咨询公司一起参与了郑州烟草的咨询项目招标活动，竞标打分结果和中标的埃森哲公司相比仅差2分，而参与竞标的另2家公司则相差20多分，创享以对烟草行业的深入研究赢得客户和同行的高度评价。

5.3.1.3　基于企业自我的企业信用评价机制的案例分析

本案例验证了假设1。

从文献研究看，内群体认同有助于获得高信用评价。Anderson和Weitz（1989）认为文化相似性提高双向的沟通水平，而文化障碍则会引起有分歧的价值观，很难构建信任关系。Doney和Cannon（1997）研究买卖双方的信任问题，认为知觉出售者和自己相似的购买者可能期望出售者在行为、目标和政策方面和自己拥有共同的信念。Smith（1998）证实相似性，尤其是工作态度、性别和生命阶段的相似性有利于间接塑造买卖双方关系质量的关系管理行为。与社会相似性有利于产生彼此信任相接近，在中国文化背景下，体现评价者主观意志的自己人概念解释了人们依据心理距离的远近评价彼此的信用，形成信用的差序结构。梁建和王重鸣（2001）认为，中国社会以关系取向、因人而表现出差序性的人际关系模式并不局限于组织内部，当组织间通过人际纽带而建立一种"互惠的、朋友般的"联系时，这时双方便形成了所谓的"关系户"，双方会相互支持、相互合作。

创享管理咨询公司打开初创业局面，很大程度上有赖于内部员工和外部客户的自己人关系，正是这些人给予名不见经传的创享以较高的信用评价，才使得创享建立初创业团队、取得第一笔订单，并获得初步成功。

从初创业团队的构建来看，团队成员和企业创始人的同事和同学关系是团队构建的起点，在以往共事和交往过程中建立起来的友谊，使得他们彼此志同道合，成为自己人的一个小圈子。面对选择创享一起创业还是继续为其他企业打工的选择，他们进行了比较，认为创享虽然刚起步，前面还有艰难的路要走，短期内个人收入水平不高，但是大家抱团为自己人做一番有前途的事业，还是比到其他企业去工作要好，因此，他们最终选择了创享。

从第一笔订单的取得来看，客户正是在以往和咨询团队合作过程中建立的自己人关系基础上和创享签约的。签约时间距离公司成立还不到1个月时间，这个时间不是巧合，而是在具有获得第一笔订单的可能性时，创业团队才开始正式组建公司的，他们信心十足地运筹和签订了第一个咨询协议。客户方负责人对创享团队成员很了解，一直把他们看作自己人，团队成员在长期交往过程中建立的诚信形象和在以往服务过程中表现出来的专业能力给他留下了深刻印象。早在广告公司工作期间，团队成员就和这个客户有过多次业务往来，还经常应客户要求住在现场，为客户提供全面深入的问题解决方案，正是在这种频繁的接触过程中，他们和客户单位的相关工作人员建立了深厚的友谊，这种融洽的关系为创享公司的起步做出了贡献。

从创享公司的初步成功看，其主要经验在于瞄准烟草行业管理咨询的细分市场，通过行业专家的形象定位，把客户交待的活做深做细，在老客户的大力推荐下，一些新客户也把创享公司看作业内公司。创享选择烟草行业的一个重要理由，就是创业团队成员在广告公司工作期间，经常与烟草企业打交道，双方建立了一种良好的关系，积累了良好的人脉资源，大家对烟草行业很熟悉。为了取得烟草企业对自己更高的信用评价，创享公司运用网站加行业研究报告发布的方式进一步巩固了自己的行业专家地位。

　　总结创享管理咨询公司在初创业期间在员工和客户心目中的信用评价情况，其评价过程主要是基于企业自我的社会认同过程，即在既有的社会关系分类基础上，依据个人与企业关键人物的心理距离的远近，将企业的人格化代表纳入自己人范围的程度，这是和内群体认同所不同的具有中国特色的内容。具体而言，基于企业自我的企业信用评价机制具有以下几个特征：

　　(1) 企业关键人物的人际信用是企业信用评价的主要内容。在本案例中，王武伟作为创享公司的发起人和领军人物，在对内聚集创业团队和对外开拓咨询业务上发挥着关键作用，他在以往职业经历中展示出来的个人品格和能力，使得团队成员和外部老客户在既有的社会关系（同学、朋友、同事等）基础上，进一步把他看作自己人（好朋友），连带的也把创享公司看作自己的公司（乐意支持和帮助的公司）。即形成企业自我概念，自主自愿地把创享和自己联系起来，在具体工作和业务上提供支持和帮助。

　　(2) 情感因素主导了整个信用评价过程。在本案例中，创业团队成员在与王武伟个人的直接或间接的社会关系交往过程中建立的朋友（自己人）情感基础上，尽管初创期的小公司并不能给个人带来多少自尊，他们还是毅然放弃广告公司稳定的高工资收入，积极主动地参与到创业行动中，客户也是出于朋友情谊，给予刚起步的公司以宝贵的业务支持。他们对创享公司的信用评价都是以个人或作为企业代表的个人和王武伟个人的情感联系为主要判断依据的，对创享公司的社会分类建立在把企业负责人看作自己人的基础上。

　　(3) 心理距离的远近是决定企业信用评价结果的关键因素。在本案例中，团队成员在创享平台上创业，客户愿意给创享业务支持，都在于他们给予创享较高的信用评价，在选择什么平台创业和把业务给谁做的时候，把信任票投给了创享，这种评价结果的形成除了创享具备必要的咨询能力外，更多的是评价者和创享掌门人的心理距离比较贴近，认为在王武伟领导下的创享是值得信赖的，这是获得高信用评价的关键因素。

5.3.2　案例二：日科公司的企业声誉认同信用

5.3.2.1　案例企业背景介绍

北京日科创想科技发展有限公司成立于 2002 年，是海外留学归国人员创办的、经北京市科委认证批准的高新技术企业，具有国家商务局批准的进出口权，主要从事视窗技术、商业物流 CRM 产品及整体解决方案的研发、生产和销售。

日科创想公司的定位为拥有独特技术的电子商务解决方案提供商，主要产品包括视窗 IT 卡系统、行业电子商务解决方案、视窗媒体电子商务平台，并承接 OEM 生产项目和针对医疗系统（HIS. 系统）、商场管理系统（MIS. 系统）的系统集成项目。公司成立以来，致力于电子商务应用产品和相关软、硬件的开发。通过与国外知名企业的合作，公司成功开发了视窗 IT 卡系列产品及银色视窗多行业 CRM 解决方案，由于这些产品极具独特性和市场前瞻性，一经推出，立刻引起了各行业的高度关注和评价，成为这一领域的第一家国内企业。目前，这种 IT 视窗技术已渗透和将要渗透到所有的传统行业，如娱乐、零售、加油站、家电连锁及航空系统。而将 IT 力量带到传统行业中，两者融合将会发展成为新 IT 经济。

经过 3 年的努力，日科创想完成了技术和生产的队伍建设，建立了一支既有技术背景，又有丰富的市场经验和运作能力的团队。目前客户包括零售、餐饮、娱乐、高尔夫球场等上百家单位，其中包括华联商厦、俏江南餐饮集团、钱柜、海尔会所等知名企业。应用地区包括北京、上海、福建、广东、深圳、武汉、长沙、内蒙古、山东、河北、西安、成都，河南、南昌。在渠道销售方面，公司已在上海、福建、广东、四川、湖南、吉林、山东建立了分销体制，培育了一大批的产品经销商，初步完成了市场布局。

5.3.2.2　基于企业声誉的企业信用评价机制的案例描述

日科创想帮助客户成功的经典案例——钱柜上市。台湾钱柜原是规模较小、资金实力较弱的娱乐企业，在短短三年的经营努力后，吞并了台湾娱乐大亨好乐迪，一举上市，创造了娱乐企业从难以上市到成功上市的奇迹。这个奇迹要归功于日科创想利用视窗 IT 卡及管理系统推出的"三脚踢"营销战略。第一脚，发行视窗 IT 卡，并通过可视化 CRM 管理系统帮助台湾钱柜组织了类似"超级女声"的互动活动，推出了点歌排行榜及点歌竞猜活动，推动了许多歌迷前来刷卡消费或了解排行榜的最新信息后参加竞猜中大奖。很多娱乐公司主动上门与钱柜签约，将其作为一个推出新人的平台。半年后，台湾钱柜的会员已经达到 20 万人。第二脚，瞄准 20

万名会员资源，组织台湾钱柜发行钱柜杂志，通过可视化 CRM 管理系统掌握的会员信息资料，将杂志一对一地寄送到会员手里，并将排行榜及服务信息融入杂志里。当地的服装、家电、食品、家装等各行各业的广告蜂拥而来，台湾钱柜也从单纯的娱乐公司升级为多层次的传媒公司。第三脚，发动台湾钱柜建立了自己的网站，带动会员达到 40 万人，第一脚提出的"积分战略"得到进一步升华。这时的台湾钱柜已经成了名副其实的百货存储库，上千种商品供积分会员们选择和领取，各地区的公司、企业、商家们纷纷主动地与台湾钱柜建立业务关系。2002 年，台湾钱柜并购好乐迪；2003 年，成功上市。

根据多家媒体的报道介绍，日科创想的产品非常有特色，主要在下列几个方面引起了消费者、商家、投资商和代理商的密切关注和积极参与。

（1）消费可视化。视窗 IT 卡是在会员卡的表面嵌入一个由特殊材料制成的可视窗，窗内可显示持卡人的消费日期、消费金额、积分累计、储值余额、商场促销等信息，并随消费不断更新，让消费者一目了然地获知自己的消费情况和商家的促销信息，消费者还可以了解到最前沿的消费信息。

（2）便携耐用、时尚个性。视窗 IT 卡超薄便携，5 张视窗 IT 卡的厚度相当于 1 张普通磁条卡的厚度。它是用一种液态磁制作而成，柔韧性很强，即使你将它弯曲 360 度，或者折上一道印痕，也不会损坏磁条或者影响它正确读取信息。它的抗磁性是普通磁条卡的 3～5 倍，与手机、家电等生活用磁密切接触后仍然可以正常使用，时尚的设计使其更具有时代感，备受年轻消费群体所喜爱。

（3）商家促销的好工具。视窗 IT 卡具有多重记录、信息不丢失的特点，即刷卡的同时信息可以在显示窗显示、在卡背面磁条记录，同时还会存储在商家的客户信息管理系统中。如果消费者所持的是一张可视化 IT 卡，他就会随时看到每次消费的积点，进而不断提示自己。消费在无形中得到刺激，并回馈给商家，成为利润的良性循环。

（4）个性化客户管理的好工具。根据视窗卡创建的 CRM 系统客户的资料不同，结合对应的广告，其细分内容已经到了广告针对的男性女性都会有所区别。例如化妆品、美容院的广告在女性消费者的 IT 卡上出现，而香烟、酒品广告则划分到男性消费者中。目前，客户对视窗 IT 卡的使用效果反应不错，如北京新世纪钱柜使用视窗 IT 卡后，仅一年半的时间，已经拥有 2.5 万名会员。近日已有多家国际风险投资机构看好北京日科创想公司。截至 2005 年底，全国 20 多个省、市都已经有了分销机构。

日科创想公司以"每日都用科学的创新思想来重新认识自己、认识世界"为训道，始终坚持技术领先策略。2003 年度，视窗 IT 产品及可视化 CRM 管理系统软件，通过国家电子计算机质量监督检验中心、信息产业部 IC 卡质量监督检验中心技术检测，通过北京市科委专家鉴定评审，获北京市科学技术成果称号，专家组认为该研究成果在我国集成电子产品设计开发、IC 卡智能卡技术的提升、数据传输和 CRM、ERP 管理系统升级领域处于国内领先地位。2004 年 5 月获北京市发改委、北京市科委科技成果转化项目认定。目前，拥有这项技术的生产企业在全球仅有 2 家，一家是在中国的日科创想，另一家在日本。

在日科创想壮大的过程中，一群平均年龄在27.8岁、学历在大专至博士、涉及 8 个专业、工作经历在 1~15 年的青年人汇聚成为一支朝气蓬勃的队伍，他们选择日科创想的理由除了其激动人心的企业愿景外，就是企业浓浓的和谐合作氛围。

2005 年 6 月 23 日，由中国听力医学发展基金会主办的，旨在造福聋哑人，使之能进入"有声世界"的"天籁再现·关爱聋哑"大型慈善募捐公益活动在北京启动。日科创想公司作为此次赞助单位之一，也应邀参加了此次活动，为了更好地突出此次活动主题，让更多的人关心帮助聋哑人群，公司为活动捐助了 500 万元人民币，献出理解和爱心，全力支持该项活动。

5.3.2.3 基于企业声誉的企业信用评价机制的案例分析

本案例验证了假设 2。

以往文献研究了声誉对信用的促进作用。McEvily 等（2003）赋予信任概念新的观点，认为信任是减少风险知觉的关键机制，在对 473 个德国网上用户的在线调查分析后发现，如果消费者和特定卖主以因特网作为总体购物环境的经验少，声誉提高信任的作用就特别显著。Carbo（2003）认为，开放的电子社区把地理和文化互不相干的人们汇集到一起，在这种情境下，根据他人过去的行为建立的期望做出廉价的决策，这种类型的信息被称为声誉，是电子商务互动中信任商人和推荐者的最重要因素。

McAllister（1995）认为同事绩效的评估和同事可信赖的认知信任具有很强的联系，其他人对同事的可靠性看法影响对同事的个人评估。德鲁克认为，一个组织必须有价值观的承诺与实现，这就像人体除了食物外还少不了维生素和矿物质。企业价值观的承诺也许是建立一种技术权威，也许是为社会大众寻求最好的商品和服务，并以最低的价格和最高的质量来供应。这种承诺的兑现过程就是企业声誉的积累过程。

自 2004 年以来，日科创想公司的发展步入了快车道，许多代理商、经销商纷纷加盟日科创想的产品分销体系，消费者也对视窗产品表现出极大的兴趣并积极采用。在客户企业、终端消费者的口碑传播和各大媒体的报道助推下，日科创想在市场、产品、技术和社会责任方面的企业声誉积累了丰厚的无形资产，获得了各方的好评。

就企业市场声誉而言，台湾钱柜成功上市的案例给潜在的终端客户树立了很有说服力的榜样，视窗 IT 卡直接刺激消费需求，明显提高商家的经济效益，并使得客户关系管理更加具有针对性和有效性。企业广告及时、准确、有效地送到真正需要他的消费者手中，实现与受众的有效沟通，起到挖掘受众资源，提升广告价值、融洽客情关系的作用，这些市场声誉使得客户对日科公司的信用评价很高。日科创想把视窗 IT 卡作为一个崭新的分众媒体，承载有利于发卡人和持卡人积极沟通的各种信息，更纵深层次地细分受众、整合广告资源，将信息有效传达到目标受众的优势媒体，这极大地吸引了投资者。

就企业产品声誉而言，视窗 IT 卡具有高科技含量、高价值功能和高时尚趣味的美誉。视窗 IT 卡使得消费权利可视化，消费者及时掌握消费情况和获得消费资讯，为明智的消费决策提供充分准确的信息，赢得了消费者的认同。对代理商和经销商来说，视窗 IT 卡的技术和市场领先优势、巨大的市场空间和利润空间、省心的售后服务、专业的培训、成熟的业务思路，成为他们积极加盟视窗 IT 卡分销体系的强大动力。

就企业技术声誉而言，日科创想追求创新进步，以提供造福人类的创新产品为己任，通过技术认证机构的权威评定和媒体的大力推广，使得各方对该公司的技术实力深信不疑。

就企业社会责任声誉而言，企业以真诚合作的理念搭建事业发展的平台，将一帮有才华有技能的人聚集在一起，并通过创造财富，积极为社会做有益的事情，参与残疾人事业就是一个最好的例证。

总结日科创想快速扩张过程中各利益相关者对它的信用评价，其评价过程更多基于企业声誉的社会认同过程，即在不同时间和场合，各利益相关者依据企业在产品、技术、文化、领导人行为、员工行为等方面的表现，对企业进行社会分类，诸如实力强弱、技术含量高低、社会责任意识强弱、合作难易的企业，并在和其他相关企业进行比较的基础上，对企业进行归类。

和企业声誉的社会性、整体性和累积性特征相联系，基于企业声誉的企业信用评价具有如下特点：

（1）评价者运用了大量的权威第二手信息作为判断企业信用状况的重要依据。日科创想受到投资者、代理商、经销商和客户的高度信用评价，和《中国经营报》《财富》《搜狐》《名牌时报》等权威媒体的宣传报道是分不开的。打开日科创享公司的网站，围绕企业产品、技术、市场、社会活动、领导人的媒体报道大量呈现在眼前，同时作为视窗 IT 卡用户的口碑传播也是一股强大的力量，信息渠道媒体的高信用提高了企业作为信息来源的信用。

（2）评价者对获取的各种企业信息的长期一致性的知觉直接影响其对企业信用的判断。Dowling（2004）指出，公司声誉作为竞争武器发生作用，组织特性和行为需要周期性地证实。日科创想自 2002 年 5 月创立以来，带着传播现代营销理念的理想，通过公司行为、公司网站、公司客户、外部媒体等始终一贯地展示一个不断追求创新、提供造福人类的高品质产品、积极担负社会责任的高科技企业形象，正是这种坚持不懈的努力，使得各方汇集形成日科创想的良好声誉，人们得到的信息始终是一致的，从而给予日科创想高度的信用评价。

（3）不同评价者对企业信用进行评价的认知图式是不同的，所运用的信息结构也是不同的，体现出知觉的选择性。Fombrun（1996）认为，声誉知觉与关于公司的知识和对待公司的情感联系，即涉及不同利益相关者的想法和感觉。我们把声誉看作是利益相关者根据他们的不同期望对组织持有的多维形象，声誉是一个集合体，是公司对所有人的整体吸引力。公司在不同的领域建立声誉，如产品声誉、伦理声誉、环境保护、财务绩效、财务稳定等，对不同的利益相关者有不同的重要性水平，任何给定的群体可能对这些领域进行不同的组合。对日科创想公司的信用评价而言，风险投资者看重的是日科创想公司团队敏锐的市场洞察力、对产品的巨大市场需求、公司的研发能力、极具前景的商业模式以及在此基础上可能带来的高额回报；代理商和经销商看重的是领先的具有较高技术门槛和经济回报的产品、公司的技术支持和市场保护、客户使用产品后取得成功的案例、权威媒体传播推动下的企业知名度的提高等；员工看重的是公司的美好愿景、人性化的管理方式、优厚的物质待遇等。

5.3.3 案例三：亿茂公司的企业定型认同信用

5.3.3.1 案例企业背景介绍

2005 年 10 月，颐高集团旗下的全新业务子公司——浙江亿茂数码连锁有限公司成立，它是一家以经营各类数码产品为主的全国性数码零售连锁机构。亿茂与国际、国内一线 IT 品牌以及具有竞争潜力的 IT 品牌厂商和渠道强强联合，共同创造"利益分享，风险共担"的新型合作模式，并以诚信经营为根基，以会员服务为内核，立足浙江，走向全国，力争成为最具竞争力的 IT 商场连锁机构。公司在 2005 年年底之前完成 5 家会员连锁店的发展工作，到 2006 年年底将完成 15 家会员连锁店的布局。

5.3.3.2 基于企业定型的企业信用评价机制的案例描述

2005 年 10 月 28 日，颐高数码连锁亿茂会员店盛大开业，当日共销售了 400 多台手机、300 多件数码产品，成交额有 100 多万元，创造了杭州数码连锁店销售之最。亿茂会员店坚持颐高数码连锁的核心理念"数字生活、品牌总店、会员折扣、郑重承诺"，采用全新的数码商场经营模式，一方面应对国美、苏宁电器等家电业巨头对数码市场的挑战，另一方面将整合数码产品资源、数码服务资源、游戏平台资源、数字通信资源等多种与数字生活主题密切相关的内容，力争使亿茂超越一个数码产品销售终端的角色，而成为提供全面数字生活内容的服务商。

亿茂会员店作为杭城第一家连锁 IT 商场，一方面做出郑重的诚信承诺，是文三路第一家敢于承诺"无水货、无假货"的 IT 卖场，被誉为"文三路金字招牌店"。作为诚信承诺的象征，亿茂特地在店门口摆放了一座大鼎，将开张仪式通过"揭鼎"这一具有象征意义的方式表现出来。鼎上用篆体书写了"无水货、无假货"六个大字，以表明亿茂构筑诚信之

"鼎"，承诺"一言九鼎"的决心。另一方面，按照商场的规范经营方式，实行收银、物流、售后服务、管理全部统一，营业员统一着装，全场明码标价，并且推出"假一罚十"的承诺，这些都带给消费者全新的购物体验。颐高集团和IBM、联想、明基、SONY、惠普、华硕、三星、东芝、海尔、NEC、爱国者、戴尔、富士通、神州等国际国内知名的IT品牌合作，给消费者一个安全的消费环境；亿茂在硬件方面还与厂商实行联保，即使在硬件保修期过了之后，亿茂仍将为消费者提供维护服务，进行"终身照顾"，达到一次购物，终身服务。亿茂专门组织专业的服务团队为买家提供售后服务。亿茂会员网站组织会员举行团购、户外拉风等活动，数码博士将为会员提供导购咨询和建议。"我们与数码买家之间将不仅仅是买卖关系，我们还将深入他们的数码生活，为他们提供各方面的体验服务。"颐高数码集团副总裁李登富说，现有数码卖场的模式过几年将面临挑战，亿茂是现有数码卖场的升级版本，将是一个有益的补充。

开业期间，亿茂给予消费者实实在在的利益。一方面采用产品价格优惠的促销手段，让消费者获得看得见的利益。"由于与厂商直接合作压缩了中间环节，亿茂的价格也将是文三路上最低的，我们将建立消费者价格监督机制，欢迎消费者对亿茂的价格进行监督。"亿茂副总经理王鑫华说。10月28日开业后3天内，会员店内所有数码产品都将按照出厂价格"裸机价"疯狂倾销，进驻亿茂作为战略合作伙伴的长江天音手机卖场推出大量8元（摩托罗拉C117）、88元手机（诺基亚1110）超低价促销攻势。另一方面，推行会员制是亿茂区别于以往数码卖场的一大特点。采用消费积分大回馈的促销方式，会员可享受现金返利、积分兑现，让消费者获得更多的利益。只要在亿茂购买产品后消费者即可办理一张会员卡。在购物时，购买者凭借会员卡除了可以享受会员现金返利的优惠外，还有累计积分的机会，如购买一台1万元的笔记本电脑积分值为1000分，购买多次累积到一定积分时就可换回手机充值卡、Q币、边锋银子、数码冲印券甚至MP3、数码相机等（也可换算成现金），这种累计积分购买方式在杭州数码卖场中也是第一次。此外，消费者还可以享受到会员俱乐部精心安排的许多活动，而参加活动的门槛就是积分，积分也永远不会清零，这是亿茂会员系统积分体系的最大特色。亿茂把会员积分看作是会员身份的识别工具，并会给不同级别的会员提供不同的服务内容。随着亿茂会员店规模化后，消费者可享受更低价实惠，亿茂将由此成为国内为数不多的实行商场化运作、强调专业化服务的自营数码卖场之一。亿茂这种区别于现在电脑城"房东"角色（只租场地给商户，自己不经营）的自营模式，发展到一定规模后足以成为IT界的国美，可以跨越中间商直接跟厂商大批量采购产品，使其拥有震撼力的价格优势，消费者也将由此获得低价带来的实惠。

5.3.3.3　基于企业定型的企业信用评价机制的案例分析

本案例验证了假设3。

定型是用社会分类的一般特征来定义社会类别成员的认知方式。斯蒂芬·P·罗宾斯分析判断他人的捷径时，认为当根据某人所在的团体知觉为基础判断某人时，此时的捷径称为刻板印象（stereotyping），这种手段简化了复杂世界并承认人们之间保持着一致性。卢盛忠和郑汉阳（2004）认为定型有其认识论的根源，人的思维总是从个别到一般，再从一般到个别，如果在没有掌握全面感性材料的基础上做出概括，就会形成关于某类人的不确切的形象。Ellemers，Spears和Doosje（1999）进一步提出群体特色和定型行为有利于把一个群体从其他群体中区分出来，从而创造竞争比较。

基于企业定型的企业信用评价机制具有下列特点：

（1）评价者给企业首先打上类别烙印（刻板印象），企业所属的社会类别信用决定了企业信用。亿茂会员店火爆开业的背后说明顾客对会员店有两个有利于获得高信用评价的定型知觉。一是对亿茂店的业主颐高集团的定型认识，把颐高集团看作是有实力、讲诚信的著名IT企业。亿茂数码连锁依托颐高集团原有专业市场资源优势（包括连锁市场亚渠道策略所带来的渠道优势、IT世界网的门户网站优势、蓝色地产运营优势、内部广告资源优势、文化传播品牌运营优势和外部资源整合优势）、强大的资金实力、人才储备、渠道优势、资源整合能力。颐高集团自1998年创建以来，以"亚渠道模式"塑造了颐高数码连锁的辉煌，目前已在杭州、宁波、上海、广州、天津、长沙等地有21家专业数码商场成功地开业，连续几年被评为全国最具竞争力的连锁电子卖场前三强，全国最具竞争力的IT网络商城，中国商品专业市场竞争力50强。二是对卖场和商场的定型差异。前者的鱼龙混杂和后者的规范统一经营形成了鲜明的对比，从购物的安全性、诚信度看，前者明显低于后者，因此颐高在杭城首开数码商场恰恰迎合了消费者的这种定型，再加上低价促销的强烈刺激，开业火爆的场面就不难理解了。

（2）评价者对企业信用做出的判断是简单快速的。迫于对大量信息进行加工的认知挑战，评价者往往从最容易观察到的现象信息入手，在有限理性的支配下，快速地对企业信用做出判断。在亿茂店开业之际，消费者对该店的信用判断也是基于几个最关键的线索：这个店是谁开的？这个店和其他数码店有什么不同？在颐高强大的立体化广告攻势下，人们早早得知店主人是闻名遐迩的颐高集团，这个店最大的卖点就是敢于承诺无假货、无水货的商场会员制经营模式，在低价促销、终身服务和积分有奖的推动下，消费者很快地投了信任票，蜂拥而至亿茂店体验购买数码产品的新感觉。

（3）评价者的情感因素左右了定型过程。在定型知觉评价企业信用的过程中，评价者对评价对象的喜好和厌恶、接纳和排斥、钦佩和轻蔑等各种情感因素起了非常重要的作用。根据社会认同理论中人们普遍存在的自尊倾向和自我强化意识，评价者对那些能够提高自己自尊和强化个人身份意识的社会类别有积极归属和认同的倾向。当消费者在亿茂店购买商品并获得会员身份后，自尊和自我强化的需要得到了满足，觉得作为亿茂的会员是值得骄傲和对别人诉说夸耀的事情。许多消费者对在类似大排档的数码卖场购物的情感体验是消极的，诸如害怕假货、水货，害怕价格欺诈、讨厌拥挤局促的购物环境等，这些令人不快的购物经历使得他们对大卖场的信用定型是消极的，而对类似亿茂店的规范经营的数码卖场的信用定型是积极的。

5.3.4　案例四：M公司的信用变迁

5.3.4.1　案例企业背景介绍

根据案例企业负责人的要求，本案例对公司名称和人物姓名采取匿名方式。M管理咨询公司成立于2001年10月18日，由三名股东组成，两名股东是多年担任企业高层管理职务的经理人，一名股东是某知名大学的著名教授孙某，三名股东是同学关系。公司提供的咨询业务包括新产品上市策划、营销管理咨询、人力资源管理咨询和企业文化咨询等，公司秉持"厚德载物、厚积薄发"的宗旨，为客户提供"务实、专业、客观、独立"

的问题解决方案。

5.3.4.2 基于多标准组合的企业信用动态评价机制的案例描述

M 公司的第一个订单来自于一家知名的白酒生产企业，该企业的负责人是孙教授的硕士课程班学生，听了孙教授的营销管理和战略管理课程后，很有启发，想聘请孙教授作为企业管理顾问，于是孙教授就把 M 公司介绍给该企业，以 M 公司名义承接管理顾问业务。孙教授在公司中充当首席顾问师，是公司管理咨询技术的权威，负责对提交给客户的咨询方案框架的确定和质量的最后把关。公司开业第一年的 3 个订单都是凭借孙教授在省内民营中小企业界的影响力招揽来的。随着孙教授在各种场合对公司的介绍和推广，知道公司的人越来越多，客户对公司的服务比较满意，也给公司介绍了一些新客户，M 公司在省内的知名度越来越高，出现了客户主动慕名而来的情况，但是从客户结构看，主要以民营中小企业为主，这些客户对咨询价值的认识还不到位，咨询费的水平难以提高，咨询收入的缓慢增长制约公司引进高质量的咨询人员，限制公司承接更多的咨询业务，公司的成长出现瓶颈。在这种情况下，2003 年 8 月，公司做出两个重要决定：一是全面提升公司形象，为迎接大客户奠定基础。首先在硬件上改善办公条件，搬迁到新的写字楼，运用屏风、电脑桌、手提电脑、投影仪等设备营造现代化的办公环境，其次招聘了大量新员工，从原先的不足10 人，扩展到 20 人，完善了组织结构，成立了专门的业务推广机构，并将培训和咨询业务分成两个独立的模块进行深度开发。二是实行业务激励政策，加大业务开拓力度，试图调整客户结构。公司给专职业务人员订单额的 30% 作为提成，刺激业务开拓，公司通过业务手册、咨询简报、媒体报道的方式向一些目标大企业（包括上市公司）推销自己，希望承接一些大订单。但是半年多的努力并没有带来预期收益，除了给一些大企业做了少量的培训业务外，没有从大企业那里承接任何咨询业务，公司开始出现经营亏损。在总结这一段经营的教训时，经营层认为公司不具备承接大客户业务的能力，在业务推广中发现，大企业那里有许多跨国咨询公司和来自北京、上海等地的知名咨询公司，相比之下，虽然 M 公司的报价水平低，但是给客户的感觉是咨询能力不够，尤其大企业根本看不上 M 公司以前服务过的客户。面对这种情况，公司决定正确定位，仍然面向民营中小企业，在服务内容上进行聚焦，把自己擅长的咨询和培训业务做深做细，对客户委托的公司不擅长的业务，通过寻求合作伙伴的方式帮助客户解决问题。经过调整，2004 年 6 月以来，M 公司出现了转机，一是通过客户介绍它在上海的一家供应企业作为公司的新客户，拓展了省外市场的咨询业务；二是通过公开培训课的方式，进一步扩大公司在民营中小企业的影响力，出现了培训业务快速增长的喜人景象。

5.3.4.3　基于多标准组合的企业信用动态评价机制的案例分析

本案例综合验证了假设 1、假设 2 和假设 3。

M 公司的创业经历了创办、成长、扩张、转型和成熟五个阶段。在不同的阶段，客户对 M 公司信用的社会认同基础都包含企业自我、企业声誉和企业定型因素，但是主导因素是不同的。

首先，在 M 公司创办初期，订单来源于孙教授的个人关系和个人声誉，孙教授的个人形象代表了企业形象，因此，客户主要是冲着孙教授个人来的，他们把孙教授作为自己人，把孙教授个人的专业水准当作公司的最高专业水准，对 M 公司信用给予了高度的社会认同。这种认同包含了客户和孙教授的私人关系、孙教授的个人声誉和对大学教授开办的学院派咨询公司定型，但是在涉及业务竞争的企业信用评价条件下，自己人关系（企业自我）起了很大作用。

其次，在 M 公司成长期，公司凭借在客户中建立的良好口碑，获得了一些主动上门的订单，虽然孙教授继续介绍一些订单，但是在公司的业务份额中越来越小，公司声誉成为客户认可公司信用的主要基础。在 M 公司经历挫折和重新定位后，企业获得快速成长，并进入扩张期，进一步巩固了自己在民营中小企业咨询领域的声誉。在这个时期，虽然孙教授的个人关系和个人声誉仍然在发挥作用，但是客户认同公司的基础已经发生了变化，以往业务经历中表现出来的专业能力、诚信品质和负责精神构成了良好的企业声誉，成为吸引新客户的重要资本。

最后，在 M 公司转型期，公司试图以往业务经历中建立起来的声誉开拓大客户，但是遇到了挫折，这些大客户对 M 公司的信用评价远远低于来自国外和国内的知名咨询公司，他们把 M 公司归类定型为小公司服务的咨询公司。定型的一个重要原因就是迎接认知挑战，通过分类思考简化太多的信息，并理解和预测其他人将怎样行动。大企业在众多咨询公司的推销攻势下，通过定型知觉简化了选择的复杂性，并对即将得到的咨询服务有一定的预知，这正是 M 公司被定型到对大企业来说信用不高的公司的原因。M 公司在准确定位后，逐步扩展业务，进入成熟期，企业过去声誉的积累逐步转化为外界对企业的定型。

综上所述，本案例说明了同一企业在不同的创业阶段，其信用评价机制是不断变化的，反映出企业信用评价的动态特征。

5.4　结果讨论与研究小结

5.4.1　企业信用评价机制模型

以社会认同理论为基础，企业信用评价机制的实质就是各利益相关者对企业在企业诚信、企业胜任和企业责任三个方面特征的社会认同过程，即评价者对企业进行社会分类、社会比较和社会认同的心理活动过程，上述 4 个案例中的员工和客户对企业信用的评价都经历了这种心理活动过程。图 5-1 是企业信用评价机制的社会认同模型，这个模型反映了评价者在特定时间对特定企业信用进行评价的社会认同心理机制。

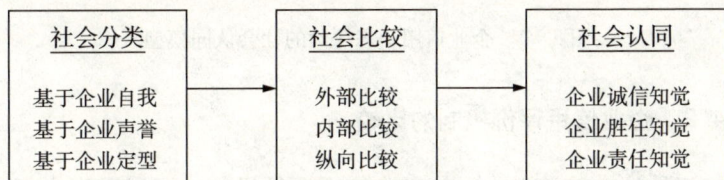

图 5-1　企业信用评价机制的社会认同模型

从企业信用评价机制的社会认同模型中，我们可以看到社会分类是整个过程的起点，由于社会分类方式的差异，评价者对企业信用的评价结果是截然不同的。在中国文化背景下，社会分类方式主要包括企业自我、企业声誉和企业定型三种，上述四个案例分析了与企业发展阶段相对应的三种社会分类方式，不同阶段的企业信用评价虽然同时包含了三种方式的成分，但是只有一种社会分类方式占主导地位，这就构成了企业信用动态评价的社会认同模型，如图 5-2 所示。在社会分类的基础上，评价者一方面对不同的社会类别进行比较，即外部比较；另一方面也将目标企业和自己的价值标准进行比较，即内部比较；外部比较和内部比较都是在特定时间的比较，纵向比较是对目标企业自身的主张和行为的长期一致性进行比较。通过社会比较，评价者对企业信用等级做出判断，表现出对企业一定的社会认同程度。

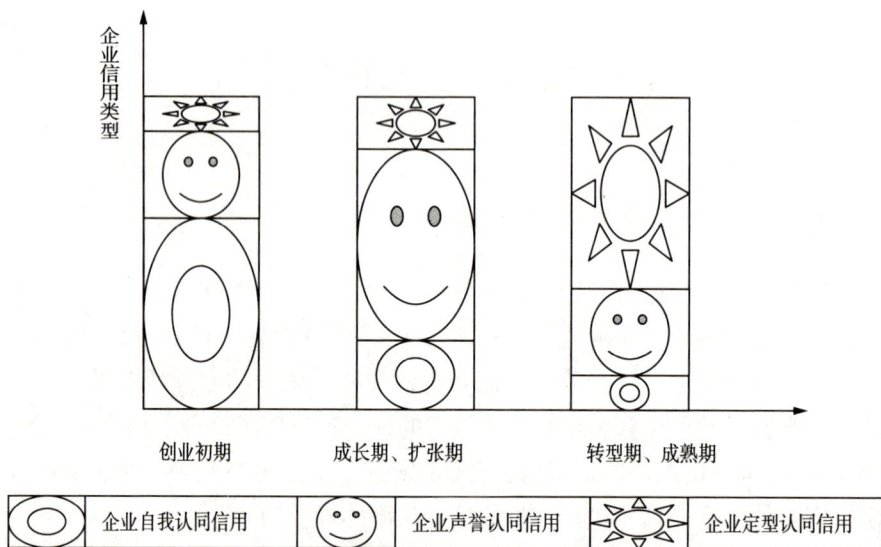

图 5-2　企业信用动态评价的社会认同模型

5.4.2　企业信用评价机制的比较

总结三种社会分类方式下的企业信用评价机制，可以看到它们各自不同的特点，表 5-1 归纳了它们的主要特点。

（1）在不同的创业阶段，占主导地位的企业信用评价机制是不同的，这是和不同创业阶段企业活动的特点相联系的。

初创期的企业在外界的知名度很小，业务模式尚未稳定成熟，建立创业团队和开拓市场业务的起点常常是核心人员的个人社会关系网络，即先从对自己比较了解的熟人圈子向外拓展。从企业规避创业风险的考虑看，任用自己人比较放心可靠，和自己人做业务有确定的收益保障，从愿意加盟企业的员工和愿意和企业发生业务关系的客户看，他们也是因为自己人的关系，对企业知根知底，尤其对企业负责人的诚信、能力和责任意识是比较了解的。因此，在和其他职业选择或业务选择进行比较后，还是从自己人关系的考虑出发，选择了创业企业。可见，基于企业自我的企业信用评价机制是相互的，即企业和评价者双方在过去的交往经历基础上，彼此都把对方作为自己人。

在成长期和扩张期，企业的经营规模不断扩大，活动的范围也不断扩大，和社会的接触面越来越大。企业的知名度提高了，通过自身的活动、口碑和媒体的传播，企业的中心、突出和持久的特征给许多人留下共同的印象，从而形成企业声誉。这时的员工和客户已经突破熟人圈子，不少人慕名而来，员工通过企业在劳动力市场上的招聘广告、他人介绍等途径，知道企业在人力资源管理方面的声誉；客户通过产品市场的产品广告、老客户介绍等途径，知道企业在提供产品和服务方面的业务经历、服务品质和专长方面的声誉，这些声誉构成员工和客户对企业进行社会分类的基础。

进入成熟期，企业的业务模式基本稳定，组织结构也变化不大，企业声誉逐步转化为外界对企业的定型认识，员工和客户对于企业的经营风格、专长领域和服务品质形成固定的看法；当企业进入转型期的时候，如果企业在定型范围内进行业务延伸或多元化，常常被看作是在专长领域内的胜任力提升，会进一步巩固企业定型，反之，如果在定型范围外进行转型，就会碰到新业务模块的信用障碍。

（2）不同的企业信用评价机制在社会分类的前提、依据和方式上是不同的。

在基于企业自我的企业信用评价机制中，社会分类的前提是企业关键人物和评价者的社会交往历史，通过在以往相处的共同经历基础上形成的情感联系，彼此把对方看作自己人，有了情感联系并不一定会成为自己人，还需要双方价值观具有相似性，志同道合才会拉近双方的心理距离。是否把对方看作自己人的依据是心理距离，确定自己人的过程就是根据心理距离对既有的社会关系进行排序的过程，心理距离决定了关系的远近。

在基于企业声誉的企业信用评价机制中，社会分类的前提是企业经营管理活动的信息传播，无论是通过企业活动过程中直接交往的人的传播，还是通过专门的媒体传播，企业的各种信息汇聚成为外界对企业进行社会分类的前提，不同的评价者获取的企业信息种类和结构是不同的，形成对企业的不同印象，成为他们评价企业信用的依据。随着不同的企业信用信息的刺激，评价者对企业的印象也在不断修正，依据不断变化的企业印象，他们捕捉到企业的中心、突出和持久的特征，对企业做出印象判断后进行社会分类。

在基于企业定型的企业信用评价机制中，社会分类的前提和基于企业声誉的企业信用评价机制的社会分类前提是基本相同的，唯一不同的地方是前者强调信息传播的长期一致性，正是在长期一致的信息刺激下，评价者对企业留下了刻板印象，在对企业信用进行评价时，进行快速的印象判断后，直接对企业进行社会归类。

（3）不同的企业信用评价机制在社会比较的侧重点上是不同的。

在基于企业自我的企业信用评价机制中，社会比较的重点是外部比较，即评价者以自己为中心，把作为企业代表的企业负责人作为自己的社会关系的一部分，和其他社会关系部分进行心理距离的比较。

在基于企业声誉和企业定型的企业信用评价机制中，社会比较的重点都是内部比较和纵向比较，即评价者除了对企业声誉传递出来的价值观和自己的价值观进行比较外，还比较企业声誉信息是否具备长期一致性。Dowling（2004）认为，公司声誉通过公司形象—利益相关者价值观—公司声誉的过程而产生，人们形成关于一个组织的信念是基于他们和它的关系以及他们关于它的特点、能力、产品、服务和行为的知识。这种知识或许基于个体与组织的关系、它过去的行为和别人说过它什么。个体对组织的反应取决于他们知觉组织特征和他们关于合适公司行为的信念（价值）匹配的数量。因此，关于组织的信念通过个体价值观的中介作用才构成他们的公司声誉。这种发生过程可被看作为一种"认同"，当个体认为他们的价值观和他们关于公司的信念很好地适合时，就会发生认同。有好声誉的公司拥有适合个体价值观的公司形象，它促进了与人们的良好关系。

（4）不同的企业信用评价机制的社会认同表现形式是不同的。

在基于企业自我的企业信用评价机制中，社会认同的表现形式是评价者把企业纳入自己人范围的程度，程度越高，评价者和企业发生关系的愿望越强，对企业给予支持和帮助的动力越大。

在基于企业声誉的企业信用评价机制中，社会认同的表现形式是评价者的价值观和企业价值观的契合程度，程度越高，评价者对企业声誉的正面评价越多；在基于企业定型的企业信用评价机制中，社会认同的表现形式是评价者关注的某个企业特征所属社会分类的信用程度，程度越高，评价者对企业接受程度越高。

（5）不同的企业信用评价机制在社会认同的心理基础上是不同的。

在基于企业自我的企业信用评价机制中，社会认同的心理基础是情感驱动，以评价者和被评价者之间的牢固情感联系为出发点，按照是自己人还是外人的关系远近进行信用等级划分。

在基于企业声誉的企业信用评价机制中，社会认同的心理基础是认知驱动，评价者在自己价值观的支配下，在对已知的企业声誉信息进行长期一致性比较后，对企业信用进行评价。

在基于企业定型的企业信用评价机制中，社会认同的心理基础是情感驱动，评价者在决策启发式的诱导下，受个人好恶支配，对容易观察了解到的信息做出简单快速的判断。

表5-1 企业信用评价机制的比较

	基于企业自我	基于企业声誉	基于企业定型
创业阶段	初创期	成长期、扩张期	转型期、成熟期
社会分类的前提	社会交往历史	企业信息传播	长期一致的信息传播
社会分类的依据	心理距离	企业印象	企业刻板印象
社会分类的方式	社会关系排序	特征捕捉和印象判断	快速的印象判断
社会比较的重点	外部比较为主	内部、纵向比较为主	内部、纵向比较为主
社会认同的结果	评价者把企业纳入自己人范围的程度	评价者的价值观和企业价值观的契合程度	评价者关注的某个企业特征所属社会分类的信用程度
认同的心理基础	情感驱动	认知驱动	情感驱动

5.5 研究结论的理论意义和应用价值

5.5.1 研究取得的理论进展

本研究从组织行为学角度探索了服务业创业公司的信用评价机制，在企业信用评价研究领域取得了下列理论进展：

（1）开辟企业信用评价新视角，用社会认同理论解释各利益相关者评价企业信用的心理活动过程，并结合中国文化背景，用自己人认同（企业自我）替代内群体认同来解释信用评价中的人际关系因素。

（2）结合企业创业阶段，探索企业信用的动态评价机制，提出与企业初创期、成长期、扩张期、成熟期和转型期相适应的企业信用评价机制。

5.5.2 研究结论的应用价值

5.5.2.1 因时制宜，把握企业信用建设关键点

利益相关者对不同创业阶段的企业信用评价的社会认同基础是不同的，因此企业信用建设必须因时制宜，在不同的创业阶段采取不同的信用获取和提升策略。

在创业初期，运用创业团队成员个人，尤其是企业领导人的个人关系网络赢得自己人范围内的高信用评价，以最低的经营成本取得业务订单，构建核心员工团队，解决生存问题，积累第一桶金。

在逐步成长和快速扩张时，企业规模在不断扩大，有了一定的业务经验和相对稳定的客户群，内部管理也渐渐走上正轨，企业和外部的接触面日益扩大，向社会发布的信息也越来越多，这时急需对企业进行形象定位或声誉管理，即：企业是做什么的？最擅长或最具特色的服务商品是什么？企业宣扬的核心价值观是什么？企业领导和员工的行为是否贯彻了企业核心价值观的要求？只有通过长期一致地向内外部传播和验证内容鲜明的企业声誉，企业才能获得较高的信用评价；反之，忽视与外界沟通，或沟通不当，或传播的信息缺乏长期一致性，都会影响利益相关者对企业信用的评价。

当企业步入成熟期时，业务和组织结构基本稳定，企业在成长期和扩张期的声誉积累造成外界对企业的定型知觉，需要巩固有利于企业发展的企业定型形象，同时要采取策略消除不利于企业发展的企业定型形象。

在企业谋求变革或转型的时候，遇到的最大障碍就是利益相关者对企业信用的定型知觉难以转变，不少企业在开拓新市场或进行多元化经营的过程中遭遇挫折，其中一个重要原因就是利益相关者对企业服务新客户和经营新业务的胜任力表示怀疑。

　　可见，企业信用建设必须与时俱进，根据企业不同发展阶段利益相关者评价企业信用的不同关注点，适时调整策略，例如当企业进入成长期的时候，领导人个人魅力对企业信用的影响要逐渐淡化，需要突出企业作为一个系统的诚信、胜任力和责任方面的声誉，不断积累企业声誉资产。声誉资产的积累有两种策略（Dowling，2004）：一种是"品牌之家"策略，即运用企业品牌名称，企业对利益相关者做出承诺并履行诺言，声誉是和企业紧紧联系在一起的；另一种是"家的品牌"策略，即企业在市场上保持低调，而以产品或服务品牌名称为主体，对利益相关者做出承诺并履行诺言，声誉与某个产品或服务品牌紧密联系。例如，在不同的消费者市场，宝洁公司促销其产品品牌而不是公司品牌。究竟运用何种策略，取决于企业的利益相关者群体之间的利益冲突情况，例如"品牌之家"策略适用于所有的利益相关者群体没有什么利益冲突的情形；"家的品牌"策略适用于企业在平衡利益冲突的基础上确立的关键利益相关者群体。

5.5.2.2　扬长避短，构筑企业信用建设制高点

　　利益相关者在对企业信用评价过程中的社会分类是多种多样的，并不是所有的社会分类都有利于企业，就这些分类对企业发展的影响而言，企业信用可能存在强项和弱势，理解了利益相关者评价企业信用时最关心的社会认同基础，就可以采取相应策略，扬长避短，提升企业信用。

　　在上述企业案例中，创享公司地处安徽，在拓展省外业务时，存在企业的地域分类信用较低的局限，为了克服这种不足，创享公司创办了"中国烟草企业管理咨询网"，并注册成立"北京创享管理咨询公司"，成功解决了企业的地域信用不足问题。日科创想公司则利用其 IT 行业高科技公司以及 CRM 专业顾问的社会分类，与传统的消费卡制造商划清界限，宣称自己为客户提供系统的客户管理解决方案，并通过积极的经营行为验证和强化了这个社会分类，获得了促进企业快速发展的信用评价结果。亿茂会员店是颐高集团从数码连锁店向数码商场转型的第一步，借助颐高集团是有实力的 IT 企业分类信用和商场营业模式分类信用，亿茂会员店充分挖掘了可以获得的信用资源，取得了初步成功。

5.5.2.3　有的放矢，抓住企业信用建设激发点

　　在评价企业信用过程中，利益相关者掌握的企业信息是有限的，在处理这些信息时，他们最关心与自己权益有关的信息，理解利益相关者评价

企业信用的信息来源结构和处理方式，有利于企业发送有效促进自身信用的信息。企业不可能满足所有利益相关者的权益要求，也不能满足利益相关者的所有权益要求，只能在确定关键利益相关者的基础上，满足其主要的合理权益要求，从而获得企业最需要的信用评价结果，为企业生存和发展奠定基础。

在上述企业案例中，创享管理咨询公司以烟草企业为目标客户，提供行业研究、品牌传播、渠道管理、企业文化等方面的专业咨询，人脉关系是其获得信用的起点，高度专业化的服务是其获得成长和提高信用的激发点；日科创想公司以消费卡可视化为切入点，倾力打造全新 CRM 工具和分众媒体，瞄准餐饮、娱乐、美容等暴利行业，以技术领先优势、市场前景和社会责任表现赢得信用；亿茂会员店则以追求安全和舒适消费的顾客群为主要对象，以诚信承诺、商场模式和颐高集团信用为激发点。

可见，企业信用建设不能撒胡椒面，需要把有限的资源用到最能产生效益的地方，基本的步骤是：①谁是我们的关键利益相关者？②这些关键利益相关者评价我们的信用标准是什么？③我们需要怎样做才能达到和超过关键利益相关者期望的信用标准？M 公司在转型期的经验教训充分说明了向谁获取信用是十分重要的，只有有的放矢，找准对象，摸清其需要，有针对性地满足其需要，企业才能取得自己想要的信用评价结果。

6　薪酬策略对企业信用的影响研究

6.1　研究目的

Balkin（1988）指出，薪酬成本在制造业中平均约为40%，在服务业为70%，因此，选择服务业创业公司薪酬策略作为企业信用的影响因素更有意义。雷蒙德·A·诺伊认为，一种有效的薪酬策略对于企业成功能够产生巨大的作用，反之，一个给人印象恶劣的薪酬策略可能会产生极大的破坏性效果。在中国文化下组织背景中员工信用和企业信用概念构思和评价机制研究的基础上，本部分研究以服务业创业公司为研究对象，探索作为关键人力资源开发和管理措施的薪酬策略对员工信用和企业信用有哪些影响，为企业通过人力资源策略提高员工信用和企业信用提供实证依据，从而给企业信用建设提供有针对性的薪酬策略建议。

本部分研究分为两个子研究。首先是案例研究，收集案例企业薪酬策略、员工信用和企业信用关键事件，分析特定薪酬策略对员工信用和企业信用的影响情况，初步检验服务业创业公司薪酬策略影响员工信用和企业信用的理论假设，为后续的研究假设提出和深入研究奠定必要的实证研究基础；其次是问卷研究，通过验证性因素分析检验服务业创业公司薪酬策略结构模型，再运用相关分析和回归分析检验服务业创业公司薪酬策略对员工信用和企业信用的影响模型。

6.2 薪酬策略影响企业信用的案例研究

案例研究法是一种常用的定性研究方法，Yin（1998）认为，案例研究是对当代某一处于现实环境中的现象进行考察的一种经验性的研究方法，最适合回答"怎么回事"和"为什么"的问题，通过选择的一个或几个案例来说明问题，用收集到的资料分析事件间的逻辑关系。

根据研究的目的，案例研究可分为描述性、解释性、评价性和探索性的研究。描述性案例研究主要是对人、事件或情景的概况做出准确的描述，教学案例主要是描述性的案例。解释性案例研究的目的在于对现象或研究的发现进行归纳，并最终做出结论。解释性案例研究适于对相关性或因果性的问题进行考察。在评价性案例研究中，研究者对研究的案例提出自己的意见和看法。探索性案例研究尝试寻找对事物的新洞察，或尝试用新的观点去评价现象。根据案例研究的哲学基础，案例研究可分为规范性案例研究（normativism）和实证性案例研究（positivism）两类。前者基于规范性的哲学观点，回答"应该是什么"的问题，是一种价值判断。后者基于实证性的哲学观点，回答"实际是什么"的问题，是一种事实判断。

本研究采用解释性和实证性案例研究方法。

6.2.1 案例研究设计

科学的研究设计是控制研究质量的关键，也是提高研究效率和效果的前提条件。

6.2.1.1 研究假设

明确研究问题是案例研究的出发点，而研究问题的提出离不开理论指引。对案例研究的一个认识误区是认为案例研究就是反映实际的现象，不需要理论的指导。实际上，与问卷研究的"统计性概括"做法不同，案例研究是一种"分析性概括"方法，其有效性更多地依赖成熟理论指导下的资料分析。因此，通过事先提出理论假设，然后有针对性地收集案例材料，并将资料分析结果与理论假设进行比较，确定案例材料是否支持理论假设，从而提炼出有价值的研究结论。可见，理论既是研究的目的，又是案例材料分析的指导。

Chen（2004）以知觉的程序公平作为中介，研究了中国组织人力资源管理中的关系实践（即在个人关系的基础上进行人力资源管理决策）对员工信任管理者的影响，结果发现，关系实践（包括薪酬决策）和员工对管理者的信任呈现负效应。Jin Feng Uen（2004）等人研究了专业人员薪酬结构、公平知觉和个体绩效之间的关系问题，认为需要关注专业人员对自己获得的收入的公平知觉。Arnolds（2002）等人研究了薪酬、尊重和工作绩效的关系。Cowherd（1992）等人研究了职位层次之间薪酬公平和产品质量的关系，认为低层员工和高层管理者之间的小薪酬差距可以通过提高低层员工对高管目标、努力和合作的承诺导致高产品质量。这些研究都间接地涉及薪酬策略和企业信用的关系，其中公平知觉、尊重是中介变量。

本研究围绕上述研究目的，根据有关薪酬效能、薪酬策略和信任的关系的研究文献，提出下列 4 个假设，作为案例研究的起点，访谈问题的设计和文件资料的收集都是依据这 4 个假设。

假设 A：薪酬策略影响员工信用

假设 B：薪酬策略影响企业信用

假设 C：薪酬策略通过影响员工信用影响企业信用

假设 D：薪酬策略通过影响企业信用影响员工信用

6.2.1.2 分析单位

在案例研究中，分清现象和环境的边界，明确分析单位是案例材料收集和分析的指示器。根据研究目的和研究假设，本研究的分析单位确定为服务业创业公司的关键事件，通过理论指导下的关键事件的收集和分析，验证上述假设是否成立。

6.2.1.3 案例选择

Yin，Stake 和 Feagin（1998）等学者认为案例研究是非抽样的研究。但也有部分学者认为案例研究应使用非概率的抽样方法，包括目的抽样和理论抽样两种方法。在案例研究中，目的抽样和理论抽样通常是结合使用的。目的抽样与案例研究的目的有关，理论抽样则与案例研究的理论倾向有关。案例选择的标准与研究的对象和研究要回答的问题有关，它确定了什么样的属性能为案例研究带来有意义的数据。

本研究采用目的抽样和理论抽样相结合的方法，并采用多案例研究。

本研究选择安徽国祯环保节能股份有限公司作为样本，主要基于以下两点考虑：①该企业具有鲜明的创业企业特点，通过 5 份 Miller（1983）创业精神量表的测量结果，显示该企业是典型的创业企业；②该企业的信用形象好，对本研究的支持程度高。该企业获得工商管理部门授予的"重合同、守信用单位"，银行授予的"AAA"信用等级，安徽省文明委授予的"精神文明先进单位"，连续两年（2003、2004 年度）获得中国水业"十大影响力企业"称号，这些荣誉称号的取得扩大了企业的知名度和美誉度，构成良好的信用形象。该企业的经营理念把诚信放在第一位，在研究者与该企业接洽有关信用问题的研究时，丁涛副总经理表示给予支持，根据研究者提出的数据收集要求，积极安排相关部门和人员配合调研，不仅保证了调研工作的顺利进行，而且取得了真实详细的第一手资料。

6.2.2 案例数据收集

6.2.2.1　数据来源

（1）第一手数据。通过对国祯环保公司制造部、营销部、售后服务部、人力资源部、法务部五个部门工作人员的访谈研究，了解到企业内部和外部有关企业信用的关键事件，企业采用的薪酬策略，以及他们对这些薪酬策略和员工信用、企业信用的关系看法。

（2）第二手数据。通过访问国祯环保的公司网站，了解公司的基本概况、发展战略、企业文化主张等内容；通过收集、借阅新闻媒体对国祯环保的报道、国祯环保的内部刊物等文字资料，了解企业在经营管理过程中涉及企业信用的一些做法和事件。

6.2.2.2　数据采集

（1）数据采集的联系。首先提交国祯环保丁涛副总经理一份"案例研究说明"如下。通过双方平等友好的沟通，丁总当即表示支持此项研究。

案例研究说明

【研究背景说明】研究者是浙江大学的博士研究生。研究的课题名称是"服务业创业公司薪酬策略和企业信用"，属于国家自然科学基金课题（编号：70232010）。

【案例研究目的】了解案例企业的员工信用和企业信用关键事件；了

解企业实行的薪酬策略；探询薪酬策略和企业信用的关系。

【参与者的利益】通过深度交流，接触和了解学术界研究企业信用的思路；帮助企业总结和思考自身的信用问题，促进企业信用建设。

【案例研究方法】人员访谈；资料收集。

（2）访谈数据。考虑到企业信用涉及员工和顾客两个关键利益相关者群体，因此，研究者提出访谈对象应该包括对外开展业务的部门和进行内部生产和管理的部门，最后选定制造部、营销部、售后服务部、人力资源部、法务部五个部门的工作人员作为访谈对象。在丁总的安排下，由公司办公室一名工作人员负责联系访谈对象接受研究者的访谈。访谈提纲（见附录5）主要包括公司薪酬方面的主要做法，员工信用和企业信用的关键事件。

（3）文字资料收集。研究者提出文字资料的收集范围包括：在内部刊物和外部媒体上发表的与本企业信用有关的文章。在丁总的安排下，由公司公关部专职从事宣传的员工搜集提供了2004年以来的"国祯环保"报刊，海内外各大媒体对国祯环保的新闻报道复印件。

6.2.2.3 数据核实

在编写案例的过程中，研究者充分尊重案例企业的意见和要求，对案例发生的时间、地点、人物和经过的真实性进行核实，并在案例的解释方面征求案例企业的意见，通过多次反馈，吸收案例企业提出的宝贵意见。

6.2.3 案例数据分析

6.2.3.1 案例企业背景

安徽国祯环保节能科技股份有限公司（以下简称"国祯环保"）是由安徽国祯集团股份有限公司联合合肥高新技术产业开发区科技实业发展公司、淮北万里电力实业总公司、安徽省环境保护科学研究所、安徽省环境保护产业开发服务中心等五家股东发起的安徽省第一家集污水治理、大气粉尘治理、固体废物资源化等为一体的大型环保高科技股份制企业，是国家环保产业骨干企业、国家火炬计划重点高新技术企业，是国内最大的专业从事污水治理的公司之一。公司注册资本5418万，信用等级为"AAA"，连续两年（2003、2004年度）获得中国水业"十大影响力企业"称号，是唯一入选的民营企业。公司主要业务：环保、节能设施研究、开发；环保设施（工业废水、生活污水）运营，污水处理设备总成套；环境污染治理；粉尘、污水处理、环保节能设备的开发、生产；进出口业务。公司已确立从污水处理设备生产—污水处理工程建设—污水处理设施托管运营—污水深度处理及回用—污泥的综合利用的污水处理产业链，并朝着专业化水务公司方向发展。

6.2.3.2 案例描述

（1）关键事件1：以高薪策略吸引优秀专业人才，推动技术创新和产品领先

国祯环保在专业人才管理上遵循"优化组合，发挥潜能，共同发展"的原则，采用了引进与合作相结合的办法。国祯环保技术中心先后聘请了清华大学博士、德国柏林工业大学博士后蹇兴超先生，清华大学毕业、现享受国务院政府津贴的教授级高工唐锦涛先生和清华大学环境工程系硕士王颖哲先生分别担任公司污水处理工艺、污水处理设备研制和自动化及设备集成方面的技术带头人，并从全国各地聘请了50多名硕士、工程师等构成技术研发的中坚。在公司技术中心里，不仅有享受国家特殊津贴的老教授，还有参加编制国家排水设计规范、起草并制订国家污水处理设备技术标准的高级专家。公司现有员工600多人，中专以上学历的占90%，其中大学及以上学历的占50%。公司打破资历条框约束，引进以人为中心的管理理念和竞争择优的用人机制，实行竞争上岗、量才录用，真正地为人才成长提供条件，在研发、制造、运营、工艺等八个领域拥有国内顶尖的领军人物，形成了一支高学历、高素质的年轻精英团队，30岁以下的员工占80%，大专以上学历的员工占42%。公司对于这支团队实行了高薪策略，强调外部公平大于内部公平，用人的视野放在全国范围，薪酬水平的确定参照行业薪酬水平，平均薪酬水平远远高于同行业同样职位的薪酬水平。

（2）关键事件2：把客户满意度作为重要的绩效考核指标，并和薪酬挂钩，激励员工为客户提供优质服务

"诚信、勤俭、竞争、创新"是国祯的企业精神。国祯环保的经营理念、公司宣言和员工誓词中都反复强调诚信，这一点也通过薪酬管理充分体现出来。公司对直接面对顾客的销售人员和技术服务人员提出了客户满意度作为重要绩效考核指标，并与个人薪酬收入挂钩，对客户反馈良好的员工，公司给予通报表扬，并在评选先进中赋予荣誉称号，配合相应的物质奖励。国祯环保的技术服务与一般公司的不同之处在于保持专业自信、

客观独立的立场，设身处地为客户着想，有时甚至超越了服务合同的范围，为客户提供增值服务。例如在为一个客户提供环保设备时，技术人员发现上海市政设计院的工程设计方案中有工艺不完善的地方，是比较保守的设计方案，如果采用革新的设计方案，甲方可以节省投资，在征求公司领导意见后，技术人员提出了国祯的技术意见，鉴于国祯有参与上百家污水处理厂建设的经验和真诚的专业精神，上海市政设计院虚心接受了意见，双方合作拿出了一个包括工程土建、设备和运营保证的完整方案，节省了工程的建设和维护费用，令客户十分感动。在参加香港恒发公司投标江苏如皋的 BOT 项目时，国祯环保的技术人员发现项目方案的整个工艺参数上存在问题，不能达到排污标准，如果按照这个方案建设，只会给客户带来损失，国祯环保及时向恒发公司说明情况，希望他们要求设计院修改图纸，否则，国祯环保将不参与投标，这种实事求是的诚信作风深深打动了客户，恒发公司及时组织修改了项目方案。国祯环保还流传着一个员工关心客户的感人故事。一次，有位客户来公司谈业务，国祯环保的一位员工在复印该客户的身份证时，发现当天是客户的生日，她把这个情况告诉上司后，公司领导特地为该客户安排了生日仪式，常年奔波在外，连自己和家人都忘了生日的客户深受感动。

（3）关键事件3：设立专项基金，鼓励员工参与，对公司内外需要帮助的人群伸出援助之手

"产业报国，奉献社会"是国祯的企业宗旨。国祯环保董事长李炜说："做企业，如果把赚钱放在第一位，企业就不能取得长足发展。社会的需求孕育着巨大商机，若企业将自己的目标与社会需求联系在一起，想着为他人、为社会做些事情，企业必将会逐步发展壮大起来。"国祯集团专门建立了专项基金账户，基金主要来源于企业的税后利润，同时接受员工从薪酬中拿出的捐助，由公司组织用于社会公益活动、慈善事业支出。2004年6月18日，国祯集团创始人、董事长李炜向安徽省妇女联合会副主席李晓黎转交了6.5万元人民币捐款，国祯集团董事长段转建与李晓黎一同为"国祯环保春蕾班"成立揭牌。这是国祯集团以捐赠贫困女童的形式向集团成立10周年献上的一份厚礼。"国祯环保春蕾班"选定阜阳地区颍上县王岗镇甘罗乡，为全寄宿初一班。这笔捐款将使50名因家境贫困而失学的女童重返校园，并解决她们初中3年所有的学习和生活费用。2005年的一

天，公司制造部的一位员工在操作及其设备过程中不慎造成手部受伤，被紧急送往医院救治，公司各级领导都到医院看望这位员工，严格依照国家法律规定，在对事故进行合理的善后处理后，还为员工另外安排工作，并帮助他安置好家庭，令其十分感动。

6.2.3.3　案例解释

案例解释就是检验研究假设的过程。通过比较案例数据和研究假设的结构之间的吻合情况，论证案例数据是否支持研究假设。

（1）关键事件 1 验证了假设 A 和假设 B

国祯在薪酬水平上采用市场领先策略，这种策略向人才市场发出了两个重要的信号：第一是国祯重视人才的价值，愿意提供丰厚的物质待遇给予他们认为的一流人才；第二是国祯是很有实力的企业，能够付得起高薪。在人才市场上，这两个信号成为社会分类的线索，有利于人们把国祯归类到有实力、重视人才的企业。在和其他企业进行比较后，国祯在大批工作候选人的心目中具有较高的企业信用水平，对于有幸加盟国祯的员工来说，他们对自己成为国祯的一分子感到非常骄傲，愿意以自己的聪明才智报效国祯的厚爱，当然也有少部分人纯粹冲着高薪而来的，在害怕失去高额收入的心理支配下，他们也是兢兢业业地做好本职工作。可见，高薪策略体现了企业胜任（人力资源开发和管理能力、新产品和新技术的领先水平）、企业诚信（尊重和承认人力资本的价值，公平对待给企业创造更大价值的优秀人才）和企业责任（关心优秀人才的物质需要及其背后的精神需要）特征，影响了利益相关者对国祯的企业信用知觉；同时薪酬策略对员工产生激励和约束作用，体现为员工对企业的诚信（遵守企业规章，按照企业要求完成工作任务）、承诺能力（发挥聪明才智，开发出市场欢迎的新产品）、责任意识（与同事紧密合作，关心企业利益）特征，影响了工作交往对象对员工信用的知觉。

（2）关键事件 2 验证了假设 C 和假设 D

国祯集团采用了基于绩效的薪酬策略，把客户满意度作为关键绩效指标，体现了企业的价值取向，说明企业追求诚信待人、专业独立和关心客户切身利益的胸襟，决不为一己之私损害客户权益。这种考核要求一方面是对员工的硬性约束，要求员工必须换位思考，站在客户的立场上考虑问题，替客户着想，以实际行动满足客户需要；另一方面对员工也是企业化过程，即把国祯的经营理念灌输到员工的思想观念中，并通过具体的行为表现出来，这个事件中令客户感动的行为都是员工在国祯文化熏陶下的习惯反应。可见，薪酬策略通过影响企业信用影响了员工信用，客户满意度考核的真正执行提高了企业在员工心目中的信用形象，认为企业是诚信（向客户公布真实的产品和服务信息，言行一致，兑现服务承诺）、有胜任力（以多年的行业技术经验提出客户满意的解决方案）、负责的（关心客户的经济利益和精神需要），这种企业信用要求被员工悦纳并自觉做到，体现了员工对企业的信用，同时员工又代表企业实现了传达给客户的企业信用，即薪酬策略通过员工信用又影响企业信用。

（3）关键事件 3 验证了假设 C

这个事件看似和薪酬策略没有关系，但是背后透露了企业在薪酬分配中的一个价值导向，即个人和企业都需要有一些社会责任感。专项基金的主体是企业所有者的收入，同时鼓励员工从高额薪酬中拿出一部分用于献爱心。这种做法首先体现了企业责任，即对社会弱势群体的生活、学习困难给予切实的帮助，员工个人参与这项基金活动则体现了个人的责任意识，即作为社会的高收入阶层，对社会的和谐发展做出一点点贡献，也对企业的善举产生好感，对企业的组织认同感更强。可见，企业在薪酬支配上的价值取向通过影响企业信用影响了员工信用。

6.2.4 研究小结

本部分研究通过案例研究方法，就薪酬策略对企业信用和员工信用的影响作用进行了探索分析，为后续研究提供实证依据。在以往文献基础上，我们对薪酬策略的关键事件选取主要依据薪酬水平、薪酬结构设计和薪酬管理三个方面内容，对信用关键事件的选取依据和相应薪酬策略联系的原则。

上述案例分析验证了 4 个假设，我们可以进一步得出下列基本结论：薪酬水平策略对企业信用的三个方面都有影响作用，因为薪酬水平涉及员工对企业重视人才程度、支付能力、公平对待、关心员工利益程度等方面的整体知觉，引发员工对企业诚信、企业胜任和企业责任水平的判断；薪酬水平策略对员工信用的三个方面也有影响作用，因为薪酬水平决策涉及企业对员工的忠诚度、工作技能、责任心等方面的综合知觉，引发企业对员工诚信、承诺能力和责任意识方面的判断。在薪酬结构方面，基于绩效的薪酬设计中的考核指标有明显的价值取向作用，对企业形象和员工行为的塑造作用显而易见，突出体现在对企业诚信和员工诚信有影响作用。在薪酬管理方面，企业的薪酬分配价值取向对企业责任和个人责任意识有影响作用。企业信用和员工信用相互影响，构成交换关系，包括经济交换和社会交换，当企业对待员工的信用较高时，员工对于企业的信用也会相应比较高，反之亦然，因此薪酬策略既通过企业信用影响员工信用，也通过员工信用影响企业信用。

6.3　薪酬策略影响企业信用的问卷研究

6.3.1　研究假设

在文献研究部分，我们总结了薪酬策略对信任具有影响作用，信用作为信任的前因变量，必然受到薪酬策略的影响。从薪酬策略的效能研究文献中可以看到，薪酬策略对员工的公平知觉、行为导向会产生影响，这会导致员工的响应行为，影响个人信用，从而影响企业信用。陈志刚和王重鸣（1999）认为，企业的薪酬策略会影响到员工的公平感，不同的薪酬策略对公平感的影响程度也不一样。早期的分配公平研究证实个体对于薪酬（Mowday，1983）考虑分配公平后的结果公平知觉影响其态度和行为（例如工作满意度、组织承诺、绩效、留在组织的意向）。当个体感到受到他们的组织的不公平对待，他们会在情感上（例如更低的承诺）和行为上（例如离职率增加、偷盗、减少帮助行为）做出反应（Colquitt et al.，2001；Cropanzano et al.，2001；Konovsky，2000）。Ambrose，Seabright 和 Schminke（2002）研究了公平和工作场所破坏活动的关系。Greenberg（2002）研究证实个体从事偷盗活动作为对不公平的反应。

综合以往研究和我们通过案例研究探索的初步结论，提出下列假设：

假设1　服务业创业公司的员工信用对企业信用有显著影响作用

假设2　服务业创业公司的薪酬策略对企业信用有显著影响作用

假设3　服务业创业公司员工信用在薪酬策略和企业信用关系中起中介作用

假设4　服务业创业公司信用在薪酬策略和员工信用关系中起中介作用

假设5　不同组织特征下的服务业创业公司信用存在显著差异

假设5a　不同性质的服务业创业公司信用存在差异

假设5b　不同规模的服务业创业公司信用存在差异

假设5c　不同成立年限的服务业创业公司信用存在差异

假设5d　知识密集型服务业的创业企业和传统服务业创业公司信用存在差异

假设5e　不同创业阶段的服务业创业公司信用存在差异

6.3.2　研究方法

6.3.2.1　样本

本研究样本由28家服务业创业公司的工作人员填写的问卷组成，研究者发放问卷240份，回收问卷168份，回收率70%，剔除无效问卷11份，有效问卷157份，有效回收率为65%。样本的基本情况见表6-1所列，收集的数据用于薪酬策略对企业信用的影响作用分析。从回答者的员工情况看，男性和女性的人数接近，年龄以25~35岁（45.2%）为主，学历以大专（42.9%）、本科（42.0%）为主，职务层次以一般职工（51.0%）为主，工作岗位分布较均匀，其他类（42.7%）居多，工作年限在3年以内（47.7%）的占多数；从回答者所属的企业背景看，私营企业（52.9%）居多，职工人数以1~50人（42.7%）居多，成立年数以5~10年（33.1%）居多，隶属两类服务业的人数接近，创业阶段以成长阶段（50.3%）居多。

表6-1　薪酬策略对企业信用的影响作用分析样本基本信息表

(1)

性别			年龄			学历		
类别	人数	百分比	类别	人数	百分比	类别	人数	百分比
男	80	51.0	25岁以下	53	33.8	高中及以下	7	4.5
女	77	49.0	25~35岁	71	45.2	大专	67	42.7
			35~45岁	24	15.3	本科	66	42.0
			45岁以上	9	5.7	硕士及以上	17	10.8

(2)

职务			工作			工龄		
类别	人数	百分比	类别	人数	百分比	类别	人数	百分比
职工	80	51.0	技术研发	15	9.6	1 年以内	36	22.9
基层	36	22.9	市场销售	27	17.2	1~3 年	39	24.8
中层	29	18.5	行政人事	25	15.9	3~5 年	25	15.9
高层	12	7.6	财务会计	11	7.0	5~10 年	25	15.9
			客户服务	12	7.6	10 年以上	32	20.4
			其他	67	42.7			

(3)

企业性质			职工人数			成立年数		
类别	人数	百分比	类别	人数	百分比	类别	人数	百分比
国有	59	37.6	1~50	67	42.7	1 年以内	6	3.8
私营	83	52.9	51~100	20	12.7	1~3 年	27	17.2
三资	9	5.7	101~500	32	20.4	3~5 年	31	19.7
其他	6	3.8	500 以上	38	24.2	5~10 年	52	33.1
						10 年以上	41	26.1

(4)

企业类别			创业阶段		
类别	人数	百分比	类别	人数	百分比
知识密集型服务业	76	48.4	创建阶段	4	2.5
传统服务业	82	51.6	成长阶段	79	50.3
			扩张阶段	55	35.0
			成熟阶段	19	12.1

6.3.2.2 测量

（1）企业薪酬策略

从问卷题目的文献来源看，企业薪酬策略的测量参考了 Gomez-Mejia（1988）对薪酬策略的文献回顾以及 Balkin 和 Gomez-Mejia（1990）的研究文献，选择 12 个项目，并进行了适应性修改，包括薪酬水平、基于岗位评价的薪酬设计和基于业绩评价的薪酬设计，采用 5 点李克特量表（参见附录 3）。其中薪酬水平包括与竞争者薪酬水平的比较、与地区薪酬水平的比较、基本工资的定位、福利的定位 4 个项目；基于岗位评价包括运用岗位评价确定岗位薪酬、运用岗位评价确定员工薪酬、对岗位评价方法的看法、对岗位评价结果的看法 4 个项目；基于业绩评价包括绩效考核方案、绩效考核结果与员工报酬的关系、对绩效考核结果的看法、绩效对员工收入的影响 4 个项目。

（2）企业组织特征

本研究选取企业性质、职工人数、成立年限、单位类别和创业阶段五个观测指标测量组织特征（参见附录 3）。企业性质反映了企业的所有权特征，包括国有企业、私有企业、三资（外商独资、中外合资、中外合作）企业和其他企业四类；职工人数反映了企业规模，包括 1～50 人、51～100人、101～500 人和 500 人以上四类；成立年限反映了企业的从业经历，包括 1 年以内、1～3 年、3～5 年、5～10 年和 10 年以上五种情况。单位类别的划分参考了王惠和殷存毅（2004）、魏江和王甜（2005）等人对知识密集型服务业的研究，将类别操作定义为：知识密集型服务业主要以专业技术人员的智力劳动为客户提供服务，如金融、法律、教育、咨询等；传统服务业主要以一般技术人员的重复劳动为客户提供服务，如零售、餐饮、旅游、运输等。创业阶段的测量参考了许玫（2003）专著中对美国创业企业生命周期的特征描述，包括四个阶段，操作定义如下：创建阶段是指单位成立不久，组织、产品及服务系统尚不健全，效益还不稳定；成长阶段是指单位组织、产品及服务系统趋于稳定，效益稳步增长；扩张阶段是指单位由于跨区域经营、并购、业务多元化等原因，效益迅猛增长；成熟阶段是指单位组织、产品及服务系统已经相当成熟、完善，效益比较稳定。

在实际的问卷填写中，由于每位被调查者对企业信息掌握的程度不同，同一企业的被调查者可能在组织特征的判断上存在差异，针对这种可能造成测量偏差的情况，我们以高层管理者填写的问卷结果为准，因为高层掌握的企业信息更加完整和准确，对组织特征的认定更准确。在没有高层参与填写问卷的情况下，我们采用多数原则，即以同一企业中超过半数以上的被调查者一致同意的评价结果作为该企业组织特征的最终评判依据。

6.3.3 数据分析

对问卷法获取的数据，首先，运用结构方程建模软件 AMOS5.0，验证薪酬策略的假设模型；其次，采用统计软件 SPSS11.5，对薪酬策略、个人信用和企业信用三者之间的关系进行相关分析和回归分析，建立薪酬策略对员工信用和企业信用的影响作用模型；最后，通过方差分析，检验不同组织特征下，企业在薪酬策略和企业信用上有无差异。

6.3.3.1 对薪酬策略的验证性因素分析

对薪酬策略结构模型进行的验证性因素分析，检验模型如图 6-1 所示，分析结果见表 6-2 所列。

从图 6-1 中显示的路径系数可以看到，薪酬策略结构三个维度的标准化因素负荷都较高（基本在 .63 以上），说明观测指标与测量的潜变量具有较好的效标关联效度。同时，从表 6-2 显示的结果来看，RMSEA 值为 .05，CFI 和 TLI 的值也都在 .9 以上。因此，假设的理论结构模型得到了实证数据的良好拟合，包含薪酬水平、基于岗位评价的薪酬设计和基于绩效评价的薪酬设计三个维度的薪酬策略结构模型得到了验证。

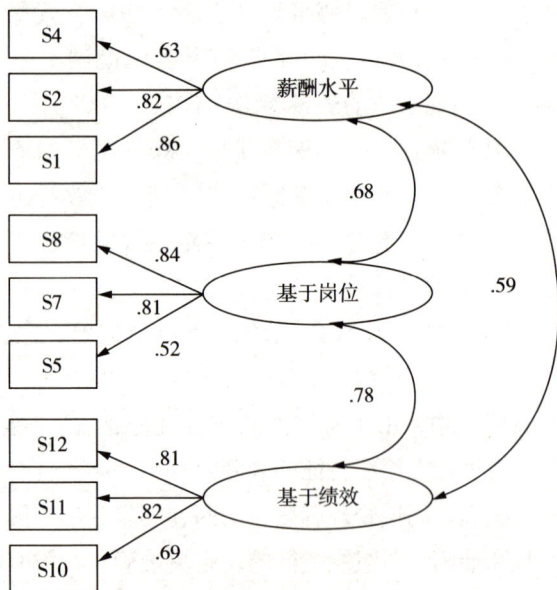

图 6-1 薪酬策略结构模型

表6-2　薪酬策略结构模型验证性因素分析结果

测量模型	df	RMSEA	GFI	AGFI	NFI	TLI	CFI	IFI
独立模型	45							
验证模型	24	0.05	0.94	0.88	0.97	0.97	0.99	0.99

6.3.3.2　薪酬策略对员工信用和企业信用的影响作用的数据分析

（1）薪酬策略、员工信用与企业信用的相关分析

运用样本数据，采用SPSS11.5统计软件，对薪酬策略、员工信用与企业信用进行相关分析，分析结果见表6-3、表6-4所列。

表6-3　员工信用与企业信用相关矩阵

变量	诚实守信	承诺能力	责任意识	企业诚信	企业胜任	企业责任
诚实守信	1.00					
承诺能力	.59**	1.00				
责任意识	.63**	.49**	1.00			
企业诚信	.63*	.57**	.61**	1.00		
企业胜任	.56**	.72**	.38**	.64**	1.00	
企业责任	.66**	.60**	.44**	.69**	.64**	1.00

注：* p<.05　＊＊p<.01　＊＊＊p<.001

表6-4　薪酬策略与企业信用相关矩阵

变量	薪酬水平	基于岗位	基于绩效	企业诚信	企业胜任	企业责任
薪酬水平	1.00					
基于岗位	.65**	1.00				
基于绩效	.67**	.72**	1.00			
企业诚信	.45**	.44**	.35**	1.00		
企业胜任	.34**	.37**	.20**	.64*	1.00	
企业责任	.47**	.34**	.36**	.69**	.64**	1.00

注：* p<.05　＊＊p<.01　＊＊＊p<.001

从表6-3中可以看到，员工信用的三个维度和企业信用的三个维度呈

现显著正相关，其中与企业诚信的相关系数最高的是诚实守信（.63），与企业胜任的相关系数最高的是承诺能力（.72），与企业责任的相关系数最高的是诚实守信（.66）。从表6-4中可以看到，薪酬策略的三个维度与企业信用的三个维度也呈现显著正相关，其中与企业诚信的相关系数最高的是薪酬水平（.45），与企业胜任的相关系数最高的是基于岗位的薪酬设计（.37），与企业责任的相关系数最高的是薪酬水平（.47）。总之，薪酬策略、员工信用都和企业信用存在显著正相关关系。

（2）企业信用对薪酬策略、员工信用的回归分析

相关分析的结果只能判断变量之间是否存在关系，无法说明变量之间的关系影响程度以及变量之间的因果关系，要想进一步验证变量之间的影响关系及其大小，就需要对变量之间的关系进行多元回归分析。

为了深入研究薪酬策略、员工信用的不同维度影响企业信用的哪些不同方面，我们采用多元线性回归模型来描述这些变量之间的关系。分析结果见表6-5、表6-6所列。

表6-5　员工信用与企业信用的多元回归分析

	企业诚信	企业胜任	企业责任
诚实守信	.29***	.24**	.47***
承诺能力	.25*	.62***	.33***
责任意识	.30***		
校正 R^2	.50	.55	.49
F 值	52.16***	64.31***	50.39***

注：*p<.05　**p<.01　***p<.001

表6-6　薪酬策略与企业信用的多元回归分析

	企业诚信	企业胜任	企业责任
薪酬水平	.31*	.25*	.41***
基于岗位	.29*	.37**	
基于绩效		-.23*	
校正 R^2	.23	.16	.21
F 值	16.48***	10.80***	14.99***

注：*p<.05　**p<.01　***p<.001

从表6-5中可以看到，员工信用的三个维度对企业信用都有显著的影响作用，其中，三个维度共同解释了企业诚信50%的变异，诚实守信和承

诺能力两个维度共同解释了企业胜任55%的变异和企业责任49%的变异，假设1得到支持。从表6-6中可以看到，薪酬策略的三个维度对企业信用都有显著的影响作用，其中，三个维度共同解释了企业胜任16%的变异，薪酬水平和基于岗位的薪酬设计两个维度共同解释了企业诚信23%的变异，薪酬水平解释了企业责任21%的变异，假设2得到支持。

（3）员工信用在薪酬策略与企业信用的关系中的中介作用

以往的研究方法论一般认为，通过一系列逐步回归分析的方法，可以检验多个连续变量之间的中介或部分中介作用的假设（Baron et al，1986；James et al，1984；Judd et al，1981b）。Baron和Kenny（1986）提出判断中介变量的研究方法，这个方法分三个步骤，满足下列三个条件的变量为中介变量：①用假设的中介变量对自变量做回归分析，回归系数达到显著性水平；②用因变量对自变量做回归分析，回归系数也达到显著性水平；③用因变量对自变量和假设的中介变量同时做回归分析后，中介变量的回归系数达到显著性水平，自变量的回归系数减小。当自变量的回归系数减小到不显著水平时，说明中介变量起到完全中介作用，自变量完全通过中介变量影响因变量；当自变量的回归系数减小，但是仍然达到显著水平时，说明中介变量只起到部分中介作用，即自变量一方面通过中介变量影响因变量，同时也直接对因变量起作用。

我们采用上述逐步回归方法，检验服务业创业公司员工信用在薪酬策略和企业信用的关系中的中介影响作用，检验结果见表6-7、表6-8、表6-9所列。

表6-7　员工信用在薪酬水平和企业信用关系中的中介作用分析

步骤	变量	β	T	校正 R^2	F 值
员工信用对薪酬水平回归	薪酬水平	.48	6.82***	.23	46.48***
企业信用对薪酬水平回归	薪酬水平	.48	6.80***	.23	46.28***
企业信用对薪酬水平和员工信用同时回归	薪酬水平	.14	2.45**	.61	122.61***
	员工信用	.71	12.39***		
中介作用判定	员工信用起部分中介作用				

注：* p<.05　* * p<.01　* * * p<.001

从表6-7中可以看到，在步骤1员工信用对薪酬水平策略的回归分析结果发现，薪酬水平的回归系数达到显著水平；在步骤2做企业信用对薪酬水平的回归分析结果发现，薪酬水平的回归系数也达到显著水平；在步骤3做企业信用对薪酬水平和员工信用同时回归分析结果发现，员工信用的回归系数达到显著水平，薪酬水平的回归系数仍然达到显著水平，但是由.48减小到.14，同时，回归方程的决定性系数增加了38%。因此，在薪酬水平策略对企业信用的影响作用过程中，员工信用起到部分中介作用。

表6-8　员工信用在岗位薪酬和企业信用关系中的中介作用分析

步骤	变量	β	T	校正 R^2	F 值
员工信用对基于岗位的回归	基于岗位	.56	8.38***	.31	70.21***
企业信用对基于岗位的回归	基于岗位	.44	6.12***	.19	37.44***
企业信用对基于岗位和员工信用同时回归	基于岗位	.01	.21	.59	115.15***
	员工信用	.77	12.47***		
中介作用判定	员工信用起完全中介作用				

注：* p<.05　* * p<.01　* * * p<.001

从表6-8中可以看到，在步骤1员工信用对基于岗位的薪酬策略的回归分析结果发现，基于岗位的薪酬策略的回归系数达到显著水平；在步骤2做企业信用对基于岗位的薪酬策略的回归分析结果发现，基于岗位的薪酬策略的回归系数也达到显著水平；在步骤3做企业信用对基于岗位的薪酬策略和员工信用同时回归分析结果发现，员工信用的回归系数达到显著水平，但是基于岗位的薪酬策略的回归系数不显著，同时，回归方程的决定性系数增加了40%。因此，在基于岗位的薪酬策略对企业信用的影响作用过程中，员工信用起到完全中介作用。

表6-9　员工信用在绩效薪酬和企业信用关系中的中介作用分析

步骤	变量	β	T	校正 R^2	F 值
员工信用对基于绩效回归	基于绩效	.45	6.23***	.20	38.86***
企业信用对基于绩效回归	基于绩效	.35	4.57***	.11	20.89***
企业信用对基于绩效和员工信用同时回归	基于绩效	-.00	-.04	.59	115.09***
	员工信用	.76	13.59***		
中介作用判定	员工信用起完全中介作用				

注：* p<.05　* * p<.01　* * * p<.001

从表6-9中可以看到，在步骤1员工信用对基于绩效的薪酬策略的回归分析结果发现，基于绩效的薪酬策略的回归系数达到显著水平；在步骤2做企业信用对基于绩效的薪酬策略的回归分析结果发现，基于绩效的薪酬策略的回归系数也达到显著水平；在步骤3做企业信用对基于绩效的薪酬策略和员工信用同时回归分析结果发现，员工信用的回归系数达到显著水平，但是基于绩效的薪酬策略的回归系数不显著，同时，回归方程的决定性系数增加了48%。因此，在基于绩效的薪酬策略对企业信用的影响作用过程中，员工信用起到完全中介作用。

综合以上检验结果，员工信用在薪酬水平策略对企业信用的影响过程中起部分中介作用；在基于岗位的薪酬策略和基于绩效的薪酬策略对企业信用的影响过程中起完全中介作用，假设3得到支持。

（4）企业信用在薪酬策略与员工信用的关系中的中介作用

我们仍然采用上述逐步回归方法，检验服务业创业公司信用在薪酬策略和员工信用的关系中的中介影响作用，检验结果见表6-10、表6-11、表6-12所列。

表6-10　企业信用在薪酬水平和员工信用关系中的中介作用分析

步骤	变量	β	T	校正 R^2	F 值
企业信用对薪酬水平回归	薪酬水平	.48	6.80***	.22	46.28***
员工信用对薪酬水平回归	薪酬水平	.48	6.82***	.23	46.48***
员工信用对薪酬水平和企业信用同时回归	薪酬水平	.14	2.49**	.61	122.80***
	企业信用	.71	12.39***		
中介作用判定	企业信用起部分中介作用				

注：*p<.05　**p<.01　***p<.001

从表6-10中可以看到，在步骤1企业信用对薪酬水平策略的回归分析结果发现，薪酬水平的回归系数达到显著水平；在步骤2做员工信用对薪酬水平的回归分析结果发现，薪酬水平的回归系数也达到显著水平；在步骤3做员工信用对薪酬水平和企业信用同时回归分析结果发现，企业信用的回归系数达到显著水平，薪酬水平的回归系数仍然达到显著水平，但是由.48减小到.14，同时，回归方程的决定性系数增加了38%。因此，在薪酬水平策略对员工信用的影响作用过程中，企业信用起到部分中介作用。

表 6-11　企业信用在岗位薪酬和员工信用关系中的中介作用分析

步骤	变量	β	T	校正 R^2	F 值
企业信用对基于岗位的回归	基于岗位	.44	6.12***	.19	37.44***
员工信用对基于岗位的回归	基于岗位	.56	8.38***	.31	70.21***
员工信用对基于岗位和企业信用同时回归	基于岗位	.27	5.13***	.65	147.86***
	企业信用	.66	12.47***		
中介作用判定	企业信用起部分中介作用				

注：* p<.05　* * p<.01　* * * p<.001

从表 6-11 中可以看到，在步骤 1 企业信用对基于岗位的薪酬策略的回归分析结果发现，基于岗位的薪酬策略的回归系数达到显著水平；在步骤 2 做员工信用对基于岗位的薪酬策略的回归分析结果发现，基于岗位的薪酬策略的回归系数也达到显著水平；在步骤 3 做员工信用对基于岗位的薪酬策略和企业信用同时回归分析结果发现，企业信用的回归系数达到显著水平，但是基于岗位的薪酬策略的回归系数仍然达到显著水平，由 .56 减小到 .27，同时，回归方程的决定性系数增加了 34%。因此，在基于岗位的薪酬策略对员工信用的影响作用过程中，企业信用起到部分中介作用。

表 6-12　企业信用在绩效薪酬和员工信用关系中的中介作用分析

步骤	变量	β	T	校正 R^2	F 值
企业信用对基于绩效回归	基于绩效	.35	4.57***	.11	20.89***
员工信用对基于绩效回归	基于绩效	.45	6.23***	.20	38.86***
员工信用对基于绩效和企业信用同时回归	基于绩效	.21	3.97***	.63	134.72***
	企业信用	.70	13.59***		
中介作用判定	企业信用起部分中介作用				

注：* p<.05　* * p<.01　* * * p<.001

从表 6-12 中可以看到，在步骤 1 企业信用对基于绩效的薪酬策略的回归分析结果发现，基于绩效的薪酬策略的回归系数达到显著水平；在步骤 2 做员工信用对基于绩效的薪酬策略的回归分析结果发现，基于绩效的薪酬策略的回归系数也达到显著水平；在步骤 3 做企业信用对基于绩效的薪酬策略和员工信用同时回归分析结果发现，员工信用的回归系数达到显著水平，但是基于绩效的薪酬策略的回归系数仍然达到显著水平，由 .45 减小到 .21，同时，回归方程的决定性系数增加了 43% 。因此，在基于绩效的薪酬策略对员工信用的影响作用过程中，企业信用起到完全中介作用。

综合以上检验结果，企业信用在薪酬策略三个维度对员工信用的影响过程中都起部分中介作用，假设 4 得到支持。

6.3.3.3 不同组织特征下企业信用的差异分析

为了更深入地分析检验不同组织特征对企业信用的影响，我们采用了 SPSS 的单因素方差分析方法，对样本中具有不同组织特征的服务业创业公司在企业信用的各个维度上的得分做了进一步的比较分析，各维度上的因素取值采用前面验证性因素分析中的相应测量项目的平均值表示，结果见表 6-13 所列。

表 6-13 不同组织特征的企业信用比较分析

组织特征	人数	平均值（标准差）		
企业性质		企业诚信	企业胜任	企业责任
①国有企业	59	5.29 (1.13)	5.34 (.99)	5.58 (.86)
②私有企业	83	5.11 (1.25)	5.23 (1.11)	5.29 (.99)
③三资企业	9	5.89 (.62)	6.07 (.78)	6.15 (.71)
④其他企业	6	4.61 (.77)	5.44 (.86)	5.78 (.89)
F 值		1.86	1.79	3.13 *
职工人数				
①1~50 人	67	5.38 (1.25)	5.27 (1.28)	5.49 (.95)
②51~100 人	20	5.47 (.63)	5.47 (.74)	5.48 (.63)
③101~500 人	32	4.78 (1.43)	5.44 (.87)	5.26 (1.06)
④500 人以上	38	5.11 (.92)	5.27 (.91)	5.58 (.98)
F 值		2.39	0.32	0.70

（续表）

组织特征	人数	平均值（标准差）		
成立年数				
①1 年以内	6	5.33（.87）	6.17（.86）	5.50（.84）
②1～3 年	27	5.40（1.27）	5.25（1.52）	5.51（1.16）
③3～5 年	31	5.71（.76）	5.45（.82）	5.61（.74）
④5～10 年	52	5.01（1.26）	5.22（.83）	5.41（.98）
⑤10 年以上	41	4.93（1.19）	5.32（1.10）	5.39（.93）
F 值		2.69 *	1.25	0.31
企业类别				
①知识服务业	76	5.29（1.20）	5.24（1.19）	5.48（.98）
②传统服务业	81	5.12（1.15）	5.42（.90）	5.45（.92）
F 值		0.87	1.08	0.05
创业阶段				
①创建阶段	4	5.08（.32）	6.00（.98）	5.25（.50）
②成长阶段	79	5.27（1.23）	5.20（1.10）	5.39（.93）
③扩张阶段	55	5.28（1.15）	5.51（.89）	5.67（.92）
④成熟阶段	19	4.74（1.07）	5.23（1.24）	5.25（1.12）
F 值		1.18	1.56	1.43

注：* $p<.05$　＊＊ $p<.01$　＊＊＊ $p<.001$

下面是对不同组织特征下企业信用的比较分析：

（1）从表 6-13 的平均值及方差分析结果可知，不同企业性质的服务业创业公司在企业诚信和企业胜任两个维度上的评分没有显著差异，但是在企业责任维度上存在显著差异。进一步的组间比较发现，私有企业和三资企业在企业胜任和企业责任维度上有显著差异，后者的评分高于前者。因此，假设 5a 得到部分支持。

（2）从表 6-13 的平均值及方差分析结果可知，不同企业规模（职工人数）的服务业创业公司在企业信用三个维度上的评分没有显著差异。这表明具有不同企业规模的服务业创业公司信用在三个维度上具有一致性。组间比较发现，101～500 人的企业与 100 人以下的企业在企业诚信维度上存在显著差异，假设 5b 得到部分支持。

（3）从表 6-13 的平均值及方差分析结果可知，不同企业年限（成立年数）的服务业创业公司在企业胜任和企业责任两个维度上的评分没有显著差异，在企业诚信维度上的评分有显著差异。进一步的组间比较发现，3～5 年的企业比 5 年以上的企业在企业诚信维度上的评分要高，假设 5c 没有得到支持。

（4）从表 6-13 的平均值及方差分析结果可知，不同企业类别的服务业创业公司在企业信用三个维度上的评分没有显著差异。这表明具有不同企业类别的服务业创业公司的企业信用在三个维度上具有一致性。假设 5d 没有得到支持。

（5）从表 6-13 的平均值及方差分析结果可知，不同创业阶段的服务业创业公司在企业信用三个维度上的评分没有显著差异，这表明不同创业阶段的服务业创业公司的企业信用在三个维度上具有一致性。假设 5e 没有得到支持。

6.3.4　结果讨论和研究小结

本研究综合运用案例法和问卷法，通过样本数据，分析了薪酬策略对员工信用和企业信用的影响作用，以及组织特征对企业信用的影响，对假设进行检验的结果见表 6-14 所列。

本研究的主要结论：

（1）员工信用的三个维度和企业信用的三个维度显著正相关。员工信用的三个维度对企业信用都有显著的影响作用，其中，三个维度对企业诚信都有显著的影响作用，诚实守信和承诺能力两个维度对企业胜任和企业责任都有显著的影响作用。

（2）薪酬策略的三个维度与企业信用的三个维度显著正相关。薪酬策略的三个维度对企业信用都有显著的影响作用，其中，三个维度对企业胜任都有显著的影响作用，薪酬水平和基于岗位的薪酬设计两个维度对企业诚信有显著的影响作用，薪酬水平对企业责任有显著的影响作用。

（3）员工信用在薪酬策略对企业信用的影响过程中起显著中介作用，具体表现为员工信用在薪酬水平策略对企业信用的影响过程中起部分中介作用；在基于岗位的薪酬策略和基于绩效的薪酬策略对企业信用的影响过程中起完全中介作用。

（4）企业信用在薪酬策略对员工信用的影响过程中起显著中介作用，具体表现为企业信用在薪酬水平策略、基于岗位的薪酬策略和基于绩效的薪酬策略对员工信用的影响过程中都起部分中介作用。

（5）不同组织特征下服务业创业公司信用总体上没有显著差异，但是进行具体的组间比较时发现：私有企业和三资企业在企业责任维度上存在显著差异；101～500 人的企业与 100 人以下的企业在企业诚信维度上存在显著差异；3～5 年的企业比 5 年以上的企业在企业诚信维度上的评分要高。

表 6 – 14   薪酬策略对员工信用和企业信用的影响作用假设验证结果

假设	检验结果
假设 1 服务业创业公司员工信用影响企业信用	支持
假设 2 服务业创业公司薪酬策略影响企业信用	支持
假设 3 服务业创业公司薪酬策略以员工信用为中介影响企业信用	支持
假设 4 服务业创业公司薪酬策略以企业信用为中介影响员工信用	支持
假设 5a 不同性质的服务业创业公司信用存在差异	部分支持
假设 5b 不同规模的服务业创业公司信用存在差异	部分支持
假设 5c 不同成立年限的服务业创业公司信用存在差异	不支持
假设 5d 不同类别的服务业创业公司信用存在差异	不支持
假设 5e 不同创业阶段的服务业创业公司信用存在差异	不支持

6.3.4.1   薪酬策略、员工信用对企业信用的影响作用

（1）薪酬策略对企业信用的影响作用

在文献研究中，对于薪酬策略的作用是用薪酬效能指标来衡量的，主要的衡量指标有人力资源效能（包括薪酬满意度、公平感、招聘吸引、行为激励和人员保留等）和最终的组织绩效。雷蒙德·A·诺伊认为，薪酬的重要性意味着员工对薪酬决策过程的公平性非常关心。李德忠和王重鸣（2004）认为，基于核心员工激励的薪酬体系设计影响核心员工的公平知觉。马可一和王重鸣（2003）在分析创业合作关系中的信任产生机制时指出，产生信任有两种方式：基于公平准则，即一方判断另一方会实现自己承诺的程度；关系的公平性（Van De Ven & Walker，1984）。关系双方的

期望有三个方面：首先是互惠，即出于道义，一个人有责任在接受以后给予他人回报（Gouldner，1959）；其次是在成本、效益之间交换的公平率（布劳，1964）；第三是分配公平，即每个人得到的效益应与他的投资成比例（Homan，1961）。

本研究得出的薪酬水平对企业信用的三个维度都有显著的影响作用，薪酬水平直接与员工的实际收入密切相关，他们根据薪酬水平做出三个方面判断：一是企业的薪酬支付意愿，薪酬策略是企业的一种沟通策略，反映了企业的价值观，员工通过薪酬水平知觉企业是吝啬还是慷慨，由此推断企业诚信；二是企业的薪酬支付能力，薪酬水平是企业人力资源成本核算或投资预算的一个结果，员工通过薪酬水平知觉企业有没有实力支付高薪，从而推断企业胜任水平；三是企业对员工的重视程度，借此对企业责任做出评判。基于岗位的薪酬策略对企业诚信和企业胜任有显著的影响作用，说明根据岗位价值评价来确定薪酬的做法是否科学真实直接影响员工对企业诚信和企业胜任的判断。如果直接按照职位层次高低简单地判定职位价值的大小，就会让员工感觉企业是一种"官本位"的文化，不能反映各个岗位的实际价值，同时，即使职位评价的结果是可以接受的，但是在人事配置方面的不合理，也会给员工造成不公平感，觉得企业在人力资源管理上的乏力。基于绩效的薪酬设计对企业胜任有显著的影响作用，这是因为绩效薪酬中的绩效考核指标具有强烈的行为导向作用，若考核指标科学合理，则员工会欣然接受，反之，则对企业的支付能力产生怀疑，认为企业故意设置不可能达到的考核指标以削减人工成本。从社会认同的视角看，薪酬策略是员工对企业进行社会分类和社会比较的线索，根据薪酬策略传达的企业价值观、经济实力等信息，员工将企业归类到慷慨或吝啬、实力强弱、人性化程度高低不同的类别，经过和其他可参照的企业进行比较后，形成企业信用的基本判断和认识。

（2）员工信用和企业信用的关系

Lee 和 Dawes（2005）通过对 128 家香港采购组织的研究认为，采购公司对供应公司的信任以及对供应者的长期导向是对销售员信任即销售员信用的结果。于春玲等（2004）认为，近年来，一些学者以服务行业为背景，研究影响顾客信任的因素。在 Sirde shmukh 等几位学者的最新研究中，他们建立了一个顾客信任的两维度模型，认为顾客对前线员工的行为

（Frontline Employee Behavior，FEB）和企业的管理政策与实践（Management Policies and Practices，MPPs）的信任将影响消费者对服务提供者的忠诚。斯蒂芬·P·罗宾斯（1997）指出，成员间的信任是有效团队的显著特征，每个成员对其他人的品行和能力确信不疑。

本研究认为员工和企业的关系是个体与组织、小家与大家的关系。员工信用以企业信用为背景，企业信用靠员工信用来实现。员工的诚实守信对企业信用的三个维度都有影响，说明员工的诚信品质对企业信用至关重要，员工的诚信价值观和企业的诚信价值观相匹配，成为塑造企业诚信的主体；为了实践诚信价值观，他们会通过自己在知识、技能和能力方面的积累，以提高自己的承诺能力，这些对企业胜任会产生显著的影响作用；员工在与顾客交往的过程中，通过诚实守信和承诺能力的品行为顾客提供了安全和高质量的产品和服务，因此也对企业责任产生了显著的影响作用。

6.3.4.2 员工信用在薪酬策略和企业信用关系中的中介作用

文献研究表明，薪酬策略对员工工作动机和公平知觉产生影响。Arthur 和 Jelf（1999）探究员工收益制度高效能的原因时发现：公司采用收益共享制度以后，员工抱怨和缺勤率都在不断降低，工作动机提高。Cynthia 和 Kenneth（1999）认为公平知觉是薪酬策略与薪酬效能之间的中间变量，也就是说，薪酬制度是通过公平知觉实现效能的。工作动机和公平知觉直接对员工的工作热情和工作投入程度产生影响，从而影响员工信用。Ambrose（2002）在总结组织公平的以往研究时，指出工作中的不公平使人们变得没有多少生气。事实上，关心不公平为劳工运动提供了推动力（Fantasia，1988），并影响管理秩序（Barley & Kunda，1992；Miller & O'Leary，1989），组织公平影响员工对雇主如何感觉或采取什么样的行动。当人们感到受到不公平对待，他们的承诺降低、工作绩效下降、几乎不可能帮助同事（Cropanzano & Greenberg，1997）。

员工信用在薪酬策略对企业信用的影响过程中起显著中介作用，这是因为薪酬策略首先对个体层面的员工信用会产生影响。具体来说，员工信用在薪酬水平策略对企业信用的影响过程中起部分中介作用，说明薪酬水平既对企业信用产生直接影响，又通过影响员工信用而影响企业信用，因此薪酬水平，即员工实际能够拿到多少是非常重要的；在基于岗位的薪酬策略和基于绩效的薪酬策略对企业信用的影响过程中起完全中介作用，说明根据什么来确定薪酬不会直接影响企业信用，而是通过影响员工信用再影响企业信用。

6.3.4.3 企业信用在薪酬策略和员工信用关系中的中介作用

薪酬策略一方面直接影响员工信用，另一方面，通过员工对企业信用的知觉而影响员工信用。从社会认同理论来看，薪酬策略在薪酬水平和结构上的一些突出特征引起员工进行内部和外部的比较，这种比较的结果会产生公平知觉，影响员工信用，还会产生对企业类别的认同，即把企业划归相应的信用级别，在经济交换和社会交换的思想支配下，这种认同会对员工的信用表现产生影响。

6.3.4.4 不同组织特征下企业信用的差异

从社会认同的视角看，企业性质、企业规模、企业年限、企业类别和创业阶段等组织特征并不是员工评价企业信用时的重要分类线索，员工是以企业的所作所为表现出来的信用特征来对企业进行社会分类和比较后，对企业信用做出判断的。在本研究的样本企业中，不同组织特征下的企业行为差异造成了员工对企业信用的知觉差异，具体表现在：

（1）三资企业在企业胜任和企业责任维度上的评分高于私有企业，反映三资企业在行业经验、业务专长、团队合作和员工关系方面比私有企业要强。

（2）101～500人的企业与100人以下的企业在企业诚信维度上存在显著差异，这可能反映小规模企业和较大规模企业相比，在经营管理活动中的规范性程度较低，给员工造成诚信度较低的知觉。

（3）3～5年的企业比5年以上的企业在企业诚信维度上的评分要高，反映成立年数长的企业在员工心目中并不一定是高诚信的企业。

（4）不同企业类别、创业阶段的服务业创业公司在企业信用上没有显著差异。员工在对企业信用进行评价时，针对的是企业的整体行为表现，没有考虑所有制形式、创业阶段等组织特征。

6.4 研究结论的理论与应用价值

本研究结论的理论价值在于掀开人力资源策略与信用关系研究的一页，通过薪酬策略对员工信用和企业信用的影响作用分析，在个人信用和企业信用的关系、企业信用的前因变量研究方面取得了一定的研究进展，发现员工信用和企业信用存在相互影响作用。薪酬策略对于企业信用和员工信用都有直接影响作用，员工信用和企业信用在薪酬对信用的作用中又分别发挥了中介作用。

本研究结论的应用价值在于：

（1）薪酬策略对信用具有影响作用的结论对于企业信用建设具有操作指导价值。通过适应企业规模和企业所处的发展阶段的合适的薪酬水平定位和薪酬结构选择，一方面直接影响员工对企业信用的知觉评价，另一方面，通过影响员工工作动机和公平知觉影响员工信用，并对企业信用产生影响。企业可以借助薪酬策略的价值观沟通和行为塑造功能，树立员工诚信敬业的价值观和积极进取、友好合作的工作作风，为树立良好的企业信用形象奠定最坚固的基础。

（2）理解和运用员工信用和企业信用的鱼水关系。企业信用建设必须充分发挥员工的主体作用，通过员工信用的积累来支持和塑造企业信用，通过企业信用的氛围来约束和激发员工信用。

（3）认识和运用不同组织特征下的企业信用的特征差异。在员工信用和企业信用的塑造上，组织特征的影响都不显著，不同特征的企业进行信用建设都可以有所作为。

7 企业信用与创业绩效的关系研究

7.1 研究目的

在企业信用影响创业绩效的文献研究中，我们列举了企业信用对塑造企业品牌的影响、对消费者态度和行为的影响、对人力资源管理效能的影响、对信任和声誉的影响等。

基于文献研究和现实企业对信用价值的关注，我们关心的问题是：服务业创业公司员工信用、企业信用和创业绩效有关系吗？若有关系，员工信用、企业信用对创业绩效的影响作用显著吗？若影响作用显著，具体体现在员工信用、企业信用的每个维度对创业绩效的哪些方面有影响？本研究的目的在于深入分析服务业创业公司员工信用、企业信用对创业绩效的影响作用，真正了解企业信用对于企业生存和发展的重要意义。

7.2 研究假设

在文献研究中，研究者特别关注以企业或企业代理人的广告代言人、销售员、技术专家等为信息来源的信用对于受众或消费者态度和行为的影响，具体包括顾客对待广告的态度、顾客的购买意图、顾客对品牌的信用知觉、顾客满意度、顾客忠诚度等，也有少量研究关注企业信用对招聘效能（招聘广告信息关注程度、工作接受度）、员工保留的影响。

在访谈研究中，当问及企业信用的作用时，被访谈者列举了大量的事例证明作为无形资产的企业信用给企业带来的好处和收益，归纳起来不外乎两个方面：一是经济方面的收益，包括吸引投资者和债权人把资金投入企业并放宽贷款条件、吸引员工自愿加入企业做出突出的工作业绩并在企业困难的时候能够同舟共济、吸引顾客重复购买并介绍新顾客、吸引供应商开出优惠的原辅材料供应条件、吸引合作伙伴开出非常有利的合作条件等，这是直接看得见的收益；二是社会效益，包括良好的企业形象、在公众中的好口碑、建立企业某些突出特征如质量的声誉、在公共关系中引人注目、受到政府政策的支持等，这是在短期内看不见的间接收益，但是人们可以感觉到。

基于文献研究和访谈研究的结论，我们提出下列假设：

假设1：服务业创业公司员工信用对创业绩效有显著影响作用

假设1a：服务业创业公司员工诚实守信对创业绩效有显著影响作用

假设1b：服务业创业公司员工承诺能力对创业绩效有显著影响作用

假设1c：服务业创业公司员工责任意识对创业绩效有显著影响作用

假设2：服务业创业公司信用对创业绩效有显著影响

假设2a：服务业创业公司诚信对创业绩效有显著影响作用

假设2b：服务业创业公司胜任对创业绩效有显著影响作用

假设2c：服务业创业公司责任对创业绩效有显著影响作用

假设3：服务业创业公司信用是员工信用与创业绩效关系的中介变量

假设3a：企业信用在诚实守信与创业绩效的关系中起完全中介作用

假设3b：企业信用在承诺能力与创业绩效的关系中起完全中介作用

假设3c：企业信用在责任意识与创业绩效的关系中起完全中介作用

假设4：行业信用环境在企业信用影响创业绩效的过程中起缓冲作用

假设4a：行业信用环境在企业诚信与创业绩效的关系中起缓冲作用

假设4b：行业信用环境在企业胜任与创业绩效的关系中起缓冲作用

假设4c：行业信用环境在企业责任与创业绩效的关系中起缓冲作用

7.3　研究方法

7.3.1　样本

本研究样本由28家服务业创业公司的工作人员填写的问卷组成，研究者发放问卷 240 份，回收问卷 168 份，回收率 70%，剔除无效问卷 11 份，有效问卷 157 份，有效回收率为 65%。样本的基本情况见表 7－1 所列，收集的数据用于企业信用对创业绩效的影响作用分析。从回答者的员工情况看，男性和女性的人数接近，年龄以 25～35 岁（45.2%）为主，学历以大专（42.9%）、本科（42.0%）为主，职务层次以一般职工（51.0%）为主，工作岗位分布较均匀，其他类（42.7%）居多，工作年限在 3 年以内（47.7%）的占多数；从回答者所属的企业背景看，私营企业（52.9%）居多，职工人数以 1～50 人（42.7%）居多，成立年数以 5～10 年（33.1%）居多，隶属两类服务业的人数接近，创业阶段以成长阶段（50.3%）居多。

表 7－1　企业信用对创业绩效的影响作用分析样本基本信息表

(1)

性别			年龄			学历		
类别	人数	百分比	类别	人数	百分比	类别	人数	百分比
男	80	51.0	25 岁以下	53	33.8	高中及以下	7	4.5
女	77	49.0	25～35 岁	71	45.2	大专	67	42.7
			35～45 岁	24	15.3	本科	66	42.0
			45 岁以上	9	5.7	硕士及以上	17	10.8

(2)

职务			工作			工龄		
类别	人数	百分比	类别	人数	百分比	类别	人数	百分比
职工	80	51.0	技术研发	15	9.6	1 年以内	36	22.9
基层	36	22.9	市场销售	27	17.2	1～3 年	39	24.8
中层	29	18.5	行政人事	25	15.9	3～5 年	25	15.9
高层	12	7.6	财务会计	11	7.0	5～10 年	25	15.9
			客户服务	12	7.6	10 年以上	32	20.4
			其他	67	42.7			

(3)

企业性质			职工人数			成立年数		
类别	人数	百分比	类别	人数	百分比	类别	人数	百分比
国有	59	37.6	1～50	67	42.7	1 年以内	6	3.8
私营	83	52.9	51～100	20	12.7	1～3 年	27	17.2
三资	9	5.7	101～500	32	20.4	3～5 年	31	19.7
其他	6	3.8	500 以上	38	24.2	5～10 年	52	33.1
						10 年以上	41	26.1

(4)

企业类别			创业阶段		
类别	人数	百分比	类别	人数	百分比
知识密集型服务业	76	48.4	创建阶段	4	2.5
传统服务业	82	51.6	成长阶段	79	50.3
			扩张阶段	55	35.0
			成熟阶段	19	12.1

7.3.2　测量

员工信用和企业信用的测量仍然采用已经被前面的研究验证的量表。

（1）创业绩效的测量

目前，关于创业绩效测量还缺乏足够的信息和引导理论（Brushet al.，1992；Chandleret al.，1992），创业研究者们在如何有效评价或测量创业绩效方面面临许多困难（Chakravarthy，1986）。最主要的困难是：①数据获取难，且可信度低。一方面，创业者们往往不愿轻易透露自己的真实财务数据；另一方面，对绩效指标的理解和数据统计口径上分歧较大。Covin 和 Slevin（1990）认为，由于公司不愿意公开财务资料，所以任何公开报道的财务绩效数字的正确性无法获得证实，而且财务绩效数字受行业影响，可比性差。②绩效指标缺乏统一的体系和相同的操作定义。各取所需的创业绩效定义和测量工具造成多个研究结果的比较分析很难。Cooper（1993）认为绩效指标选取的多样化，造成很多研究结果无法进行比较，应该从组织效率和效能两个方面选取关键绩效指标。Murphy 等（1996）认为对创业绩效的测量应该遵循下列原则：①清楚具体绩效维度的准确含义；②提供具有理论依据的绩效量表；③尽可能地测量绩效的多个维度；④考虑到几个关键的控制变量，例如行业、规模等。Lumpkin 和 Dess（1996）认为绩效从本质上来说是多维度的，因此有必要将绩效的不同维度组合起来。多维度测量对绩效测量是非常重要的（Kaplan，1983；Remdolph et al.，1991）。Venkatraman 等（1986）提出组织绩效的多维结构：①财务绩效（Financial Performance），包括资产回报率、销售增长率等；②运营绩效（Operational Performance），包括市场占有率、新产品引入等，是指对产生最终财务绩效具有重要作用的一些关键因素，如产品质量、市场份额等非财务指标；③组织效能，包括员工士气、离职率等非财务指标。

本研究在 Borman 和 Motowidlo（1993）两维度工作绩效结构模型基础上，结合创业任务特征，参照 Covin 和 Slevin（1991）等人提出的生存绩效与成长绩效指标，选择营业收入、利润增长、市场份额和竞争能力作为任务绩效的评价指标，选择最近三年的企业职工人数增长、离职人数、出勤率和顾客满意度作为周边绩效的评价指标。考虑到问卷填写者掌握企业信息的程度差异，在具体数据的准确性和完整性上难以取得一致，因此采用主观绩效指标。

（2）行业信用环境

参考企业信用环境研究的相关文献，本研究选取政府监督、行业协会监督、行业信用处罚力度作为行业管制的观测指标，选择行业行为规范、行业人才信用作为竞争秩序的观测指标（参见附录3）。

7.4　数据分析

7.4.1　创业绩效量表的信度和效度分析

运用样本数据，对创业绩效子问卷进行探索性因素分析，采用最大方差主成分分析法，用最大方差法进行因素旋转，根据凯泽标准，抽取特征根大于1的因素，探索性因素分析结果见表7-2所列。

从创业绩效子问卷的 8 个项目中可以提取两个因素。根据抽取出的两个因素的测量项目的内容，我们对这两个因素分别命名为：①任务绩效（4 个项目），是指评价者对与企业经营目标的实现程度有关、涉及企业生存和成长的绩效指标的主观知觉，其特征根值为 3.08，解释了 38.51% 的方差变异；②周边绩效（4 个项目），是指评价者对员工队伍变化和工作奉献方面的绩效指标的主观知觉，其特征根值为 1.76，解释了 22.05% 的方差变异。两个因素共同解释了约 60.56% 的方差变异，两个因素测量项目的内部一致性系数分别为 0.88 和 0.76。

表 7-2　创业绩效因素分析结果

测量项目	因素 1	因素 2
因素 1：任务绩效 α 系数 =.88 P1 最近三年的营业收入	.86	.10
P2 最近三年的利润增长	.89	.12
P3 最近三年的市场份额	.78	.18
P4 最近三年的竞争能力	.86	.18
因素 2：周边绩效 α 系数 =.76 P5 最近三年企业职工人数的增长	.37	.49
P6 最近三年离开企业的职工人数	.00	.78
P7 最近三年企业职工的出勤率	.06	.61
P8 最近三年的企业顾客满意度	.25	.67

7.4.2　员工信用、企业信用对创业绩效的影响作用分析

运用样本数据，采用 SPSS11.5 统计软件，对员工信用、企业信用与创业绩效进行相关分析，分析结果见表 7-3、表 7-4 所列。

表 7-3　员工信用与创业绩效相关矩阵

变量	诚实守信	承诺能力	责任意识	任务绩效	周边绩效
诚实守信	1.00				
承诺能力	.59**	1.00			

（续表）

变量	诚实守信	承诺能力	责任意识	任务绩效	周边绩效
责任意识	.63**	.49**	1.00		
任务绩效	.19*	.28**	.25**	1.00	
周边绩效	.39**	.32**	.35**	.00	1.00

注：*p<.05　**p<.01　***p<.001

表7-4　企业信用与创业绩效相关矩阵

变量	企业诚信	企业胜任	企业责任	任务绩效	周边绩效
企业诚信	1.00				
企业胜任	.64**	1.00			
企业责任	.69**	.64**	1.00		
任务绩效	.28**	.31**	.25**	1.00	
周边绩效	.48**	.37**	.44**	.00	1.00

注：*p<.05　**p<.01　***p<.001

从表7-3中可以看到，员工信用的三个维度和创业绩效的两个维度显著正相关，其中与周边绩效的相关系数最高的是诚实守信（.39），与任务绩效的相关系数最高的是承诺能力（.28）。从表7-4中可以看到，企业信用的三个维度和创业绩效的两个维度也显著正相关，其中与周边绩效的相关系数最高的是企业诚信（.48），企业责任也较高（.44），与任务绩效的相关系数最高的是企业胜任（.31）。总之，员工信用、企业信用都和创业绩效存在显著正相关关系。

相关分析的结果只能判断变量之间是否存在关系，无法说明变量之间的关系影响程度以及变量之间的因果关系，要想进一步验证变量之间的关系及其大小，就需要对变量之间的关系进行多元回归分析。

为了深入研究员工信用、企业信用的不同维度是如何影响创业绩效的不同方面，我们采用多元线性回归模型来描述这些变量之间的关系。分析结果如下：

表 7-5　创业绩效与员工信用的多元回归分析

	任务绩效	周边绩效
诚实守信		.23*
承诺能力	.23*	
责任意识		
校正 R^2	.08	.16
F 值	5.42**	10.73***

注：*p<.05　**p<.01　***p<.001

表 7-6　创业绩效与企业信用的多元回归分析

	任务绩效	周边绩效
企业诚信		.32**
企业胜任	.22*	
企业责任		
校正 R^2	.09	.24
F 值	6.15**	17.26***

注：*p<.05　**p<.01　***p<.001

　　从表 7-5 中可以看到，员工信用的三个维度中，只有诚实守信和承诺能力两个维度对创业绩效有显著的影响作用，而责任意识维度对创业绩效则没有显著的影响作用，其中，诚实守信解释了周边绩效 16% 的变异，承诺能力解释了任务绩效 8% 的变异，假设 1a、假设 1b 得到支持，假设 1c 没有得到支持。从表 7-6 中可以看到，企业信用的三个维度中，只有企业诚信和企业胜任两个维度对创业绩效有显著的影响作用，而企业责任维度对创业绩效则没有显著的影响作用，其中，企业诚信解释了任务绩效 24% 的变异，企业胜任解释了任务绩效 9% 的变异，假设 2a、假设 2b 得到支持，假设 2c 没有得到支持。

7.4.3　企业信用的中介作用分析

　　我们采用 Baron 和 Kenny（1986）提出的逐步回归方法，检验服务业创业公司信用在员工信用和创业绩效的关系中的中介作用，检验结果见表

7-7、表 7-8 和表 7-9 所列。

表 7-7 企业信用在诚实守信和创业绩效关系中的中介作用分析

步骤	变量	β	T	校正 R^2	F 值
企业信用对诚实守信回归	诚实守信	.70	12.18***	.49	148.45***
创业绩效对诚实守信回归	诚实守信	.41	5.56***	.16	30.92***
创业绩效对企业信用和诚实守信回归	诚实守信	.02	.18	.32	37.16***
	企业信用	.56	6.03***		
中介作用判定	企业信用起完全中介作用				

注：*p<.05 **p<.01 ***p<.001

从表 7-7 中可以看到，在步骤 1 企业信用对诚实守信的回归分析结果中发现，诚实守信的回归系数达到显著水平；在步骤 2 做创业绩效对诚实守信的回归分析结果中发现，诚实守信的回归系数也达到显著水平；在步骤 3 做创业绩效对诚实守信和企业信用同时回归分析结果中发现，企业信用的回归系数达到显著水平，但是诚实守信的回归系数不显著，同时，回归方程的决定性系数增加了 16%。因此，在诚实守信对创业绩效的影响作用过程中，企业信用起到完全中介作用，假设 3a 得到支持。

表 7-8 企业信用在承诺能力和创业绩效关系中的中介作用分析

步骤	变量	β	T	校正 R^2	F 值
企业信用对承诺能力回归	承诺能力	.72	12.77***	.51	163.14***
创业绩效对承诺能力回归	承诺能力	.42	5.82***	.17	33.92***
创业绩效对企业信用和承诺能力回归	承诺能力	.03	.33	.32	37.21***
	企业信用	.55	5.78**		
中介作用判定	企业信用起完全中介作用				

注：*p<.05 **p<.01 ***p<.001

从表 7-8 中可以看到，在步骤 1 企业信用对承诺能力的回归分析结果中发现，承诺能力的回归系数达到显著水平；在步骤 2 创业绩效对承诺能力的回归分析结果中发现，承诺能力的回归系数也达到显著水平；在步骤 3 创业绩效对承诺能力和企业信用同时回归分析结果中发现，企业信用的回归系数达到显著水平，但是承诺能力的回归系数不显著，同时，回归方程的决定性系数增加了15%。因此，在承诺能力对创业绩效的影响作用过程中，企业信用起到完全中介作用，假设3b 得到支持。

表7-9　企业信用在责任意识和创业绩效关系中的中介作用分析

步骤	变量	β	T	校正 R^2	F 值
企业信用对责任意识回归	责任意识	.55	8.22***	.30	67.63***
创业绩效对责任意识回归	责任意识	.42	5.75***	.17	33.04***
创业绩效对企业信用和责任意识回归	责任意识	.15	1.92	.33	39.87***
	企业信用	.49	6.22***		
中介作用判定	企业信用起完全中介作用				

注：* p<.05　　* * p<.01　　* * * p<.001

从表7-9中可以看到，在步骤1企业信用对责任意识的回归分析结果中发现，责任意识的回归系数达到显著水平；在步骤2创业绩效对责任意识的回归分析结果中发现，责任意识的回归系数也达到显著水平；在步骤3创业绩效对责任意识和企业信用同时回归分析结果中发现，企业信用的回归系数达到显著水平，但是责任意识的回归系数不显著，同时，回归方程的决定性系数增加了16%。因此，在责任意识对创业绩效的影响作用过程中，企业信用起到完全中介作用，假设3c 得到支持。

综合以上检验结果，企业信用在员工信用的三个维度对创业绩效的影响过程中起完全中介作用。

7.4.4　行业信用环境的缓冲作用分析

经过因素分析发现，从行业信用环境的5个项目中只能提取1个因素，即行业管制。

Baron 等（1986）指出缓冲效应意味着两个变量的因果关系变化是缓冲变量的函数，逐步回归分析方法可以用于分析缓冲效应，具体的检验程序包括两个步骤的逐步回归过程：首先是因变量同时对自变量和缓冲变量的回归；然后是因变量同时对自变量、缓冲变量以及它们的交互项的回归。如果交互项的回归系数显著，且第二步回归方程的决定性系数相对于第一步回归方程的决定性系数的增量显著，则说明缓冲变量产生了缓冲效应。

　　根据本研究的目的和假设，我们用以上方法对行业信用环境在企业信用各维度与创业绩效之间的缓冲效应进行检验。检验结果见表 7 - 10、表 7 -11 和表 7 -12 所列。

表 7 - 10　行业信用环境在企业诚信和创业绩效关系中的缓冲作用分析

创业绩效					缓冲检验
	β	t	β	t	
企业诚信	.54	7.88 *	.73	2.61 *	正向缓冲
行业信用环境	.15	.66 * *	.22	.86 *	
企业诚信×行业信用环境	–	–	.24	.71 * *	
R²	.28 * * *		.35 * * *		
ΔR²	7 * * *				

　　注：* p<.05　* * p<.01　* * * p<.001

　　所有 β 系数值均为标准回归系数，所有 R² 均为校正 R²，ΔR² 是加入交互项对方程预测能力的增量。

　　从表 7 - 10 显示的结果来看，创业绩效对行业信用环境和企业诚信的回归方程都达到显著水平，当回归方程加入两者的交互项后，交互项回归系数为正，并达到显著水平。同时，回归方程的决定性系数增量也达到显著水平，表明行业信用环境的好坏对企业诚信与创业绩效的关系具有正向增强的缓冲作用，假设 4a 得到支持。

表 7 - 11　行业信用环境在企业胜任和创业绩效关系中的缓冲作用分析

创业绩效					缓冲检验
	β	T	β	t	
企业胜任	.48	6.74 * * *	.28	1.10 * * *	正向缓冲
行业信用环境	.10	.12 *	.23	.81 * *	
企业胜任×行业信用环境	–	–	.30	.85 * *	
R²	.22 * * *		.30 * * *		
ΔR²	8				

　　注：* p<.05　* * p<.01　* * * p<.001

　　所有 β 系数值均为标准回归系数，所有 R² 均为校正 R²，ΔR² 是加入交互项对方程预测能力的增量。

从表7-11显示的结果来看，创业绩效对行业信用环境和企业胜任的回归方程都达到显著水平，当回归方程加入两者的交互项后，交互项回归系数为正，并达到显著水平。同时，回归方程的决定性系数增量也达到显著水平，表明行业信用环境的好坏对企业胜任与创业绩效的关系具有正向加强的缓冲作用，假设4b得到支持。

表7-12　行业信用环境在企业责任和创业绩效关系中的缓冲作用分析

	创业绩效				缓冲检验
	β	T	β	t	
企业责任	.49	6.86	.05	.20	
行业信用环境	.13	.41	-.54	-1.63	无缓冲
企业责任×行业信用环境	–	–	.68	1.75	
R^2	.23***		.24***		
ΔR^2	1***				

注：　*p<.05　 **p<.01　 ***p<.001

所有β系数值均为标准回归系数，所有 R^2 均为校正 R^2，ΔR^2 是加入交互项对方程预测能力的增量。

从表7-12显示的结果来看，创业绩效对行业信用环境和企业责任的回归方程没有达到显著水平，这和前面企业责任对创业绩效没有显著的影响作用的结论是一致的。当回归方程加入两者的交互项后，交互项回归系数为正，也没有达到显著水平，表明行业信用环境的好坏对企业责任与创业绩效的关系没有缓冲作用，假设4c没有得到支持。

7.5　结果讨论与研究小结

本研究运用问卷法，通过样本数据，分析了员工信用和企业信用对创业绩效的影响作用，对假设的检验情况总结见表7-13所列，得出下列研究结论：

（1）员工信用的三个维度和创业绩效的两个维度显著正相关。诚实守信维度对周边绩效有显著的影响作用，承诺能力维度对任务绩效有显著的影响作用，责任意识维度对创业绩效没有显著的影响作用。

（2）企业信用的三个维度和创业绩效的两个维度显著正相关。企业诚信维度对周边绩效有显著的影响作用，企业胜任维度对任务绩效有显著的影响作用，企业责任维度对创业绩效没有显著的影响作用。

（3）企业信用在员工信用对创业绩效的影响过程中起显著中介作用，具体表现为企业信用在诚实守信、承诺能力和责任意识三个维度对创业绩效的影响过程中都起到完全中介作用。

（4）行业信用环境对企业信用影响创业绩效的过程具有缓冲作用，具体表现为行业信用环境在企业诚信、企业胜任影响创业绩效的过程中都起正向缓冲作用。

表7-13　员工信用、企业信用对创业绩效的影响作用假设验证结果

假设	检验结果
假设1：服务业创业公司员工信用对创业绩效有显著影响作用	
假设1a：服务业创业公司员工诚实守信对创业绩效有显著影响作用	支持
假设1b：服务业创业公司员工承诺能力对创业绩效有显著影响作用	支持
假设1c：服务业创业公司员工责任意识对创业绩效有显著影响作用	不支持
假设2：服务业创业公司信用对创业绩效有显著影响	
假设2a：企业诚信对创业绩效有显著影响作用	支持
假设2b：企业胜任对创业绩效有显著影响作用	支持
假设2c：企业责任对创业绩效有显著影响作用	不支持
假设3：服务业创业公司信用是员工信用与创业绩效关系的中介变量	
假设3a：企业信用在诚实守信与创业绩效关系中起完全中介	支持
假设3b：企业信用在承诺能力与创业绩效关系中起完全中介	支持
假设3c：企业信用在责任意识与创业绩效关系中起完全中介	支持
假设4：行业信用环境在企业信用影响创业绩效的过程中起缓冲作用	
假设4a：行业信用环境在企业诚信与创业绩效的关系中起缓冲作用	支持
假设4b：行业信用环境在企业胜任与创业绩效的关系中起缓冲作用	支持
假设4c：行业信用环境在企业责任与创业绩效的关系中起缓冲作用	不支持

7.5.1 员工信用对创业绩效的影响

关于员工信用与企业绩效的关系，虽然研究文献不多，但是对于员工信用对企业有影响作用的观点几乎是一致的。Atwater（1996）认为，诚信与专家力量的有效利用可以培养承诺和信任。本研究中衡量创业绩效的出勤率、离职率指标都和员工对组织的承诺与信任有关。Liu 和 Leath（2001）提出了顾客对销售员的专长知觉和信任模型（图7-1）认为，在B2B 的商务环境中，顾客关于销售员的专长和信任知觉影响顾客对企业的满意度和忠诚度。这里的顾客满意也是本研究中衡量创业绩效的指标之一。以往大量的研究都关注员工信用对周边绩效的直接影响，而对员工信用是否影响任务绩效的研究很少。

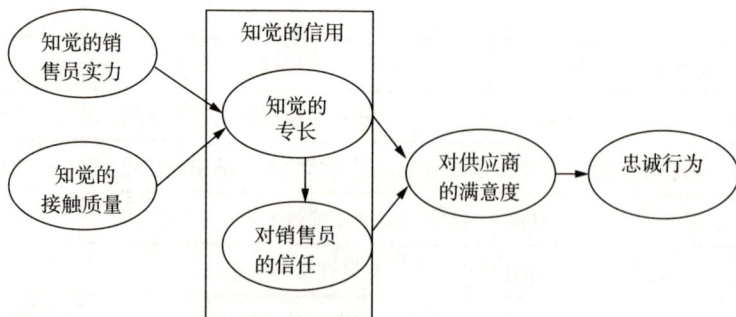

图7-1　顾客对销售员的专长知觉和信任模型

资料来源：Annie H. Liu，Mark P. Leath. Developing loyal customers with value-adding sales force：examining customer satisfaction and the perceived credibility of consultative salespeople. Journal of personal selling & sales management，2001，21（2）：147-156.

本研究通过对问卷数据的相关分析发现，员工信用的三个维度和创业绩效的两个维度显著正相关；通过对问卷数据的回归分析发现，诚实守信维度对周边绩效有显著的影响作用，承诺能力维度对任务绩效有显著的影响作用，责任意识维度知觉对创业绩效没有显著的影响作用。我们对这个研究结果的解释如下：

（1）诚实守信是赢得他人信任的首要基础，对于信用评价者来说，诚实守信甚至比专长更重要。Lui 和 Standing（1989）做了一个实验，被试

（36 个修女）听了同样的关于艾滋病的劝说信息，分别通过伪装成可信赖的来源（一个牧师）、一个专家（一个医生）、一个中性来源呈现。结果表明可信赖的沟通者被认为显著地比专家可信。Bashein 和 Markus（1997）研究 IT 专家的信用问题时，指出仅有专长是不会激发信任和信用的，成功的 IT 专家凭借可信赖品质与顾客建立良好的关系，有助于顺利开展工作。如果人们开始就被信任，差的技术表现不一定破坏信任，另一方面，尽管有好的技术表现，但是人们可能不被信任。诚实守信的员工信用维度反映了员工对待企业、工作和同事的态度，体现个人的道德品质，这种态度通过具体的工作行为表现出来，顾客和同事通过日常接触，对员工产生信用知觉。高诚实守信水平的员工在工作中给他人留下良好的信用形象，而这种形象是个人代表企业所留下的，因而又使他人对企业留下了良好的信用形象，顾客满意度会随之提高。当高诚实守信水平的员工数量较多的时候，他们的信用表现就构成一种企业文化现象，对于吸引外部工作候选人加入、提高内部员工的敬业精神和组织承诺水平会产生积极的影响。因此，员工的诚实守信对服务业创业公司的周边绩效有显著的影响作用。

（2）承诺能力是完成特定任务诺言的保证，是取得信用、被他人信任和获得更有挑战性的任务的前提条件。承诺能力相当于职务分析中的任职资格，即针对具体的职务，对任职者在知识、能力、经验和其他方面（KSAOs）上提出必要的条件。承诺能力是员工圆满完成任务，取得工作绩效，从而获得高信用评价的必要条件。实证研究结果表明员工的承诺能力对企业的任务绩效有一定的预测力，员工承诺能力水平越高，企业的经营管理能力就越强，在营业收入、利润、市场份额和竞争能力等任务绩效指标上的表现就会越好。

（3）责任意识虽然对创业绩效没有显著的影响作用，但是对员工取得高信用评价是不可或缺的，对诚实守信和承诺能力有影响。关于责任意识的现代社会影响观点认为，责任意识是个人的责任知觉，与价值系统相联系，Stephen Knouse（1995）指出责任意识意味着职责感、可靠性、信任和重要性。Harkness，Debono 和 Borgida 等（1985）认为高责任意识的个体通过发挥计划、协调、监督和参谋功能，和他人一起帮助组织达到预期的目标。当个体具有责任意识时，他们会考虑和满足责任性对象的想法和期望，在工作过程中，员工往往会表现出守时、谦让、助人等行为，这些行为可以减少部门内摩擦，有利于开展工作。Cummings 与 Anton（1990）发现责任意识与人际绩效的相关度很高，较高的责任意识会导致较高的人际绩效，个体的高责任意识可以增进组织内人际关系，提高组织士气、鼓励合作，消除阻碍绩效的因素，帮助同事完成他们的工作。

7.5.2 企业信用对创业绩效的影响

在文献研究部分，我们已经列举了企业信用影响企业绩效的一些实证研究，总体来说，信用对于利益相关者知觉企业发出的各种信息上扮演重要角色，这种知觉构成了消费者知觉公司整体形象的一部分（Gregory，1991），影响顾客对广告的态度（Mackenzie & lutz，1989）、产品知觉（Goldberg & Hartwick，1990）和购买决策（Miller & Sturdivant，1977；Winters，1988；Fombrun，1996）。消费者缺乏积极信用知觉的公司将在刺激需求、达到品牌偏好和提供有效的广告信息方面遇到麻烦（LaBarbera，1982）。在劳动力市场上，企业信用同样扮演着重要角色，对于吸引和保留员工，并让员工发挥聪明才智，为企业创造高绩效具有积极的影响作用。刘红燃（2004）把信用的作用归纳为三个方面：一是为经济发展提供道德支持，表现在节约社会资源，降低交易成本；二是有利于维持良好的人际关系，有利于人际关系的和谐、巩固与发展；三是为人的全面发展与社会的进步提供伦理动力。

本研究通过对问卷数据的相关分析发现，企业信用的三个维度和创业绩效的两个维度显著正相关；通过对问卷数据的回归分析发现，企业诚信维度对周边绩效有显著的影响作用，企业胜任维度对任务绩效有显著的影响作用，企业责任维度对创业绩效没有显著的影响作用。我们对这个研究结果的解释如下：

（1）企业诚信反映了企业经营管理活动的价值取向，是获得利益相关者长期支持的首要条件。储昭斌、臧武芳（2005）认为，企业树立的诚信价值观，不仅是企业对外获得良好形象、赢得商誉和品牌的要求，还是企业内部理顺管理体制和经营机制并凝聚员工队伍的必要方式。以诚信价值观为核心的企业信用文化是企业生存和发展的灵魂。管宁（2004）总结明清商人的诚信思想时，指出当时的商人已充分认识到诚信乃生财之本、致富之源。只有通过诚实经商建立起来的商业声誉才是真正的"生财大道"。

徽商樊现曾以"谁谓天道难哉！吾南至北淮，北至边塞，寇弱之患独不一与者。天监吴不欺尔！贸易之际，人以欺为计，予不以欺为计。故吾日益而彼日损，谁谓天道难信哉"教诲其子孙。正是由于以诚信为经商之道，才使明清两代出现了势力最大的商业集体：晋商和徽商。夏网生和崔苏卫（2003）分析企业信用的效益时指出，信用效益具有长期性、增值性和无形性的特点，"守信用"就意味着"好汉要吃眼前亏"，牺牲短期效益，获取长期效益，信用表征了一个企业的声誉、实力、形象，是一种无形资产，它创造的财富是永久的，具有较强的增值性。我们认为，企业诚信是企业在处理与各利益相关者之间的关系过程中所表现出来的"德行"或"品行"，诸如言行是否一致、是否遵守承诺、是否可靠或可信赖等。利益相关者通过与企业从事具体经营管理活动的工作人员的接触，运用社会认同的诚信判断标准，对企业表现做出判断，从而决定是否与企业发生和保持长期的往来。顾客可以据此决定是否购买企业的产品或服务，员工可以据此决定是否到企业工作或继续留在企业等，顾客和员工的这种行为反应就是创业绩效的内容。本实证研究的结果也表明，企业诚信较好地解释了周边绩效。

（2）企业胜任是企业完成自己制定的经营管理目标的能力，具体体现为整合人、财、物、信息等资源并高效转换为顾客所需求的产品和服务的能力，也是实现对各利益相关者的承诺的保证。企业胜任和企业的核心能力有关，Prahalad 和 Hamel（1990）提出的"核心能力"概念是指与市场竞争相关联的独特的智力、过程和产品能力，这种能力具有独特性、价值性、不可替代和不可模仿的特点，企业可以借此获取竞争优势。创业企业的企业胜任还与创业胜任力有关，吴东晓（2005）认为，目前的创业胜任力研究基本从三个方面分析，即投入（胜任力的前提）、过程（胜任力的任务或行为导向）和结果（获得和实现胜任力）。企业的核心能力和创业胜任力越突出，企业胜任水平越高，完成任务的可能性越大，也越有可能兑现对利益相关者许下的诺言。本实证研究结果也表明，企业胜任对企业任务绩效有较好的预测力。

（3）企业责任维度虽然对创业绩效没有显著的影响作用，但是对于增强企业信用具有非常重要的作用。Schlenker, Britt, Pennington, Murphy 和 Doherty（1994）认为责任性是有责任地按特定的标准向外部听众展示行为，从而履行义务、职责、期望以及其他内容。责任性也体现在对他人有责任，或者向他人解释自己的想法和行动（Klimoski & Inks，1990；London，Smither & Adist，1997；Tetlock，1983）。我们选取顾客和员工两个利益相关者群体作为企业履行责任的对象，即对顾客提供安全和高质量的产品和服务，对员工提供安全有保障的工作环境。企业责任既反映了企业对利益相关者的责任意识，也反映了企业对利益相关者的关心程度或善意，有助于企业获得利益相关者的好感，获得高信用评价。

7.5.3　企业信用对员工信用影响创业绩效的中介作用

在前面的数据分析中，我们把企业信用和创业绩效作为单个变量，分别分析了员工信用三个维度与创业绩效的关系，发现企业信用在诚实守信、承诺能力和责任意识三个维度对创业绩效的影响过程中都起到完全中介作用。

蔡建华（2004）介绍丰田公司员工信用体系建设经验时，提到员工信用"期权制"。雇佣制不是单纯的长期雇佣，而是重视雇佣保障，以继续雇佣为前提，这种继续雇佣是以前一次的企业和员工信用合作为条件的，员工必须用前一次良好的信用业绩去"购买"下次信用合作，形成一种信用期权。在这种方式的运作过程中，企业与员工通过多次"购买"、多次博弈，诱使合作双方进一步提高信任度，以促进双方合作效率和效益提升。如此良性循环，使得双方依赖度逐步提高，形成互利互惠的信用资源，促进双方逐渐摒弃短期行为，共同致力于长远利益投资，有利于企业培养忠实的员工。服务业创业公司的员工在工作过程中，作为企业的形象代表，在顾客眼里，其所言所行都具有双重意义，一方面反映个人的信用表现，另一方面也反映企业的信用表现。企业诚信是通过每个员工的诚实守信体现出来的，企业胜任是通过每个员工的承诺能力集聚起来的，企业责任是需要每个员工的责任意识来支撑的，因此，作为个体层面的员工信用，需要通过组织层面的企业信用，才能对创业绩效产生显著的影响作用。文亚青、刘金锋和丘永政（2004）认为，信用是企业员工价值的重要体现。企业信用好，员工就会充满自豪感、荣誉感，对企业的行为就容易认同，个人价值也容易得到体现，与企业共命运的意识也就越强。企业诚信对企业员工、顾客以及企业利润的影响还可从服务利润链中得到体现。

如图 7-2 所示。

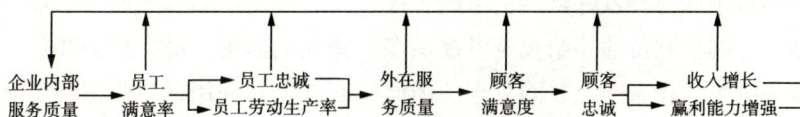

图 7-2 企业信用在服务利润链中的体现

资料来源：文亚青，刘金锋，丘永政．企业核心能力信用观．商业研究，2004，12（4）：3-5.

7.5.4 行业信用环境对企业信用影响创业绩效的缓冲作用

企业所处的行业信用环境影响企业信用与创业绩效关系。一方面，行业信用环境对企业诚信影响创业绩效的过程有正向缓冲作用，说明良好的行业信用环境促进企业诚信发挥作用，有助于利益相关者对企业诚信产生较高的社会认同度，从而给予企业信任和帮助，提高创业绩效。另一方面，行业信用环境对企业胜任影响创业绩效的过程有正向缓冲作用，说明行业信用环境可以增强企业胜任影响创业绩效的作用，在良好的行业信用环境中，企业获取利益相关者信任的社会认同成本大大降低，企业的产品和服务价格、质量易于得到消费者的认可，企业的招聘广告易于得到潜在候选人的响应。总之，行业是利益相关者对企业进行社会分类的重要特征，行业信用环境特征往往被分配到企业特征上，影响企业信用的效能发挥。

7.6 研究结论的理论与应用价值

本研究得出的三个结论的理论价值体现在个体和组织层次信用与创业绩效的关系研究方面获得了一些进展，从理论高度，对于个人信用和企业信用的效能有了更加结构化的理解。

本研究的应用价值主要体现在：

首先，为企业改善创业绩效提供了一条思路。企业在对创业绩效现状进行分析后，探询影响绩效的因素中，企业信用的哪个方面起到了关键作用，这些方面做得怎样，以确定下一步企业信用建设的努力方向。

其次，为企业进行信用建设指明了道路，即企业信用的根本是员工信用。不管企业对外宣称自己会给顾客提供多么好的产品和服务、给员工提供多么好的福利待遇、给投资者提供多么诱人的回报，最终都需要员工的忠诚和努力工作来一点一滴兑现。因此只有员工有信用，企业信用才有根基，对各个利益相关者的美好承诺才能兑现，所以企业需要通过招聘、录用、培训、考核、薪酬等一系列人力资源管理实践有力地塑造企业的信用价值观。本研究以薪酬策略为切入点，为企业运用人力资源策略提高企业信用提供了一些思路，企业还可以运用其他人力资源管理策略来构筑企业信用形象。蔡建华（2004）介绍了丰田公司对员工信用采用激励相容方式的做法，丰田公司针对员工在工作中出现问题后害怕惩罚可能产生隐瞒事实真相的机会主义行为，主张采用正激励方式，不仅要求员工在工作中出现问题就报告，强调问题揭露得越多越好。他们认为这是员工诚实守信的表现，而且把员工在工作中发现问题看作员工能力的体现，并予以奖励，这种方法取得了非常好的效果。比如，1997 年收到员工建议 727814 件，被采用率达 98%，平均每人提出创意建议为 10.3 件。随着生产中各种问题被揭露并加以解决，工作效率得到提高，成本在不断下降，员工能力也在工作中得到锻炼和提高，员工的能力变得越来越强，个人价值得到越来越好的体现，企业相应地也得到不断壮大，这种做法产生了企业发展和员工个人价值的实现相一致的相容效果，极大地调动了员工的工作积极性。

最后，企业需要警惕个人信用超越企业信用，给企业生存发展埋下祸根。《从优秀到卓越》的作者吉姆·柯林斯在比较实现从优秀到卓越跨越的公司和对照公司发现，前者组建强大的管理者队伍，后者则遵循"1 个天才与 1000 个助手"的模式，在这样的模式下，公司只不过是某个奇才个人的舞台。我们在研究中发现，一些服务业创业公司的业务骨干在经营活动中建立了自己良好的信用，为企业创造良好的经营业绩立下了汗马功劳，但是同时他们的个人信用大大超越了企业信用，一些顾客和员工只认个人，不认企业，使企业使用这种人才的风险和成本加大，有些人最终另立山头，成为企业的强劲竞争对手。因此，企业运用人力资源管理实践提高企业信用时，一定要让员工信用融化在企业信用中，个人信用的作用只有通过企业信用来体现，才能达到企业信用建设的目的。

8 总 论

自 Hovland，Janis 和 Kelley（1953）第一次从心理学角度研究信息来源的信用以来，信息来源的范围不断扩大，包括新闻媒体、公司代言人、名人、广告、证人、销售人员、产品品牌、公司品牌、网站、公司招聘信息、高管人员、上市公司财务报告等。对信息来源的信用研究主要以社会认知理论为基础，把信用看作是信息接收者对信息来源的信用知觉（credibility perception），研究问题主要集中在信用的结构维度、测量、对信息接收者的态度和行为的影响方面。虽然一些学者对企业信用进行了一些研究，例如 Herbig 和 Milewicz（1993，1995）研究了公司的竞争信用模型，Newell 和 Goldsmith（1998）研究了公司信用的测量问题，Lafferty，Newell 和 Goldsmith（1999，2000）研究了公司信用和代言人双信用模型，Lafferty 和 Goldsmith（2004）研究了公司信用对领先用户（指率先使用新产品的顾客）评价高科技产品的影响等，但是总体来说，对组织背景中的员工信用和企业信用的相关研究较少。

本书紧密贴近中国社会"信用危机"和服务业创业活动十分活跃的现实，以服务业创业公司为例，在信用理论、社会认同理论、利益相关者理论研究的基础上，对中国文化背景下员工信用和企业信用的概念构思、评价机制问题进行了研究，回答了"企业信用是什么""怎么评价企业信用"的问题，得出了一些有价值的结论。为了从管理实践角度进一步为企业进行信用建设提供实证依据，本书一方面从激励员工和企业之间建立良好的信用关系角度出发，选择了以往很少涉及的关键人力资源策略——薪酬策略来作为员工知觉企业信用的重要影响因素，回答了"薪酬策略对企业信用有什么影响"的问题；另一方面，从企业进行信用建设的动力视角，选择创业绩效作为结果变量，回答了"企业信用对创业绩效有什么影响"的问题，为信用的深入研究做了一些开创性的工作。

围绕上述四个研究问题，总论部分将从以下四个方面对本书作最后总结：①本书研究的主要结论；②本书研究的主要理论进展和创新点；③本书研究的主要实践意义；④本书研究的主要局限及未来研究展望。

8.1 本书的主要结论

8.1.1 员工信用和企业信用的三维结构模型

运用半结构化访谈和内容分析方法，针对不同人口统计特征（地区、行业、学历、职务、岗位、性别、年龄、工龄等）的企业人群进行深度访谈，并对访谈记录进行内容分析，探索中国文化背景下员工信用和企业信用的概念构思和结构维度；其次，在以往个人信用和公司信用的文献研究基础上，以访谈研究结果为依据，设计了员工信用及企业信用的调查研究问卷，对符合本研究界定的服务业创业公司管理者和员工进行取样调查，运用问卷法获取员工信用和企业信用概念构思和结构维度的数据；最后，运用两套样本和统计分析软件，对问卷数据进行探索性因素分析、验证性因素分析和结构方程建模，建立员工信用和企业信用概念构思模型。

本书提出并验证员工信用和企业信用的三维构思模型。

员工信用包括评价者（顾客、上司、同事等工作交往对象）知觉到的员工诚实守信、承诺能力和责任意识特征三个维度。其中，诚实守信指员工在企业的工作交往过程中，评价者知觉到员工的真诚、真实、遵守诺言、值得信赖和可靠性等个人品质；承诺能力是指员工在具体承担某项工作任务过程中，评价者知觉到的员工工作经验、专业培训经历、专业技能、专业知识、人际沟通等和完成工作任务有关的胜任特征；责任意识是指员工在企业的工作过程中，评价者知觉到的员工关心他人、帮助他人和团队合作等处理个人与他人、个人与集体关系的方式和价值取向。

企业信用包含顾客、员工等利益相关者知觉到的企业诚信、企业胜任和企业责任特征三个维度。企业诚信是指企业在处理各个利益相关者的关系过程中，评价者知觉到的企业真诚待人、言行一致、公开真实信息、公平对待和兑现诺言等企业品质；企业胜任是指企业通过相关活动满足利益相关者需要的过程中，评价者知觉到的企业提供产品和服务的经营管理能力、创造良好人文环境的人力资源管理能力、令投资者满意的盈利能力等支撑企业生存和发展的胜任特征；企业责任是指企业在处理各利益相关者所关注的问题过程中，评价者知觉到的企业关心、支持和帮助利益相关者、解决社会问题的方式和价值取向。

服务业创业公司特征对企业信用的形成和演变产生一定的影响，构成具有服务业创业特点的企业信用。创业的领先行动、承担风险、创新特征决定了创业企业的信用更具有进取性和更新性，这个特征突出体现在企业胜任上。企业通过创业活动，对既有能力进行深化和扩展，不断推出新产品、新技术和新工艺，或开辟新市场和新的商业模式，留给利益相关者的信用形象也在不断更新。人员密集的服务业特征使得企业信用更多地直接通过员工信用来体现，表现出人际信用依赖性以及由此产生的脆弱性和风险性。和制造业企业信用更多地和产品信用联系在一起的情形不同，服务业企业提供无形产品或服务的过程常常是和顾客一起完成的，传送产品或服务的同时就是人际交往的过程，服务的异质性和易消逝性特征决定了人际交往质量是顾客评价企业信用的重要依据，而人际交往质量恰恰是员工信用表现的结果。因此服务业企业信用更多地和员工信用联系在一起，人员流动、士气变化、管理措施等各种因素都会对员工信用表现的稳定性和持续性产生影响，使得服务业创业公司信用存在脆弱性和风险性。

8.1.2　企业信用评价机制的社会认同模型

运用多案例研究方法，以社会认同理论为解释框架，把企业信用评价机制看作各利益相关者对企业在企业诚信、企业胜任和企业责任三个方面品质表现的社会认同过程，即评价者对企业进行社会分类、社会比较和社会认同的心理活动过程。选择四个处于不同创业阶段的企业作为案例样本，以员工和顾客作为两个主要利益相关者，通过深度访谈、书面文件、网站文件和媒体报道等多渠道收集案例证据，采用模式匹配方法，对关键事件和理论框架的吻合程度进行分析验证。

本书以社会分类作为社会认同的起点，对应于不同创业阶段的社会分类方式差异，建立服务业创业公司信用的动态评价机制模型。社会分类方式包括基于企业自我（corporate self-based）、基于企业声誉（corporate reputation-based）和基于企业定型（corporate stereotype-based）三种。在企业创业的不同阶段，评价者对企业进行社会分类方式的组合模式是不同的，具体表现为：在企业初创期，社会分类的主导方式是基于企业自我的分类，以社会交往历史为分类前提，以心理距离为分类依据，以社会关系排序为分类方式；在企业成长期和扩张期，社会分类的主导方式是基于企业声誉的分类，以企业信息传播为分类前提，以企业印象为分类依据，以企业特征捕捉和印象判断为分类方式；在企业成熟期和转型期，社会分类的主导方式是基于企业定型的分类，以长期一致的企业信息传播为分类前提，以企业刻板印象为分类依据，以快速的印象判断为分类方式。在社会分类的基础上，评价者一方面对不同的社会类别进行比较，即外部比较，另一方面也将目标企业和自己的价值标准进行比较，即内部比较，同时还对企业声誉的长期一致性进行比较，即纵向比较。社会比较的直接结果是评价者对企业信用等级做出判断，表现出对不同企业的社会认同程度差异。社会比较和社会认同的过程充分体现了评价者的自尊和自我强化倾向，评价者认同度高的企业，即评价者认为信用高的企业，常常是评价者乐于积极评价及愿意和企业建立心理联系的社会分类。

8.1.3 薪酬策略对企业信用的影响模型

首先，运用案例研究方法，选择中国十大水务企业中的民营企业代表安徽国祯环保有限公司作为案例样本，通过深度访谈、书面文件、网站文件和媒体报道等多渠道收集案例证据，选择 3 个关键事件，对薪酬策略影响员工信用和企业信用的情况进行探索性研究；其次，在以往薪酬策略和企业信用的关系研究文献基础上，以案例研究结果为依据，设计了薪酬策略和信用的关系调查研究问卷，对 28 家服务业创业公司管理者及其员工进行取样调查，运用问卷法获取薪酬策略、组织特征、员工信用和企业信用的数据；最后，运用统计分析软件，对问卷数据进行探索性因素分析、验证性因素分析、方差分析、相关分析和回归分析，建立薪酬策略对员工信用和企业信用的影响模型。

本研究得出的主要结论包括下列四个方面：

第一是相关分析的结论。薪酬策略和员工信用、薪酬策略和企业信用、员工信用和企业信用都呈现显著正相关关系。

第二是回归分析的结论。员工信用对企业信用、薪酬策略对企业信用都具有显著的影响作用，具体表现为：员工信用的三个维度对企业诚信都有显著的影响作用，诚实守信和承诺能力两个维度对企业胜任和企业责任都有显著的影响作用；薪酬策略的三个维度对企业胜任都有显著的影响作用，薪酬水平和基于岗位的薪酬设计两个维度对企业诚信有显著的影响作用，薪酬水平对企业责任有显著的影响作用。

第三是中介作用分析的结论。员工信用和企业信用在薪酬的影响过程中都起到一定的中介作用，其中，员工信用在薪酬水平策略对企业信用的影响过程中起部分中介作用，在基于岗位的薪酬策略和基于绩效的薪酬策略对企业信用的影响过程中起完全中介作用；企业信用在薪酬水平策略、基于岗位的薪酬策略和基于绩效的薪酬策略对员工信用的影响过程中都起部分中介作用。

第四是方差分析的结论。不同组织特征下服务业创业公司的企业信用总体上没有显著差异，但是进行具体的组间比较时发现：私有企业和三资企业在企业责任维度上存在显著差异；101～500 人的企业与 100 人以下的企业在企业诚信维度上存在显著差异；3～5 年的企业比 5 年以上的企业在企业诚信维度上的评分要高。

8.1.4 企业信用与创业绩效的关系模型

首先，在以往创业绩效研究文献基础上，设计创业绩效研究问卷，结合研究一验证的员工信用和企业信用研究问卷，采集来自 28 家服务业创业公司的管理者和员工样本的数据；其次，运用统计分析软件，对问卷数据进行相关分析和回归分析，建立员工信用、企业信用对创业绩效的影响模型。

本研究得出的主要结论包括下列四个方面：

第一是相关分析的结论。员工信用和创业绩效、企业信用和创业绩效都呈现显著正相关关系。

第二是回归分析的结论。员工信用的诚实守信维度对周边绩效有显著的影响作用，承诺能力维度对任务绩效有显著的影响作用，责任意识维度对创业绩效没有显著的影响作用；企业信用的企业诚信维度对周边绩效有显著的影响作用，企业胜任维度对任务绩效有显著的影响作用，企业责任维度对创业绩效没有显著的影响作用。

第三是中介作用分析的结论。企业信用在员工信用对创业绩效的影响过程中起显著中介作用，具体表现为企业信用在诚实守信、承诺能力和责任意识三个维度对创业绩效的影响过程中都起到完全中介作用。

第四是缓冲作用分析的结论。行业信用环境对企业信用影响创业绩效的过程具有缓冲作用，具体表现为行业信用环境在企业诚信、企业胜任影响创业绩效的过程中都起正向缓冲作用。

8.1.5 本书的整合理论模型

本书以服务业创业公司为研究对象，解决了四个问题，即：企业信用是什么？怎样评价企业信用？薪酬策略对企业信用有什么影响？企业信用对创业绩效有什么影响？第一、第二个问题都是研究企业信用本身的问题，第三个问题研究企业信用的影响因素，第四个问题研究企业信用的结果变量。整合这三大方面的研究，形成整合理论模型（图8-1）。

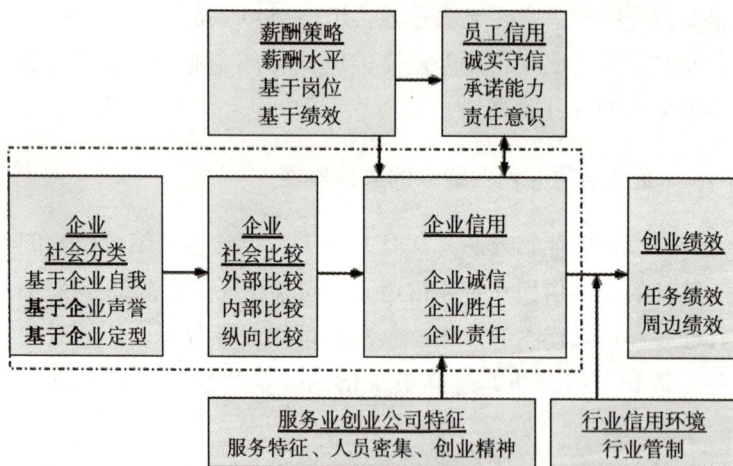

图8-1 基于社会认同的企业信用、薪酬策略与绩效关系总模型

这个整合模型遵循下列路径，对四个研究问题的一系列假设进行了检验，得出了上述研究结论。

（1）结构路径。我们深入解析了作为核心概念的企业信用和次核心概念的员工信用结构维度，验证了信用的三维结构假设。

（2）过程路径。在模型图虚线方框内，我们用社会认同的过程思路，分析了员工和顾客评价企业信用的心理过程机制，验证了基于企业自我、基于企业声誉和基于企业定型的企业信用动态评价机制假设。

（3）影响因素路径。在模型上部，我们分析了薪酬策略对信用的影响，验证了员工信用和企业信用的相互影响，薪酬策略通过影响员工信用影响企业信用，薪酬策略通过影响员工对企业信用的知觉而影响企业信用的假设。

（4）效能路径。在模型右半部，我们分析了信用与绩效的关系，验证了企业信用对创业绩效有显著影响作用，员工信用通过影响企业信用而影响创业绩效、行业信用环境是信用与绩效关系的缓冲变量的假设。

8.2 本书研究的主要理论进展和创新点

本书围绕服务业创业公司信用进行的一系列实证研究涉及信用、薪酬策略和创业绩效三个研究领域，以往文献对这三个领域之间的联系的实证研究几乎是空白，本书以社会认同理论为理论武器，结合上述三个领域的最新理论成果和研究思路，对服务业创业公司信用的概念构思、评价机制、薪酬策略对企业信用的影响、企业信用与创业绩效的关系进行了深入的实证研究，取得了一些重要的研究结论，在上述三个领域及其交叉领域的研究方面取得一定进展和创新突破。

8.2.1 关注信用构思的多维性、情境性和跨文化差异

以往运用组织行为学研究信用问题的文献主要以社会认知理论为基础，认为信用是信息接收者对信息来源或信息传播媒介的一种知觉，信用评价就是在这种知觉基础上信息接收者对信息发送者做出的可信度判断。

本研究结合特质论和知觉论的信用构思，深入挖掘中国文化背景下服务业创业公司情境以及员工的职务活动和企业的经营管理活动情景中的信用构思，所取得的理论进展和主要创新点表现在：

首先，提出了中国文化背景下组织情景中员工信用和企业信用的概

念构思，即员工信用是工作交往对象在员工工作过程中知觉到的员工诚实守信、承诺能力和责任意识特征，企业信用是利益相关者在企业经营管理活动中知觉到的企业诚信、企业胜任力和企业责任性方面的特征。与许多人坚持的"特质论""规则论"的信用概念相比，本研究采用的信用概念强调了信任者的重要性，这和顾客中心主义、重视社会责任的服务业创业公司发展趋势是一致的。和以往个人信用和公司信用的概念构思相比，这个研究结论突出了信用概念的三个方面：

（1）信用是一个多维构思。长期以来，中国人习惯把信用看作单维构思，要么把信用等同于声誉、诚信，只注重信用的伦理内涵；要么把信用等同于借贷手段，只关心信用的经济涵义。本研究立足组织行为学，展示了信用的态度条件、能力条件和价值观条件等更丰富的理论内涵。

（2）信用是和情境紧密联系的概念。本研究以服务业创业公司员工和企业、顾客和企业的对偶关系作为信用研究的对象，服务业创业公司是情境条件，在这种条件下，服务业特征决定了企业信用具有人际依赖性以及与之伴随的脆弱性和风险性，创业特征决定了企业信用具有进取性和更新性。针对具体的企业，员工信用是和履行职务的情境相联系的，企业信用是和提供服务和产品的经营管理活动情境相联系的。

（3）信用概念具有跨文化的差异性。中西方对信用概念的含义理解存在侧重点的差异，西方文化强调诚信因素中的诚实品质、能力因素中的与特定任务领域有关的专长、善意因素中的非功利目的的利他价值观，中国文化强调诚信因素中的守信品质、能力因素中的与完成具体任务有关的履约能力、责任因素中具有社会交换目的和社会规范要求的利他价值观。

其次，从中国文化背景下建立在人际关系基础上的差序信任结构特点出发，本研究采用以社会关系分类为基础的社会认同理论为总体理论框架，进一步分析信用概念的关系特征、动态特征和程度特征，认为员工信用是工作交往对象依据员工所属的社会分类和社会类别比较，对员工的诚实守信、承诺能力和责任意识品质的社会认同程度。企业信用是利益相关者依据企业所属的社会分类和社会类别比较，对企业诚信、企业胜任和企业责任品质的社会认同程度。这为我们认识个人信用和企业信用问题提供了一个崭新的视角，这个新视角一方面可以很好解释变化日益剧烈的经营环境下服务业创业公司信用的兴衰现象，另一方面对于人际信任、组织信任以及组织间信任中的信用差序结构现象具有较强的解释力。

8.2.2 运用 SIT，探索企业信用评价的动态演变机制

以往的企业信用评价文献大量聚焦在技术层面，包括评价指标的选择、指标权重的确定、评价方法的选择、评价主体的选择、信用信息的收集整理和信用档案管理，只有少数学者对于评价者在评价企业信用时的心理活动过程或信用信息加工模式进行了研究。陈丽君（2004）在管理者诚信评价研究、王重鸣和邓靖松（2004，2005）在虚拟团队信任机制研究中采用了映象决策理论，运用实验研究方法，分析了诚信评价和团队信任的动态特征。

本研究突破静态研究思路，采用案例研究方法解决"为什么"和"怎么样"类型问题的长处，把企业信用评价的重心放在关系互动和动态演变上，用社会认同理论的过程思路，结合企业创业阶段，探索企业信用的动态评价机制，所取得的理论进展和主要创新点体现在：

首先，关注企业信用评价过程中评价者和被评价企业之间的互动关系。利益相关者对企业信用评价所依据的信息都来自于和企业的直接交往或间接交往，员工是在企业工作过程中，通过观察了解企业对待员工、顾客等利益相关者的一言一行，而对企业信用做出评价的；顾客是在购买和消费企业服务和产品过程中，通过企业广告、销售活动、售后服务活动、服务和产品质量等，对企业信用做出判断的。利益相关者对企业信用的评价过程和其与企业交往的过程是相伴随的，企业经营管理活动的变化直接影响利益相关者对企业信用的评价，而利益相关者对企业信用的评价又直接影响到企业经营管理活动的变化。

其次，分析不同创业阶段的企业信用评价机制的差异和动态演变。处于不同创业阶段的企业在资源、能力、经营管理活动上体现出不同的特征，利益相关者和企业的情感联系和认知程度存在较大差异，决定了企业信用评价机制的阶段性差异，主要体现在利益相关者评价企业信用的社会认同基础——社会分类的主导方式不同。同一企业在不同创业阶段，其企业规模、活动范围、竞争能力都在不断变化，企业信用评价机制也随之动态演化，表现为评价者对企业社会分类方式的组合在不断变化，即不同社

会分类方式对企业信用评价的相对重要性是动态的。

最后，在运用社会分类方式解释不同的企业信用评价机制时，充分结合中国文化背景，用自己人概念（企业自我）替代内群体认同来解释信用评价中的人际关系因素，体现评价者在对被评价者进行社会分类过程中的情感驱动特征。

8.2.3 研究 HRM 关键策略——薪酬策略对信用的支撑作用

关于人力资源策略和信用的关系，以往只有少量研究涉及，主要包含在人力资源策略和信任的研究中。Whitener（1997）指出，以往研究为人力资源策略和信任是如何相互作用的研究提供了基础，进一步的研究需关注不同种类的人力资源活动是如何影响员工对上级、工作群体和组织的信任。

本研究就是以关键人力资源策略——薪酬策略，作为企业信用的支撑条件，研究其对员工信用和企业信用的影响作用，掀开了人力资源策略与信用关系研究新的一页，取得的研究进展和主要创新点表现如下：

首先，选择薪酬策略作为员工知觉企业信用的重要影响因素。员工和企业的关系首先是一个利益共同体，员工知觉企业信用的重要依据就是企业对员工自身利益的满足程度，而这和企业薪酬策略是紧密联系的，我们选择薪酬策略作为企业信用的影响因素，有力地证明了人力资源策略对于员工知觉企业信用的影响。

其次，分析薪酬策略对员工信用和企业信用的影响作用。薪酬策略具有实力信号、价值观传达、行为导向和利益调节功能，薪酬水平在劳动力市场上的位置是领先者还是跟随者，重视岗位价值还是重视工作绩效的价值，引导员工追求升职还是追求做出业绩，薪酬分配向什么岗位倾斜和向什么人倾斜等策略选择都鲜明地向员工展示了企业在诚信、胜任和责任意识上的品质，这些都对企业信用形象的塑造具有支撑作用。员工与企业之间的经济交换和社会交换关系决定了员工信用和企业信用是相互影响的关系，并在薪酬策略的影响中起中介作用。

8.2.4 研究企业信用与创业绩效的关系

以往关于企业信用的效能研究主要集中在企业信用对于消费者和员工

的态度和行为的影响，信用对于企业自身的影响研究主要采用定性描述方法，认为企业信用是企业的无形资产，给企业带来了潜在的商业价值，但缺乏定量分析。

本研究以服务业创业公司的创业绩效为结果变量，对企业信用的效能进行定量分析，在个体和组织层次信用的效能研究方面获得了一些进展，主要创新点具体表现在：

首先，选择创业绩效作为服务业创业公司信用效能的衡量指标。创业绩效反映了创业企业实行创业活动所取得的经营管理成果情况，更能衡量创业企业在一段时间内的成长程度，而企业信用作为保证企业可持续发展的因素，其作用的发挥有一个渐进的过程，所以，选择创业绩效作为企业信用的效能指标是比较适合的。

其次，分析企业信用对创业绩效的影响作用。企业诚信反映了员工和顾客知觉到的企业诚实、公平、守信等品质，它会影响员工和顾客对待企业的态度和行为，体现在创业绩效中的周边绩效方面，包括员工的离职率、出勤率、员工吸引、顾客满意度。企业胜任反映了员工和顾客知觉到的企业在提供产品和服务方面的知识、经验、技能、能力等品质，它对员工服务顾客的能力、顾客购买企业服务和产品的意向和行为产生影响，体现在创业绩效中的任务绩效方面，包括营业收入、利润增长、市场份额和竞争能力。

8.3 本书的主要实践意义

8.3.1 以自我分类策略提升信用形象

把员工信用和企业信用看作利益相关者对员工和企业特质的社会认同程度的观点，为企业信用建设开拓了新思路。企业在识别关键利益相关者的前提下，可以分析其社会分类偏好，然后实施积极的自我分类行动，迎合关键利益相关者的分类偏好，从而获取和提升企业信用。以员工为例，假如企业开发新产品和进行产品售后服务过程中需要的人才是不可替代的专有人才，那么这个人才群体就是企业的关键利益相关者，他们在选择就业企业时对企业分类的认同偏好就是企业吸引人才时所必须充分考虑的，诸如高薪企业、有潜力的企业、人性化的企业、发达地区的企业等分类都反映了人才对就业企业的社会分类偏好，企业可以通过相应措施，把自己归类到这些专有人才所喜欢的社会分类中，从而吸引人才。一些企业通过把自己的研发中心安置在贴近人才聚集地的大中城市，提供高于市场平均水平的薪酬，进行企业形象设计等措施，使潜在的工作候选人对企业的社会分类清晰定位，十分有利于企业吸引优秀人才。

8.3.2 以利益相关者管理策略提高信用收益

企业信用的多维构思和评价机制都和企业信用情境有关的研究结论启示我们，在进行企业信用建设过程中，必须充分考虑自身所处的行业和创业阶段中的利益相关者类型权变因素，抓住问题的关键，提高企业信用建设的有效性和针对性，从而提高企业信用的投资收益。下面就具体分析这两个结论的实践意义。

第一，企业信用的多维构思说明企业信用建设主要面临企业诚信、企业胜任和企业责任三个方面的任务，不同的行业企业受行业特点影响，利益相关者对这三个方面的关注程度是不同的，因此企业信用建设在这三个方面的着力点应该有所差异。企业诚信、企业胜任和企业责任三个维度在知识密集型服务业和传统服务业企业信用上的解释量存在差异，说明不同行业企业信用建设面临的问题是不同的。对于产品和服务日益同质化的传统服务业企业而言，诚信经营更重要，而对于受过高等教育、综合素质较高的人才聚集的知识密集型服务业企业而言，追求创新，构筑企业核心竞争力更重要，这是总体上的情况，具体到更细分的行业企业的情况又会有所不同。例如同样是传统服务业的企业，作为美容行业细分的企业面临的最大信用挑战是价格透明度，作为餐饮业细分的企业面临的最大信用挑战则是食品安全。在不同行业中，利益相关者在对企业信用评价过程中的社会分类是多种多样的，并不是所有的社会分类都有利于企业。就这些分类对企业发展的影响而言，企业信用可能存在强项和弱势，理解了利益相关者评价企业信用时最关心的社会认同基础，就可以采取相应策略，扬长避短，提升企业信用。例如创业企业被归到小企业的社会分类对于承接大公司业务和业务报价是不利的，但是在被归到高度专业化公司的社会分类则对企业承接专业性很强的业务来说是十分有利的。

第二，在企业的不同创业阶段，利益相关者对企业信用评价的社会认同基础结构是不同的，因此企业信用建设必须因时制宜，在不同的发展时期采取不同的信用获取和提升策略。以员工作为关键利益相关者来看，在创业初期，运用创业团队成员个人，尤其是企业领导人的个人关系网络从自己人范围内组建核心团队，一方面这些人对企业信用评价的基础是基于企业自我的关系，对企业忠诚，另一方面企业也信任这些人，用工和管理成本较低；随着企业逐步成长以至扩张阶段，自己人范围内的人才资源远远跟不上企业发展的需要，如何吸引人才呢？提高企业在潜在工作候选人或人才市场上的信用是吸引人才的不二法门，需要企业在人力资源管理方面积累一定的积极声誉，反之，如果待遇不高、承诺的条件不能兑现、工作条件差、排外势力大、人才流动大等消极声誉一旦形成和广泛传播，则对企业信用极为不利；在企业谋求变革或转型的时候，专业人才对企业专业化信用的定型知觉一时难以转变，对企业服务新客户和经营新业务的胜任力表示怀疑，对于企业执行新的发展战略是不利的，企业要取得转型成功，走向成熟期，就必须消除不利的企业定型，寻求与企业定型相适应的专业人才支持企业新的发展战略。可见，企业信用建设必须与时俱进，根据企业不同发展阶段利益相关者评价企业信用的不同关注点，适时调整策略。

总之，运用利益相关者管理策略进行企业信用建设，就要权衡不同利益相关者的认同偏好，抓住关键利益相关者，获取和提高企业最需要的信用。企业在生存和发展过程中，面临不同的利益相关者，每个利益相关者最关心与自己权益有关的信息，以企业有限的资源难以满足所有利益相关者的需求，为了使有限的资源在信用投资上获得最好的收益，就需要识别企业的关键利益相关者，理解他们评价企业信用的信息来源结构和处理方式，从而发送有效促进自身信用的信息，获得企业最需要的信用评价结果，推动企业成长和发展。以管理咨询业把核心员工作为关键利益相关者为例，新员工在加盟企业前，会通过网站、新闻媒体、个人社会关系、人才市场等渠道了解企业的历史、所有者结构、主要业务、客户结构、经营业绩、人才待遇、工作方式等信息，得到这些信息后，他们会根据自己的阅历或征询别人意见的方式，对企业进行社会分类和比较，给企业信用打分，从而决定是否加入企业。针对管理咨询业人才寻找工作的特点和处理招聘信息的特点，企业可以通过权威推荐、真实工作预览等招聘策略，强化企业信用形象，吸引优秀人才加盟。针对可能存在多方利益冲突的利益相关者群体，企业信用建设的基本步骤是：首先，正确识别企业信用信息的接收方，正确回答我们需要谁的高信用评价，即谁是我们的关键利益相关者；其次，这些关键利益相关者评价我们的信用标准是什么，即了解他们最希望企业发出什么声音和做出什么行为；最后，我们需要怎样做才能达到甚至超过关键利益相关者期望的信用标准。修炼内功固然很重要，这是获得信用的资本，但是有效传播给评价者完整准确的信息显得更重要，信奉"酒香不怕巷子深"显然是不利于企业获得高信用评价的，只有让更多的人知道酒真的很香，才能使企业获得发展。

8.3.3　以最佳实践策略巩固信用基础

服务业创业公司员工信用和企业信用是相互依赖和相互作用的研究结论说明，企业信用的立足点首先是员工信用。《追求卓越》的作者托马斯·彼得斯认为，以人为本的关键是信任，像对待合作伙伴一样对待他人，给他人以尊严，给他人以尊敬，这才有可能通过人力资源提高生产率。不管企业对外宣称自己会给顾客提供多么好的产品和服务、给员工提供多么好的福利待遇、给投资者提供多么诱人的回报，最终都需要员工的忠诚和努力工作来一点一滴兑现。只有员工有信用，企业信用才有根基，对各个利益相关者的美好承诺才能兑现，尤其在服务业企业，企业信用对员工信用的依赖性，说明服务业企业更应该把企业信用建设的落脚点或重心放在员工信用建设上。无论是知识密集型服务业企业，还是传统服务业企业，员工信用都是企业信用的窗口，顾客、投资者等利益相关者都是通过接触企业员工认识企业的，员工在履行职务责任时，其身份更多代表着企业，员工言行传达的信息成为利益相关者对企业进行社会分类的依据。因此，服务业企业信用建设必须充分发挥员工的主体作用，通过员工信用的积累来支持和塑造企业信用。其次，企业可以通过信用文化氛围塑造员工信用。企业信用所传达的价值观和要求的行为准则，对员工具有教育导向、凝聚同化和激励约束的功能，通过营造企业信用文化氛围，让员工信用与企业信用相匹配。

　　薪酬策略对员工信用和企业信用都有显著影响作用的结论说明，运用人力资源管理最佳实践，可以促进企业信用建设。Jeffrey Pfeffer 在其代表作《通过人获取竞争优势》（1994）和《人的因素：通过把人放在第一位来获取利润》（1998）提出 7 种人力资源管理最佳实践：①雇佣安全。②具有人力资源规划，采取预测效度较高的甄选技术选拔新员工，运用内部劳动力市场为员工提供内部职业生涯发展机会，对招聘录用的效果进行评价。③自我管理团队和决策分权的组织设计基本原则。④以组织绩效为基础的较高水平薪酬。薪酬结构中的主要构成部分是绩效工资，薪资水平处于行业较高水平，但是前提是完成设定的组织绩效目标。⑤大量的培训。有系统的培训计划，有专门的预算资金保证为各类员工提供大量的培训，不仅是针对工作技能的，还注重与接班人计划有关的培训，并对培训效果进行评估和控制。⑥减少地位差别和障碍，包括服装、语言、办公室安排和工资等级差别。⑦全组织广泛分享财务和绩效信息。就薪酬策略的最佳实践而言，薪酬水平对于员工来说是最重要的，企业通过当期的高水平薪酬或预期的高水平薪酬，向员工传达企业的支付能力（企业胜任）、公平和兑现承诺（企业诚信）、关心员工疾苦（企业责任）等方面的信息，提高员工对企业信用的认同程度，和企业形成命运共同体。基于岗位的薪酬设计和基于绩效的薪酬设计是薪酬结构的问题，即固定薪酬和浮动薪酬的比例问题，两者都对员工知觉企业的支付能力（企业胜任）有影响，基于岗位的薪酬设计因为存在职位评估是否科学从而给职位定价是否合理的问题，因此存在员工知觉这种薪酬设计是否公平（企业诚信）的问题。可见，在设计薪酬结构时，要考虑其可能影响员工对企业信用的知觉，从而影响员工信用。以销售员为例，底薪加提成是惯常的做法，对于成熟市场和新市场，底薪和提成的比例应该有所区别，如果一刀切，新市场的销售员就会觉得不公平，认为企业开拓新市场投入的资源和能力有限，可能产生跳槽的现象。薪酬策略作为企业信用建设的一条路径，一方面影响员工对企业信用的评价，另一方面，通过影响员工工作动机和公平知觉影响员工信用，并对企业信用产生影响。企业可以借助薪酬策略的价值观沟通和行为塑造功能，树立员工诚信敬业的价值观和积极进取、友好合作的工作作风，从而为树立良好的企业信用形象奠定最坚固的基础。

8.3.4 以价值评估策略驱动信用建设

企业信用对创业绩效有显著影响作用的研究结论体现了企业信用价值的重要性，企业可以按照这个思路，评估信用价值，激发信用建设的积极性。企业信用的企业诚信维度对周边绩效有显著的影响作用，说明企业诚信会赢得员工、顾客等内外部利益相关者的大力支持，虽然这种支持可能不会产生直接的经济效益，但是对企业的持续发展所产生的潜在贡献作用却是谁也不能忽视的。因此，试图取得可持续发展的企业必须在企业诚信上长期保持一致，通过坑蒙拐骗、假冒伪劣可能得逞于一时，但是不可能永远存在下去。企业胜任维度对任务绩效有显著的影响作用，说明提高企业提供产品和服务的胜任力可以预测企业在市场和财务方面的绩效，因此，企业取信于顾客、投资者等利益相关者的关键还是产品和服务的质量、价格、营销能力、管理能力和盈利能力等。企业责任维度对创业绩效没有显著的影响作用，并不是说企业责任不重要，而是企业责任更间接地发挥作用，因此，需要企业在价值观层次上真正重视社会责任。

企业信用在员工信用对创业绩效的影响作用中起完全中介作用的结论，说明企业必须学会把一个个员工的信用汇聚成为企业信用，最终转化为企业成果和无形资产。这需要高度警惕个人信用超越企业信用，否则就给企业生存和发展埋下祸根。"宁做鸡头，不做凤尾"的观念使许多服务业创业公司长不大，一些业务骨干在经营活动中建立了良好的个人信用，为企业创造骄人的经营业绩立下了汗马功劳，但是同时他们的个人信用大大超越了企业信用，一些顾客和员工只认个人，不认企业，使企业使用这种人才的风险和成本加大，有些人最终另立山头，成为企业的强劲竞争对手。因此，企业运用人力资源管理实践提高企业信用时，一定要让员工信用融化在企业信用中，防范个人信用风险给企业信用带来的损失。

8.4 本书的主要局限及未来研究展望

尽管本书按照科学博士论文规范开展了研究活动，得出了一些有价值的研究结论，并对企业管理实践具有一定的应用价值，但是由于研究条件局限和交叉领域的相关研究较少，本书研究还存在一些不足之处，展望未来，还有一些需要关注和深入研究的问题。

8.4.1 本书的主要局限

回顾本书的研究过程，主要存在下列三点局限：

第一，研究样本结构有待进一步优化。限于研究条件，本书虽然在上海、北京、南京、杭州、宁波、合肥等地 53 家企业发放问卷，所取得的 case 数量达到统计分析的数量要求，但是如果再扩大一些，样本的数据结构（企业性质、创业阶段、企业类别的分布）会更加优化一些，以深化分析在不同样本特征下的企业信用差异。在条件具备的时候，可以增加一些中西部服务业创业公司的样本，以增加中国文化背景的代表性。

第二，案例研究的外部效度问题。本书在研究二、研究三中都采用的案例研究方法，虽然注意到案例分析结论存在外部效度问题，并采用多案例、多证据来源、加大案例样本验证等方法来积极解决这个问题，但是案例企业以知识密集型企业为主，在一定程度上，这个问题还存在。

第三，员工信用和管理者信用的区分问题。本书中的员工信用是泛指，包括中高层经理人的信用，将来可以把管理者信用分离出来进行独立研究，把职业信用的思路融入研究中。

8.4.2 未来研究展望

本书以社会认同理论，对信用、薪酬和绩效三个领域的交叉领域进行了探索研究，还存在下列有待进一步研究的问题。

第一，可以运用其他理论认识信用和解释信用评价机制，进一步拓宽信用研究的思路。除了社会认知理论、社会认同理论和映象决策理论外，还可以尝试从其他理论视角认识信用，例如社会交换理论、社会网络理论等。

第二，领导者信用是决定企业信用状况的重要因素，因此，未来研究应该把领导者信用纳入研究范围。虽然截至目前，关于领导者信用的实证研究很少，但是对于组织行为学中关于领导的大量研究文献还是可以挖掘的。

第三，进一步扩展信用的影响因素研究。本书只是以薪酬策略对信用的影响作为一种尝试性研究，从企业信用建设的实践看，急需要信用建设策略产生效果的实证依据，对于企业信用产生影响的管理策略还有许多，未来的研究可以结合企业管理实践中制约企业信用的关键因素，选择有针对性的前因变量。为了使研究更深入，可以加入一些中介变量，例如公平知觉在薪酬策略对信用影响中的中介作用。

第四，深入研究信用的绩效机制。本书只是提出和验证了员工信用和企业信用对创业绩效的影响作用，至于信用是怎样影响绩效的，即信用的绩效机制问题还有待进一步研究。

总之，信用问题作为中国进行市场经济建设过程中的突出问题，是需要给予高度关注的学术研究领域，本书的组织行为学角度只是其中一个视角，除了上述值得进一步研究的问题外，还可以借鉴其他理论视角的研究成果。

参 考 文 献

［1］Alexander H S, Eggins R A, Reynolds K J. The ASPIRe model：Actualizing social and personal identity resources to enhance organizational outcome ［J］. Journal of Occupational and Organizational Psychology, 2003, 76：83–113.

［2］Ambrose M L. Contemporary justice research：a new look of familiar questions ［J］. Organization Behavior and Human Decision Processes, 2002, 89（1）：803–812.

［3］Ammeter A P, Ceasar D, Ferris G R, et al. A social relationship conceptualization of trust and accountability in organizations ［J］. Human Resource Management Review, 2004, 14（1）：47–65.

［4］Armstrong R W, Slew M Y. Do Chinese trust Chinese? a study of Chinese buyers and sellers inMalaysia ［J］. Journal of International Marketing, 2001, 9（3）：63–86.

［5］Arnolds C A, Boshoff C. Compensation, esteem valence and job performance：an empirical assessment of Alderfer's ERG theory ［J］. International Journal of Human Resource Management, 2002, 13（4）：697–719.

［6］Ashforth B E, Mael F. Social identity theory and the organization ［J］. TheAcademy of Management Review, 1989, 14（1）：20–39.

［7］Audrey K M, Brodt S E, Whitener E M. Trust in the face of conflict：the role of managerial trustworthy behavior and organizational context ［J］. Journal of Applied Psychology, 2002, 87（2）：312–319.

［8］Balkin D B, Gomez–Mejia L R. Determinants of R&D compensation strategies in the high tech industry ［J］. Personnel Psychology, 1984, 37

(4): 635-651.

[9] Balkin D B, Gomez – Mejia L R. Matching compensation and organizational strategies [J]. Strategic Management Journal, 1990, 11 (2): 153-169.

[10] Balkin D B, Gomez–Mejia L R. Toward a contingency theory of compensation strategy [J]. Strategic Management Journal, 1987, 8 (2): 169-182.

[11] Balkin D B. Compensation strategy for firms in emerging and rapidly growing industries [J]. Human Resource Planning, 1988, 11 (3): 207-213.

[12] Barbara P, Elizabeth P. Try transparency, gain in credibility [J]. Consulting to Management, 2004, 15 (3): 20-23.

[13] Barkema H G, Gomez–Mejia L R. Managerial compensation and firm performance: A general research framework [J]. Academy of Management Journal, 1998, 41 (2): 135-145.

[14] Bashein B J, Lynne M M. A credibility for IT specialist [J]. Sloan Management Review, 1997, 35-44.

[15] Becker T E. Integrity in organizations: Beyond honesty and conscientiousness [J]. Academy of Management Review, 1998, 23 (1): 154-161.

[16] Bharadwaj S G, Varadarajan P R, John F. Sustainable competitive advantage in service industries: A conceptual model and research proposition [J]. Journal of Marketing, 1993, 57 (4): 83-99.

[17] Bill M, Vincenzo P, Akbar Z. Trust as an organizing principle [J]. Organization Science, 2003, 14 (1): 91-103.

[18] Brouthers K D, Brouthers L E. Why service and manufacturing entry mode choices differ: the influence of transaction cost factors, risk and trust [J]. Journal of Management Studies, 2003, 40 (5): 1179-1204.

[19] Brown M P, Sturman M C, Simmering M J. Compensation policy and organizational performance: the efficiency, operational, and financial implications of pay levels and pay structure [J]. Academy of Management Journal, 2003, 46 (6): 752-762.

［20］Burbules N C. Paradoxes of the web: the ethical dimensions of credibility［J］. Library Trends, 2001, 49（3）: 441-453.

［21］Campbell D J, Campbell K M, Ho-Beng C. Merit pay, performance appraisal, and individual motivation: an analysis［J］. Human Resource Management, 1998, 37（2）: 131-146.

［22］Carbo J, Molina J M, Davila J. Trust management through fuzzy reputation［J］. International Journal of Cooperative Information Systems, 2003, 12（1）: 135-155.

［23］Carland J W, Frank Hoy W R, Boulton Jo Ann C C. Differentiating entrepreneurs from small business owners: A conceptualization［J］. Academy of Management Review, 1984, 9（2）: 354-359.

［24］Chanthika P. Validation of the celebrity endorsers' credibility scale: evidence from Asians［J］. Journal of Marketing Management, 2003, 19: 179-195.

［25］Chen C C, Chen Y R, Xin K. Guanxi practices and trust in management: a procedural justice perspective［J］. Organization Science, 2004, 15（2）: 200-209.

［26］Chris C, Kerrie U, Olga E, et al. Implicating trust in the innovation process［J］. Journal of Occupational and Organizational Psychology, 2002, 75: 409-422.

［27］Cole J G, McCroskey J C. The association of perceived communication apprehension, shyness, and verbal aggression with perceptions of source credibility and affect in organizational and interpersonal contexts［J］. Communication Quarterly, 2003, 51（1）: 101-110.

［28］Costigan R D, Insinga R C, Grazyna K, et al. Predictors of employee trust of their CEO: a three-country study［J］. Journal of Managerial Issues, 2004, 16（2）: 197-216.

［29］Cowherd D M, Levine D I. Product quality and pay equity between lower-level employees and top management［J］. Administrative Science Quarterly, 1992, 37（2）: 302-320.

［30］Deepak S, Jagdip S, Barry S. Consumer trust, value, and loyalty in relational exchanges [J] . Journal of Marketing, 2002, 66: 15-37.

[31] Devilly G J, Borkovec T D. Psychometric properties of the credibility/expectancy questionnaire [J] . Journal of Behavior Therapy and Experimental Psychiatry, 2000 (31): 73-86.

[32] Diaz M, Dolores S, Gomez - Mejia L R. The effectiveness of organization-wide compensation strategies in technology intensive firms [J] . Journal of High Technology Management Research, 1997, 8 (2): 301-316.

[33] Dowling G R. Corporate reputations: should you compete on yours [J] . California Management Review, 2004, 46 (3): 19-37.

[34] Dutton J E, Dukerich J M, Harquail C V. Organizational images and member identification [J] . Administrative Science Quarterly, 1994, 39 (2): 239-263.

[35] Elangovan A R, Shapiro D L. Betrayal of trust in organizations [J] . Academy of Management Review. 1998, 23 (3): 547-556.

[36] Elena D B, Jose L M A, María Jesús Y G. Development and validation of a brand trust scale [J] . International Journal of Market Research, 2003, 45 (1): 35-54.

[37] Falcione R L. Credibility: qualifier of subordinate participation [J] . The Journal of Business Communication, 2003, 11 (3): 43-55.

[38] Fernando F, Solomon R C. Creating trust [J] . Business Ethics Quarterly, 1998, 8 (2): 205-232.

[39] Fisher C D, Ilgen D R, Hoyer W D. Source credibility, information favorability, and job offer acceptance [J] . Academy of Manangement Journal, 1979, 22 (1): 94-103.

[40] Fong Sunny C L, Shaffer M A. Pay satisfaction: a cross-cultural investigation of a group incentive plan [J] . International Journal of Human Resource Management, 2003, 14 (4): 559-580.

[41] Fred L, Stajkovic A D. Reinforce for performance: the need to go beyond pay and even rewards [J] . The Academy of Management Executive, 1999, 13 (2): 49-57.

[42] Fred S. Antecedents and consequences of trust and satisfaction in

buyer-seller relationships [J]. European Journal of Marketing, 1998, 32 (3/4): 305-322.

[43] Frese M, Fay D, Hilburger T, et al. The concept of personal initiative: operationalization, reliability and validity in two German samples [J]. Journal of Organizational and Occupational Psychology, 1997, 70: 139 -161.

[44] Frese M, Kring W, Soose A, et al. Personal initiative at work: differences between East and West Germany [J]. Academy of Management Journal, 1996, 39: 37-63.

[45] Frink D D, Klimoski R J. Advancing accountability theory and practice: Introduction to the human resource management review special edition [J]. Human Resource Management Review, 2004, 14: 1-17.

[46] Frye M B. Equity - based compensation for employees: firm performance and determinants [J]. Journal of Financial Research, 2004, 27 (1): 31-54.

[47] Gary D, Rosa C, Rui Vinhas da S, et al. A corporate character scale to assess employee and customer views of organization reputation [J]. Corporate Reputation Review, 2004, 7 (2): 125-146.

[48] Gelfand M J, Beng-Chong L, Raver J L. Culture and accountability in organizations: variations in forms of social control across cultures [J]. Human Resource Management Review, 2004, 14: 135-160.

[49] Gianfranco W, Klaus - Peter W. A conceptualization of corporate reputation inGermany: an evaluation and extension of the RQ [J]. Corporate Reputation Review, 2004, 6 (4): 304-312.

[50] Goldberg A I, Gilat C, Avi F. Reputation building: small business strategies for successful venture development [J]. Journal of Small Business Management, 2003, 41 (2): 168-186.

[51] Gomez - Mejia L R, Welbourne T M. Compensation strategy: an overview and future steps [J]. Human Resource Planning, 1988, 11 (3): 173-189.

[52] Gomez-Mejia L R. Compensation strategies in a global context [J].

Human Resource Planning, 1991, 14（1）: 29-41.

［53］Gotlieb J B, Dan S. Comparative advertising effectiveness: the role of involvement and source credibility ［J］. Journal of Advertising, 1991, 20（1）: 38-45.

［54］Guido B, Van Riel Cees B M. Corporate associations in the academic literature: three main streams of thought in the reputation measurement literature ［J］. Corporate Reputation Review, 2004, 7（2）, 161-178.

［55］Hansen R A, Scott C A. Comments on "Attribution theory and advertiser credibility" ［J］. Journal of Marketing Research, 1976, 13: 193-197.

［56］Hennmen H G, Schwab D P. Pay satisfaction: its multidimensional nature and measurement ［J］. International Journal of Psychology, 1985, 20: 129-141.

［57］Hollensbe E C, Guthrie J P. Group pay-for-performance plans: The role of spontaneous goal setting ［J］. The Academy of Management Review, 2000, 25（4）: 864-872.

［58］Hubbell A P, Chory-Assad R M. Motivating factors: perceptions of justice and their relationship with managerial and organizational trust ［J］. Communication Studies, 2005, 56（1）: 47-72.

［59］Jack W, Michael B. Compensation strategies ［J］. Community Banker, 2001, 10（9）: 34-37.

［60］Jessica S. From intangibility to tangibility on service quality perceptions: A comparison study between consumers and service providers in four service industries ［J］. Managing Service Quality, 2002, 12（5）: 292-302.

［61］Jin Feng Uen H O, Shu Hwa Chien H O. Compensation structure, perceived equity and individual performance of R&D professionals ［J］. Journal of American Academy of Business, 2004, 4（1/2）: 401-405.

［62］Joel S. A theory of credibility ［J］. Review of Economic Study, 1985, LII: 557-573.

［63］Jones G R. The experience and evolution of trust: implications for cooperation and teamwork [J]. Academy of Management Review, 1998, 23 (3): 531-545.

[64] Julian G W. The importance of HR practices and workplace trust in a-chieving superior performance: a study of public-sector organizations [J]. International Journal of Human Resource Management, 2003, 14 (1): 28-54.

[65] Karen C, Elizabeth G O, Sridhar R. The reputation index: measuring and managing corporate reputation [J]. European Management Journal, 2003, 21 (2): 201-212.

[66] Ker C, Slocum J W. Managing corporate culture through reward systems [J]. Academy of Management Executive, 1987: 99-102.

[67] Kitchen P J, Andrew L. Corporate reputation: an eight-country analysis [J]. Corporate Reputation Review, 2003, 6 (2): 103-117.

[68] Knut H M, Svein J F. From user groups to stakeholders? The public interest in Fisheries management [J]. Marine Ploicy, 2001, 25 (4): 281 -292.

[69] Ko de R, Martin W. The role of corporate image and extension similarity in service brand extensions [J]. Journal of Economic Psychology, 2000, 21: 639-659.

[70] Kouzes J M, Posner B Z. The credibility factor: what followers expect from their leaders [J]. Management Review, 1990, 79 (1): 29-33.

[71] Lafferty B A, Goldsmith R E. Corporate credibility's role in consumers' attitudes and purchase intentions when a high versus a low credibility endorser is used in the Ad [J]. Journal of Business Research, 1999, 44: 109-116.

[72] Lafferty B A, Goldsmith R E. How influential are corporate credibility and endorser attractiveness when innovators react to advertisements for a new high-technology product [J]. Corporate Reputation Review, 2004, 7 (1): 24 -36.

[73] Lafferty B A, Goldsmith R E, Newell S J. The dual credibility model: The influence of corporate and endorser credibility on attitudes and purchase intentions [J]. Journal of Marketing Theory and Practice, 2002, 10

(3): 1–12.

[74] Lars L, Sue L. Accountability, responsibility and organization [J]. Scandinavian Journal of Management, 2003 (19): 251–273.

[75] Lee D Y, Dawes P L. Guanxi, Trust, and long–term orientation in Chinese business markets [J]. Journal of International Marketing, 2005, 13 (2): 28–56.

[76] Lenard H, Lane K. Levels of organizational trust in individualist versus collectivist societies: a seven–nation study [J]. Organization Science, 2003, 14 (1): 81–90.

[77] Lerner J S, Tetlock P E. Accounting for the effects of accountability [J]. Psychological Review, 1999, 125: 255–275.

[78] Liu A H, Leath M P. Developing loyal customers with value–adding sales force: examining customer satisfaction and the perceived credibility of consultative salespeople [J]. Journal of Personal Selling & Sales Management, 2001, 21 (2): 147–156.

[79] Louisa L, Lionel S. Communicator credibility: trustworthiness defeats expertness [J]. Social Behavior and Personality, 1989, 17 (2): 219–221.

[80] Louise Y, Kerry D. Affectual trust in the workplace [J]. International Journal of Human Resource Management, 2003, 14 (1): 139–155.

[81] Luo X M, Zhou L X, Liu S S. Entrepreneurial firms in the context of China's transition economy: an integrative framework and empirical examination [J]. Journal of Business Research, 2005, 58: 277– 284.

[82] Macrae C N, Bodenhausen G V. Social cognition: thinking categorically about others [J]. Annual Review of Psychology, 2000, 51: 93–120.

[83] Mahon J F, Wartick S L. Dealing with stakeholders: how reputation, credibility and framing influence the game [J]. Corporate Reputation Review, 2002, 6 (1): 19–35.

[84] Marsha C, Michael S. Compensation strategy in the new organization [J]. Journal of Compensation & Benefits, 1995, 11 (1): 55–59.

［85］ Martinez R J, Norman P M. Whither reputation? the effects of different stakeholders ［J］. Business Horizons, 2004, 47 (5): 25-32.

［86］ Maryalice C, Russell B, Takashi M. An experimental study of credibility in e-negotiations ［J］. Psychology & Marketing, 2005, 22 (2): 163-179.

［87］ Matthews C H, Scott S G. Uncertainty and planning in small and entrepreneurial firms: An empirical assessment ［J］. Journal of Small Business Management, 1995, 33 (4): 34-52.

［88］ Mayer R C, Davis J H, David S F. An integration model of organizational trust ［J］. The Academy of Management Review, 1995, 20 (3): 709-734.

［89］ McAllister D J. Affect- and cognition-based trust as foundations for interpersonal cooperation in organizations ［J］. Academy of Management Journal, 1995, 38 (1): 24-59.

［90］ McComas K A, Trumbo C W. Source credibility in environmental health-risk controversies: application of Meyer's credibility index ［J］. Risk analysis, 2001, 21 (3): 467-480.

［91］ McCroskey J C, Combs W H. The effects of the use of analogy on attitude change and source credibility ［J］. Journal of Communication, 1969, 19 (4): 333-339.

［92］ McKnight D H, Cummings L L, Chervany N L. Initial trust formation in new organizational relationships ［J］. The Academy of Management Review, 1998, 23 (3): 473-490.

［93］ McNally K A. Compensation as a strategic tool ［J］. HR Magazine, 1992, 37: 59-66.

［94］ McShane S L, Mary Ann V G. Organizational behavior 3e ［M］. Irwin, McGraw-Hill, 2003: 78-84.

［95］ Menefee J A, Murphy R O. Rewarding and retaining the best: compensation strategies for top performers ［J］. Benefits Quarterly, 2004, 20 (3): 13-20.

［96］ Michael J P, Jacquely A O. Exploratory examination of whether marketers include stakeholders in the green new product development process [J]. Journal of Cleaner Production, 1998, 6 (3-4): 269-275.

[97] Michael W, Cynthia G, Cauan V J. Trust me, I'm your boss: trust and power in supervisor-supervisee communication [J]. International Journal of Human Resource Management, 2003, 14 (1): 117-127.

[98] Milkovich G T. A strategic perspective on compensation management [J]. Human Resource Management Review, 1988: 263-288.

[99] Moore T. Building credibility in a time of change: How can the CEO and communication team ensure credible communication internally today [J]. Communication World, 1996, 13 (7): 18-21.

[100] Morgan D E, Eachid Z. Employee involvement, organizational change and trust in management [J]. International Journal of Human Resource Management, 2003, 14 (1): 55-75.

[101] Moshe B, Reisel W D. Would you trust your foreign manager? An empirical investigation [J]. The International Journal of Human Resource Management, 1999, 10 (3): 477-487.

[102] Motowidlo S J, Van Scotter J R. Evidence that task performance should be distinguished from contextual performance [J]. Journal of Applied Psychology, 1994, 79: 475-480.

[103] Muczyk J P. The strategic role of compensation [J]. Human Resource Planning, 1988, 11: 225-239.

[104] Newell S J, Goldsmith R E. The development of a scale to measure perceived corporate credibility [J]. Journal of Business Research, 2001, 52: 235-247.

[105] Newman J M. Compensation strategy in declining industries [J]. Human Resource Planning, 1988, 11 (3): 197-206.

[106] Newton C. Profiting from compensation strategies [J]. Journal of Financial Planning, 2002, 15 (5): 68-73.

[107] Nicole D, Tracey S. Transparency and assurance: Minding the credibility gap [J]. Journal of Business Ethics, 2003, 44 (2/3): 195-200.

[108] Ohanian R. Construction and validation of a scale to measure

celebrity endorsers' perceived expertise, trustworthiness and attractiveness [J]. Journal of Advertising, 1990, 19 (3): 39-52.

[109] Onno M, John R, Dirk S. Credibility, emotion or reason [J]. Corporate Reputation Review, 2004, 6 (4): 333-345.

[110] Pamela S Z, Kathleen E, Gaynelle W. Organizational trust: what it means, why it matters [J]. Organization Development Journal, 2000, 18 (4): 35-48.

[111] Paul H, John M. The relationship of reputation and credibility to brand success [J]. Journal of Cousumer Marketing, 1993, 10 (3): 18-24.

[112] Paul H, John M. To be or not to be ···credible that is: A model of reputation and credibility among competing firms [J]. Corporate Communication, 1996, 1 (2): 19-29.

[113] Perry R W, Mankin L D. Understanding employee trust in management: conceptual clarification and correlates [J]. Public Personnel Management, 2004, 33 (3): 277-290.

[114] Pomering R. Developing a compensation strategy in a financial advisory firm [J]. Journal of Financial Planning, 2001, 14 (9): 58-62.

[115] Rachid Z, JuUa C. Trust and HRM in the new millennium [J]. International Journal of Human Resource Management, 2003, 14 (1): 3-11.

[116] Ranjay G. Does familiarity breed trust? The implication of repeated ties for contractual choice in alliances [J]. Academy of Management Journal, 1995, 38 (1): 85-112.

[117] Reed M I. Organization, Trust and control: A realist analysis [J]. Organization Studies, 2001, 22 (2): 201-228.

[118] Richmond V P, McCroskey J C. Whose Opinion Do You Trust [J]. Journal of Communication, 1975, 25 (3): 42-50.

[119] Richter A. How does your compensation strategy measure up [J]. Strategic HR Review, 2002, 1 (4): 30-33.

[120] Rousseau D M, Sitkin S B, Burt R S, et al. Not so different after all: a cross-discipline view of trust [J]. Academy of Management Review, 1998, 23 (3): 393-404.

［121］Ruth A H, Todd L. Collaboration, trust and innovative change ［J］. Journal of Change Management, 2004, 4 (2): 97-104.

［122］Sabine E. When reputation engenders trust: an empirical investigation in business – to – consumer electronic commerce ［J］. Electronic Markets, 2002, 13 (3): 196-209.

［123］Sergio R. The Impact of Ethical Sales Behaviour on Customer Satisfaction, Trust and Loyalty to the Company: An Empirical Study in the Financial Services Industry ［J］. Journal of Marketing Management, 2003, 19: 915-939.

［124］Settle R B, Golden L L. Attribution theory and advertiser credibility ［J］. Journal of marketing research, 1974, 11 (5): 181-185.

［125］Simpson E K, Kahler R C. A scale of source credibility, validated in the selling context ［J］. Journal of personal selling & sales management, 1980—1981, 17-25.

［126］Spector M D, Jones G E. Trust in the workplace: factors affecting trust formation between team members ［J］. The Journal of Social Psychology, 2004, 144 (3): 311-321.

［127］Stephen B, Stephen P. Building a good reputation ［J］. European Management Journal, 2004, 22 (6): 704-713.

［128］Stevel W, Tosi H L. Other people's money: the effects of ownership on compensation strategy and managerial pay ［J］. Academy of Management Journal, 1995, 38 (6): 1672-1691.

［129］Stroh L K, Brett J M. Agency theory and variable pay compensation strategies ［J］. Academy of Management Journal, 1996, 39 (3): 751-765.

［130］Sylvie S O. Variables influencing the perceived relationship between performance and pay in a merit pay environment ［J］. Journal of Business and Psychology, 2000, 14 (3): 459-479.

［131］Tetlock P E. Accountability and the perseverance of first impressions ［J］. Social Psychology Quaterly, 1983, 46: 285-292.

［132］Thanigavelan J, Ravi K, Doucette W R. Entrepreneurial orientation as a basis for classification within a service industry: the case of retail pharmacy industry [J]. Journal of Operations Management, 2005, 23: 23-42.

[133] Thomas B, Hans P W. Service quality as an important dimension of brand equity in Swiss services industries [J]. Managing Service Quality, 2005, 15 (2): 132-141.

[134] Tony S. Behavioral integrity: the perceived alignment between managers' words and deeds as a research focus [J]. Organization Science, 2002, 13 (1): 18-35.

[135] Trina S. When brands and social issues are linked: the relationship between company credibility, company liking, and issue intentions [J]. American Marketing Association. Conference Proceedings, 2002, 13: 171.

[136] Trumbo C W, McComas K A. The function of credibility in information processing for risk perception [J]. Risk analysis, 2003, 23 (2): 343-353.

[137] Tulin E, Joffre S. Brand credibility, brand consideration, and choice [J]. Journal of Consumer Research. 2004, 31 (1): 191-197.

[138] Uan Manuel de la F S, Esther de Q P. The concept and measurement of corporate reputation: an application to Spanish financial intermediaries [J]. Corporate Reputation Review, 2003, 5 (4): 280-301.

[139] Vitaly S, Carolyn T. Reputation-based trust management [J]. Journal of Computer Security, 2005 (13): 167-190.

[140] Whitener E M. The impact of human resource activity on employee trust [J]. Human Resource Management Review, 1997, 7 (4): 89-404.

[141] Whitener E M, Brodt S E, Korsgaard M A, et al. Managers as initiators of trust: an exchange relationship framework for understanding managerial trustworthy behavior [J]. Academy of Management Review, 1998, 23 (3): 513-530.

[142] Wong E S, Danny T, Martin S. Antecedents of trust in intra-organizational relationships within threeSingapore public sector construction project management agencies [J]. Construction Management and Economics, 2000, 18: 797-806.

[143] Wong Y T, Wong C S, Ngo H Y. Loyalty to supervisor and trust in

supervisor of workers in Chinese joint ventures: a test of two competing models [J]. International Journal of Human Resource Management, 2002, 13 (6): 883-900.

[144] Wood M A. Toward theory of stakeholder identification and salience: defining the principle of who and what really counts [J]. The Academy of Management Review, 1997, 22 (4): 853-886.

[145] Zahra S A, Hayton J C, Carlo S. Entrepreneurship in family vs. non-family firms: a resource-based analysis of the effect of organizational culture [J]. Entrepreneurship Theory and Practice, 2004, 28 (4): 363-382.

[146] 阿奇·B·卡罗尔, 安·K·巴克霍尔茨. 企业与社会: 伦理与利益相关者管理 [M]. 黄煜平, 等译. 北京: 机械工业出版社, 2004: 44-62.

[147] 艾尔·巴比. 社会研究方法基础 [M]. 邱泽奇, 译. 北京: 华夏出版社, 2002: 124-132.

[148] 彼得·德鲁克. 卓有成效的管理者 [M]. 许是祥, 译. 北京: 机械工业出版社, 2005: 56-61.

[149] 蔡建华. 丰田公司员工信用体系建设及启示 [J]. 商业经济与管理, 2004, 10: 26-30.

[150] 曹兴, 张兴奎, 李华. 创业型企业及其创业资本体系的构建 [J]. 重庆大学学报 (社会科学版), 2001, 7 (1): 38-40.

[151] 陈丽君, 王重鸣. 中西方关于诚信的诠释及应用的异同与启示 [J]. 哲学研究, 2002 (8): 35-40.

[152] 陈丽君. 个体和组织诚信评价、构思及其影响机制研究 [D]. 杭州: 浙江大学, 2004.

[153] 陈松林, 王重鸣. 基于知觉论和特质论的信用研究 [J]. 心理科学, 2006, 29 (3): 688-689.

[154] 陈松林, 王重鸣. 薪酬战略: 获取竞争优势的工具 [J]. 人类工效学, 2005, 11 (4): 55-57.

[155] 储昭斌, 臧武芳. 企业自身视角的企业信用内涵探析 [J]. 华东经济管理, 2005, 19 (4): 86-88.

[156] 单玉华. 论韦伯的信用观及中西信用之差异 [J]. 中央社会主

义学院学报，2002（12）：82-86.

[157] 范晓屏，吴中伦. 诚信、信任、信用的概念及关系辨析 [J].
技术经济与管理研究，2005（1）：98-99.

[158] 冯仕政. 信用问题的社会学视角 [J]. 世界知识，2004（22）：
52-54.

[159] 高兆明. 经济信用危机的社会伦理解释 [J]. 江海学刊，2004
（3）：34-40.

[160] 管宁. 从传统到现代：信用文化建设的现实转换 [J]. 发展研
究，2004（10）：36-37.

[161] 韩国丽. 企业信用危机的预警及管理 [J]. 武汉大学学报（人
文科学版），2005，58（1）：113-118.

[162] 侯杰泰，温忠麟，成子娟. 结构方程模型及其应用 [M]. 北
京：教育科学出版社，2004：154-168.

[163] 吉姆·柯林斯. 从优秀到卓越 [M]. 俞利军，译. 北京：中
信出版社，2002：49-78.

[164] W. 钱·金，勒尼·莫博涅. 蓝海战略 [M]. 吉宓，译. 北
京：商务印书馆，2005：1-27.

[165] 金玉芳，董大海. 消费者信任影响因素实证研究——基于过程
的观点 [J]. 管理世界，2004（7）：93-99.

[166] 雷蒙德·A·诺伊等. 人力资源管理：获取竞争优势 [M]. 北
京：中国人民大学出版社，2001：485-560.

[167] 李本乾. 描述传播内容特征，检验传播研究假设——内容分析
法简介（上）[J]. 当代传播，1999（4）：39-40.

[168] 李本乾. 描述传播内容特征，检验传播研究假设——内容分析
法简介（下）[J]. 当代传播，2000（1）：47-51.

[169] 李德忠，王重鸣. 核心员工激励：战略性薪酬思路 [J]. 人类
工效学，2004，10（2）：67-69.

[170] 李怀祖. 管理研究方法论 [M]. 西安：西安交通大学出版社，
2004：143-149.

[171] 李志能，郁义鸿，罗博特·D·希斯瑞克. 创业学 [M]. 上
海：复旦大学出版社，2000：6-10.

[172] 梁建，王重鸣. 中国背景下的人际关系及其对组织绩效的影响 [J]. 心理学动态，2001，9（2）：173-178.

[173] 刘光明. 企业信用 [M]. 北京：经济管理出版社，2003：1-15.

[174] 刘红燃. 论信用伦理的基本特征 [J]. 湖南社会科学，2003（3）：30-31.

[175] 刘红燃. 论作为社会秩序基础的信用 [J]. 山东社会科学，2004（3）：58-60.

[176] 刘琦岩. 创业型企业的股权激励——以科技型企业为中心的探讨 [J]. 中国科技产业，2001（12）：45-49.

[177] 刘文波. 人际信用的伦理意义 [J]. 湖南师范大学社会科学学报，2004，33（6）：13-18.

[178] 刘昕. 薪酬管理 [M]. 北京：中国人民大学出版社，2002：27-54.

[179] 卢盛忠，郑汉阳. 组织行为学——概念·理论·应用 [M]. 石家庄：河北教育出版社，2004：102-105.

[180] 罗伯特·K·殷. 案例研究设计与方法（第3版）[M]. 周海涛，译. 重庆：重庆教育出版社，2004：22-150.

[181] 马可一，王重鸣. 创业合作中的信任—承诺—风险 [J]. 经济理论与经济管理，2003（4）：43-47.

[182] 马可一，王重鸣. 中国创业背景中的信任 [J]. 南开管理评论，2004（7）：41-46.

[183] 欧阳润平. 论社会伦理信用体系及其危机 [J]. 湖南师范大学社会科学学报，1998（4）：21-26.

[184] 彭鹏. 儒学诚信观与中国特色社会信用体系 [J]. 西安电子科技大学学报（社会科学版），2005，15（1）：19-24.

[185] 乔治·T·米尔科维奇，杰里·M·纽曼. 薪酬管理（第六版）[M]. 董克用，等译. 北京：中国人民大学出版社，2002：1-17.

[186] 斯蒂芬·P·罗宾斯. 组织行为学（第七版）[M]. 孙健敏，等译. 北京：中国人民大学出版社，1997：103-129.

[187] 斯蒂芬 P·罗宾斯. 管理学 [M]. 孙健敏，等译. 北京：中国

人民大学出版社，1997：377-380.

[188] 孙智英. 信用问题的经济学分析 [D]. 福州：福建师范大学，2002.

[189] 汤姆·彼得斯，南希·奥斯汀. 追求卓越的激情 [M]. 张秀琴，译. 北京：中信出版社，2003：245-322.

[190] 涂永珍. 从"人伦"到"契约"：中西方信用文化的比较分析及法律调整 [J]. 河南大学学报（社会科学版），2004，44（2）：106-110.

[191] 托马斯·彼得斯，罗伯特·沃特曼. 追求卓越 [M]. 北京天下风经济研究所，译. 北京：中央编译出版社，2003：211-260.

[192] 王淑芹. 信用概念疏义 [J]. 哲学动态，2004（3）：16-19.

[193] 王重鸣，邓靖松. 信任形成过程的映像理论观点 [J]. 应用心理学，2005，11（1）：3-7.

[194] 王重鸣. 管理心理学 [M]. 北京：人民教育出版社，2001：55-76.

[195] 王重鸣. 心理学研究方法 [M]. 北京：人民教育出版社，2001：46-209.

[196] 文亚青，刘金锋，丘永政. 企业核心能力信用观 [J]. 商业研究，2004，12（4）：3-5.

[197] 吴世忠. 内容分析方法论纲 [J]. 情报资料工作，1991（2）：37-39.

[198] 席酉民，杜永怡，刘晖. 组织成员对组织信任的影响因素及其作用关系研究 [J]. 经济管理，2004（18）：40-46.

[199] 肖海林. 企业生命周期理论辨析 [J]. 学术论坛，2003（1）：65-67.

[200] 谢小云，杨正宇. 虚拟团队信任的研究新进展 [J]. 人类工效学，2004，10（4）：63-65.

[201] 徐麟. 诚实信用——全面建设小康社会的伦理底限 [J]. 西南农业大学学报（社会科学版），2004，2（2）：82-85.

[202] 杨宜音. "自己人"：信任建构过程的个案研究 [J]. 社会学研究，1999（2）：38-52.

[203] 叶陈毅. 企业信用管理制度问题的现实反思——625 份我国企业信用状况的问卷调查分析 [J]. 经济问题, 2004 (11)：35–37.

[204] 于春玲, 郑晓明, 孙燕军. 品牌信任结构维度的探索性研究 [J]. 南开管理评论, 2004, 7 (2)：41–46.

[205] 约瑟夫·J·马尔托奇奥. 战略薪酬：人力资源管理方法（第二版）[M]. 周眉, 译. 北京：社会科学文献出版社, 2002：10–11.

[206] 张钢, 张东芳. 国外信任源模型评介 [J]. 外国经济与管理, 2004, 26 (12)：21–25.

[207] 张其仔, 尚教蔚, 周雪琳, 等. 企业信用管理 [M]. 北京：对外经济贸易大学出版社, 2002：1–15.

[208] 张山新, 杨河. 中西信用观念的几点差异 [J]. 重庆社会科学, 2004 (1)：62–65.

[209] 张文彦. 论信用道德建设 [J]. 中国海洋大学学报（社会科学版）, 2003 (5)：45–49.

[210] 张亦春等. 中国社会信用问题研究 [M]. 北京：中国金融出版社, 2003：1–62.

附录1 中国文化背景下信用构思访谈提纲

一、访谈对象信息

1. 所在行业
2. 企业名称
3. 年龄
4. 性别
5. 职务层次
6. 专业分工
7. 最高学历
8. 工作年限

二、访谈问题

1. 对于个人来说，您觉得信用意味着什么？

2. 对于企业来说，您觉得信用包含哪几层意思？信用对企业有什么作用？

3. 您认为一个企业信用好和信用差的具体表现分别有哪些？请举例说明。

4. 您认为哪些因素影响企业信用？请举例说明。

附录2　信用构思访谈内容
分析编码材料（节选）

编码规则

以每个访谈记录中的画线部分为基本分析单元，把每个分析单元归入最合适的编码类别中，每个分析单元只能作一次编码，并请在这一分析单元后的括号内标注代码。如果您认为某个分析单元可以同时归入多个类别或不能归入任何一个类别，则可以放弃对该分析单元的归类。

编码类别和代码

1. 员工信用

A＝诚实守信；B＝承诺能力；C＝责任承担

2. 企业信用

I＝企业诚信；J＝企业专长；K＝社会责任

3. 信用对企业的作用

L＝经济价值；M＝社会价值

4. 影响企业信用的因素

N＝企业内部因素；N1＝企业领导；N2＝企业实力；N3＝企业文化；N4＝企业性质；N5＝员工素质

O＝企业环境因素；O1＝市场竞争压力；O2＝社会信用水平；O3＝政府信用；O4＝中国传统文化

编码示例

1. 对于个人来说，您觉得信用意味着什么？

Case1：信用是对别人的责任（C），对别人的承诺就应该做到（A），至少应该尽力做到（B）；另外，对社会也有一种责任（C）。

Case2：信用意味着财富，有信用，别人就信任你。言出必行（A），说话办事负责任，行为、语言带有一种责任感（C）。答应别人的事情能够兑现，承诺别人的事情，能够不折不扣地完成（A），得到别人的信任感。

2. 对于企业来说，您觉得信用包含哪几层意思？信用对企业有什么作用？

Case1：企业对所有打交道的人也有一种责任（K），信守诺言，与客户订立的合同，不管是书面的还是口头的，都应该遵守；对员工事先约定的待遇和发展空间，也应该按约定的方式继续发展下去（I）；对社会也有一定信用，如纳税要讲信用，逃税、漏税行为就是不讲信用，这是一种社会责任感（K）。

Case2：信用对企业的作用很大，从正面讲，信用好会形成好的口碑，别人就愿意打交道、进行交易，建立合作关系。如果企业有好的信用，员工在进企业之前，就有很强的信任感，这在社会上有很高的声誉度，可以在行业内部起带头作用，其他单位可以以此为榜样，并对整个社会起推动作用。从负面讲，不讲信用会使合作伙伴越来越少，声誉度不高，同时会导致同行或其他人的错觉，以为不讲信用可以发财致富，也跟着不讲信用，怀有侥幸心理，对行业和社会都不好，也让员工感觉不好，近朱者赤，近墨者黑，这种不讲信用的现象会感染员工，对员工发展不利，可能传播给别人（M）。

Case3：信用关系企业在客户中的印象，对产品，无论是有形，还是无形，在具体操作时，给客户一个很专业的印象（J），我们做电源，追求形象专一，什么都做，肯定做不好，怎样维护这个形象？和客户发展关系时，服务承诺要讲信用，必须满足客户要求，不折不扣地完成任务（I）。企业还有社会责任感，直接目标是利润最大化，最终目标包含社会责任，如慈善事业，扶贫扶弱，办希望小学，还有缴税，都是对社会的一种责任，我们企业还拿出资金资助残疾人（K）。

信用是企业的无形财富（L），形象鲜明突出的优秀企业，在市场竞争中，因为形象好，别人愿意与企业发展商务关系（L），不管价格怎么便宜，只要没有信用，别人打问号，就难以发展合作关系，在解决劳动就业这方面体现社会责任，就业越多，对社会贡献越大（M）。信用越好，企业在规模、实力上就得以扩大（L），信用是别人对你的印象、看法，也是一种观点，是一种口碑，一种无形资产，支撑企业良性发展壮大下去（L）。

3. 您认为一个企业信用好和信用差的具体表现分别有哪些？请举例说明。

Case1：新员工入职时，公司承诺的条件在实际执行过程中，找客观原因，实现不了承诺（I）。作为消费者，例如购买药品和化妆品，承诺产品达到的效果并没有达到（I），例如一周内达到美白，可是一个月也没有。有些企业的广告宣传存在夸大，不符合实际情况的问题（I）。

Case2：信用差：①借钱不还；②促销主管利用促销员频繁跳槽，把促销费用占为己有（I）；③偷税漏税；④不注意环保（K）。

信用好：①王石回应员工家属提出的丈夫不去外地的要求，切实关心员工（I）；②柳传志在孙红斌出狱后，给他启动资金创业，体现对老员工的关心（I）。

4. 您认为哪些因素影响企业信用？请举例说明。

Case1：单位的经济实力（N2）影响企业信用；决策者本身的职业道德、个人修养（N1），例如有的人即使有钱，也不愿意还，是个人的素质问题；还有就是社会的不确定因素（O2），不得不违约。例如资金短缺、周转不过来，想讲信用，但没办法，还是以发展为目标的，企业跨了，无法讲信用。有了更好的合作伙伴，出的价钱更高购买服务或商品，可能造成违约行为，公司以利润为主要目标，利润是一种诱惑（N3），第三方利润更高时，公司会不讲信用。

Case2：第一是政府（O3），国家法律法规不健全，对不讲信用的企业没有相应的处罚措施，行业规范和约束太差，仅靠道德约束不行。国外的信用记录对一个人有很大影响，行业规范不健全，约束机制不健全。

第二是企业本身问题。管理水平、老板意识跟不上（N1），中国经济发展这么快，很多人没有经商经验，小老板一不小心做大了，碰到问题没法解决，失信于人是很正常的。

第三是环境问题。企业想讲信用，但是别人不讲信用（O2）。

第四是员工不讲信用（N5）。

第五是中国传统文化影响（O4）。

附录3　研究问卷

第一部分　您的单位情况

1. 单位性质：①国有单位　②私营单位　③三资（外商独资、中外合资、中外合作）　④其他

2. 职工人数：①1～50人　②51～100人　③101～500人　④500人以上

3. 成立年数：①1年以内　②1～3年　③3～5年　④5～10年　⑤10年以上

4. 单位类别：①知识密集型服务业　②传统服务业

知识密集型服务业：主要以专业技术人员的智力劳动为客户提供服务，如金融、法律、教育、咨询等；

传统服务业：主要以一般技术人员的重复劳动为客户提供服务，如零售、餐饮、旅游、运输等。

5. 创业阶段：①创建阶段　②成长阶段　③扩张阶段　④成熟阶段

创建阶段：单位成立不久，组织、产品及服务系统尚不健全，效益还不稳定；

成长阶段：单位组织、产品及服务系统趋于稳定，效益稳步增长；

扩张阶段：单位由于跨区域经营、并购、业务多元化等原因，效益迅猛增长；

成熟阶段：单位组织、产品及服务系统已经相当成熟、完善，效益比较稳定。

6. 与同行业其他单位相比，我们单位最近三年的

（1）营业收入 ①减少很多 ②减少较多 ③没有变化 ④增加较多 ⑤增加很多

（2）利润增长 ①亏损很多 ②亏损较多 ③没有变化 ④增长较多 ⑤增长很多

（3）市场份额 ①缩小很多 ②缩小较多 ③没有变化 ④扩大较多 ⑤扩大很多

（4）竞争能力 ①下降很多 ②下降较多 ③没有变化 ④提高较多 ⑤提高很多

7. 最近三年我们单位职工人数的增长 ①很慢 ②较慢 ③中等 ④较快 ⑤很快

8. 最近三年离开我们单位的职工数量 ①很多 ②较多 ③中等 ④较少 ⑤很少

9. 最近三年我们单位职工的出勤率 ①很低 ②较低 ③中等 ④较高 ⑤很高

10. 最近三年我们单位的顾客满意度①很低 ②较低 ③中等 ④较高 ⑤很高

第二部分　创业精神和创业环境
（行业信用、企业信用、员工信用）

请您在右边的数字上打√，数字越大，表示您越赞同这种说法。

1	2	3	4	5	6	7
完全不符合	不符合	不太符合	不确定	比较符合	符合	完全符合

1. 我们单位敢于承担高风险的业务项目　1 2 3 4 5 6 7

2. 我们单位只采用经过实践证明是好的制度和流程　1 2 3 4 5 6 7

3. 我们单位主动挑战竞争对手而不是被动做出反应　1 2 3 4 5 6 7

4. 我们单位鼓励职工承担适度风险的创新活动　1 2 3 4 5 6 7

5. 我们单位追求长远目标　1 2 3 4 5 6 7

6. 我们单位发布的信息都是真实的   1 2 3 4 5 6 7

7. 我们单位真诚对待员工   1 2 3 4 5 6 7

8. 我们的职工对单位很信任   1 2 3 4 5 6 7

9. 我们单位严格履行合同或承诺   1 2 3 4 5 6 7

10. 我们单位有很多经营管理的经验   1 2 3 4 5 6 7

11. 我们单位非常精通经营的业务   1 2 3 4 5 6 7

12. 我们单位的专业能力很强   1 2 3 4 5 6 7

13. 我们的职工不相信单位对他们的许诺   1 2 3 4 5 6 7

14. 我们单位为顾客提供安全的产品和服务   1 2 3 4 5 6 7

15. 我们单位为顾客提供高质量的产品和服务   1 2 3 4 5 6 7

16. 我们单位公平地对待职工   1 2 3 4 5 6 7

17. 我们单位没有多少经营管理的经验   1 2 3 4 5 6 7

18. 我们单位为职工提供安全的工作环境   1 2 3 4 5 6 7

19. 我们单位为职工提供培训和发展机会   1 2 3 4 5 6 7

20. 我们单位的大多数职工工作经验丰富   1 2 3 4 5 6 7

21. 我们单位的大多数职工有专业培训经历   1 2 3 4 5 6 7

22. 我们单位的大多数职工具有较强的专业技术   1 2 3 4 5 6 7

23. 我们单位的大多数职工精通自己的本职工作   1 2 3 4 5 6 7

24. 我们单位的大多数职工的工作表现是诚实的   1 2 3 4 5 6 7

25. 我们单位的大多数职工在工作上是值得信赖的   1 2 3 4 5 6 7

26. 我们单位的大多数职工在工作上说到做到   1 2 3 4 5 6 7

27. 我们单位的大多数职工是正直的   1 2 3 4 5 6 7

28. 我们单位的大多数职工相互关心   1 2 3 4 5 6 7

29. 我们单位的大多数职工重视团队合作   1 2 3 4 5 6 7

30. 我们单位的大多数职工相互帮助   1 2 3 4 5 6 7

31. 地方政府对行业内不讲信用的行为缺乏有效监督管理   1 2 3 4 5 6 7

32. 同行单位不讲信用受到的处罚力度较小   1 2 3 4 5 6 7

33. 行业协会对行业信用管理的力度较小   1 2 3 4 5 6 7

34. 同行单位之间互挖人才的现象较多　　　　　　　1　2　3　4　5　6　7
35. 我们单位所在行业缺少严格的经营行为规范　　　1　2　3　4　5　6　7

第三部分 人力资源策略（薪酬策略）

请您在右边的数字上打√，数字越大，表示您越赞同这种说法。
1=完全不同意；2=不同意；3=不确定；4=同意；5=完全同意

1. 与同业竞争者相比，我们单位的报酬水平明显要高　　1　2　3　4　5
2. 我们单位基本工资的定位要比竞争对手高　　　　　　1　2　3　4　5
3. 我们单位报酬总体水平在本地区处于最高的层次　　　1　2　3　4　5
4. 我们单位福利水平的定位比竞争对手高　　　　　　　1　2　3　4　5
5. 我们单位在确定每个工作岗位报酬时对岗位做了评价　1　2　3　4　5

6. 我们单位根据岗位评价结果决定职工报酬数额　　　　1　2　3　4　5
7. 我们单位大多数人认为岗位评价方法非常科学　　　　1　2　3　4　5
8. 我们单位大多数人对岗位所做评价结果非常认同　　　1　2　3　4　5
9. 我们单位职工收入多少主要取决于其工作业绩的好坏　1　2　3　4　5
10. 我们单位绩效考核的结果与职工报酬是直接挂钩的　　1　2　3　4　5

11. 我们单位大多数人对绩效考核的结果十分认同　　　　1　2　3　4　5
12. 我们单位制定了非常完善的绩效考核方案　　　　　　1　2　3　4　5
13. 我们单位的薪酬政策是灵活的　　　　　　　　　　　1　2　3　4　5
14. 我们单位职工的薪酬是公开的　　　　　　　　　　　1　2　3　4　5
15. 我们单位的职工参与制定了薪酬政策　　　　　　　　1　2　3　4　5

第四部分　您的个人情况

1. 性　别：①男　②女
2. 年　龄：①25岁以下　②25～35岁　③35～45岁　④45岁及以上

3. 学　历：①高中及以下　②大专　③本科　④硕士及以上

4. 职　务：①一般职工　②基层管理者　③中层管理者　④高层管理者

5. 工　作：①技术研发　②市场销售　③行政人事　④财务会计　⑤客户服务　⑥其他

6. 工　龄：①1 年以内　②1～3 年　③3～5 年　④5～10 年　⑤10 年以上

附录4 企业信用评价机制案例研究访谈提纲

访谈对象：企业高管人员或销售经理1人

访谈提纲：

1. 贵公司现在处于什么发展阶段？

创建阶段：公司成立不久，组织、产品及服务系统尚不健全，效益还不稳定。

成长阶段：公司组织、产品及服务系统趋于稳定，效益稳步增长。

扩张阶段：公司由于跨区域经营、并购、业务多元化等原因，效益迅猛增长。

成熟阶段：公司组织、产品及服务系统已经相当成熟、完善，效益比较稳定。

转型阶段：公司面临重大业务结构调整以及随之而来的人事变动，效益不稳定。

2. 贵公司是如何取得顾客高信用评价而获得第一个订单的？请说明经过。

3. 贵公司在开拓业务过程中，通过哪些方式获得了顾客的高信用评价？请举例说明。

4. 贵公司在哪些方面没有得到顾客的高信用评价？请举例说明。

5. 哪类顾客对贵公司的信用评价高，原因是什么？请举例说明。

6. 哪类顾客对贵公司的信用评价不高，原因是什么？请举例说明。

访谈对象：主管人事的负责人或人力资源部经理1人

1. 贵公司在哪些方面获得了员工的高信用评价？请举例说明。

2. 贵公司在哪些方面没有得到员工的高信用评价？请举例说明。

3. 哪类员工对贵公司信用评价很高？原因是什么？请举例说明。

4. 哪些员工对贵公司信用评价不高？原因是什么？请举例说明。

附录5　薪酬策略影响信用案例研究访谈提纲

访谈对象：企业主管人力资源的副总经理

访谈提纲：

一、薪酬策略

1. 贵公司的员工收入水平在本行业、本地区处于什么位置？

2. 贵公司的员工收入主要由哪几个部分组成？

3. 贵公司员工的收入和绩效挂钩吗？绩效考核的指标有哪些？

二、员工信用和企业信用关键事件

1. 贵公司以及员工在诚信方面，令您印象最深的一件事情是什么？

2. 贵公司以及员工在能力方面，令您印象最深的一件事情是什么？

3. 贵公司以及员工在社会责任方面，令您印象最深的一件事情是什么？